유통창업론

(사)한국유통과학회 도서편찬위원회 감수

윤 명 길 저

청목출판사

머리말

창업이라는 용어가 요즘 매우 빈번히 사용되고 있다. 특히, 유통경제 분야 중 정책론이나 기업론, 그리고 산업론적 관점에서 연구해야 하는 유통창업은 더더욱 중요성이 더해 가고 있다.

이러한 유통창업은 범위 자체가 매우 넓다. 그렇기 때문에 이 책을 출간함에 있어서 필자는 어느 범위까지를 유통창업으로 보고 출간할까 고민을 많이 했다. 결론은 부족하나마 기 출간된 유통 및 벤처창업실무를 새롭게 다듬어서 더 짜임새 있는 전문도서로 편찬하려고 생각하였다.

그래서 본 도서를 출간하면서 독자를 위하여 꼭 필요한 실무적인 작업으로 여겨지는 사례를 보다 더 많이 첨부하고자 노력했다. 따라서 본 도서는 광범위하고 개괄적인 유통 및 벤처분야를 포함한 내용에서 한 단계 진전된 유통분야를 중심으로 한 창업론을 만들고자 했다.

필자는 부족하나마, 본 도서를 유통창업 전문도서로 대신하고자 하며, 추후에도 지속적으로 자료수집과 연구의 결과를 정리하여 보다 더 보완하고자 한다. 사실 본 도서도 부족함이 느껴지며, 이를 개정판을 통하여 보완하는 작업을 지속할 것이다.

본 도서에서는 몇 가지 사례를 더 보완하였다. 그리고 기존 흐름의 맥이 단절되지 않게 하기 위하여, 기존 도서 내용은 가능한 한 살렸다. 몇 가지 문장에서의 오류나 근거자료가 미흡했던 부분은 과감히 삭제하거나 바꾸는 선에서 정리하였다. 또한 부록으로 사례양식을 보완하였다.

마지막으로 본 도서를 내는 데 도움을 준 유통분야에 오랜 경험과 지식을 가진 유통분야 전문가들과 후배들에게 자료 도움을 준

것에 대하여 감사를 표하는 바이며, 필자가 회장으로 있는 (사)한국유통과학회 회장단 및 회원여러분에게도 감사를 드린다. 또한 본 도서가 제대로 출간되도록 힘을 실어준 (사)한국유통과학회 도서편찬위원회 위원들에도 감사드린다. 이러한 사실을 감안하여 필자는 본 도서의 판권을 (사)한국유통과학회에 증여하며, 여기에서 발생하는 인세 전액을 기부금으로 납부하고자 한다.

끝으로 본 도서의 개정판을 내는 데 적극적으로 도움을 주신 유성렬 사장님께도 감사를 드립니다.

2007. 8. 21

양지동 연구실에서 윤명길

차 례

◆부록

제 1 장

창업의 개요

21세기 초반부터 대학교를 졸업해도 취업이 쉽지 않은 상황이다. 이것이 작금의 현실이다. 따라서 대학교를 졸업하는 졸업자를 포함한 일반적인 현대인들의 직업관이 바뀌면서 창업이 보편화되었다. 그래서 창업을 누구나 쉽게 생각하고, 주변에서 쉽게 다가갈 수 있는 환경이 되었다.

이러한 여건의 변화는 국내의 1997년 환란 이후 평생직장의 개념이 파괴되었기 때문에 촉진되었다. 이러한 연유로 더욱 창업에 대한 열기는 가속도가 붙었다. 특히, 유통업분야의 창업은 더욱 활발하다. 따라서 특성상 일반적인 창업과 연계하여 유통창업을 중심으로 본 장에서 설명하고자 한다.

제 1 절 창업이란?

1. 창업이란

창업이란 일반적인 의미로 "상업의 기초를 세우는 것"이다. 즉,

기업가(Entrepreneur)의 능력을 갖춘 개인이나 단체가 상업의 아이디어를 가지고 사업목표를 세우고, 적절한 시기에 자본, 인원, 설비, 원자재 등 경영자원을 확보하여 제품을 생산하거나 용역을 제공하는 것이다. 즉, 기업을 새로이 설립하는 것을 말한다. 다시 말해, "재화 또는 용역을 생산 및 판매하는 하나의 시스템을 구축하는 작업"이 창업인 것이다.

1) 일반창업의 4요소(4M)

여기에서 시스템의 구축에 있어서는 이익 창출 측면을 중시해야 하기 때문에 투입요소, 변화요소, 산출요소가 필요하다. 특히, 일반적인 창업은 창업자(Man), 원재료(Material), 기계설비(Machine), 자금(Money)이 주요소이다. 이를 창업의 4M이라고도 한다.

일반직 창입을 하려면, 사람이 있어야 한다. 즉, 모든 일의 발단은 사람이 하는 것이기 때문이다. 그리고 더불어 기계설비와 원재료가 있어야 한다. 더욱이 이를 뒷받침하기 위해서는 돈이 있어야 한다.

2) 유통창업의 4요소

한편 유통업에 있어서 창업을 하는데 꼭 필요한 요소가 있다. 이를 유통창업 4요소라 한다. 이를 일반적인 창업에서의 4M과 다소 차이가 있다. 즉, 이를 비교하여 살펴보면 다음과 같다.

먼저, 사람이 하는 것이기 때문에 창업자(Man)가 있다. 이는 사업성패의 가장 중요한 핵심요소의 하나이다. 즉, 기업을 창업하고 운영함에 있어서 기업가 정신(Entrepreneurship)이 중요하다는 것과도 일맥상통한다.

둘째, 사업의 업종이나 업태(일종의 Material)가 중요하다. 창업시 업종(Type of Bussiness)이나 업태(Type of Operation)는 사업 추진방향이나 방법에 큰 영향을 미친다. 특히, 소규모로 할 경우는 어느 업종으로 하느냐가 중요하고, 대형소매점의 경우는 어떠한 업태로 하느냐가 매우 중요하다. 어느 업종 또는 업태로 하느냐가 그 창업유통업체의 성패를 좌지우지한다.

셋째, 어느 장소에 하느냐라는 입지(일종의 Machine)가 중요하다. 이는 고객의 입장에서 접근성과 분위기 등이 고려되어야 한다. 특히 유통업에서는 입지(Location)가 매우 중요하며, 이는 업종 자체가 입지에 대한 고객의 접근성이 매우 중요하다.

넷째는 자금(Money)으로 창업을 하기 위해서는 필요 불가결한 요소이다. 필자의 저서에서도 논의[1]하였듯이 유통업에서의 자금력은 기업의 성패에 매우 중요하다. 그 중에도 창업 전후 자금운용방안이 더욱 더 중요하다.

〈표 1-1〉 유통창업과 일반창업의 4요소 비교

구분	주요내용
유통창업의 4요소	창업자(Man), 업종 및 업태(Type of Opreation & Bussiness), 입지(Location), 자금(Money)
일반창업의 4요소(4M)	창업자(Man), 원재료(Material), 기계(Machine), 자금(Money)

2. 관련법에서의 창업에 대한 의미

창업이 무엇인가를 설명한다면, 먼저 중소기업창업지원법의 내용을 이해하는 것이 가장 좋을 것이다. 따라서 이 법에서 창업의 의미를 자세히 도출해 보고자 한다.

다시 말해, 창업이란 이 법에서는 “새로이 중소기업을 설립하는 것”을 말한다. 더욱이, 다음 사항에 해당되지 아니하여야 한다(창업지원법 제2조제1항 및 시행령 제2조에 의거). 즉, 창업에 해당하지

1) 윤명길(1997), 『유통산업맥잡기』 35쪽 참조.

아니하는 경우는 "타인으로부터 사업을 승계하여 승계전의 사업과 동종의 사업을 계속하는 경우" 또는, 개인사업자인 중소기업자가 법인으로 전환하거나 법인의 조직변경 등 기업형태를 변경하여 변경전의 사업과 동종의 사업을 계속하는 경우, 마지막으로 "폐업 후 사업을 개시하여 폐업전의 사업과 동종의 사업을 계속하는 경우" 등이다. 이 세 가지 경우를 더 자세히 설명하면 다음과 같다.

먼저, "타인으로부터 사업을 승계하여 동종사업을 계속하는 경우"란 원래 사업을 새로이 개시하지 않고 기존의 사업을 인수하여 동종 사업을 계속 영위하는 경우로 중소기업을 새로이 창설하는 효과가 없으므로 창업의 범위에서 제외한다. 이에 대한 사례로는 상속이나 양도에 의해 사업체를 취득하여 동종사업을 계속하는 경우나 폐업한 타인의 공장을 인수하여 동일한 사업을 계속하는 경우가 이에 속한다. 이외에 기존공장을 임차하여 기존의 사업과 동종의 사업을 영위하는 경우 등도 이에 포함된다. 그러나 사업승계인 경우에 동종사업을 계속 영위하지 않고 이종(異種)의 사업을 영위하는 경우는 창업에 해당한다.

둘째, "개인사업자인 중소기업자가 법인으로 전환하거나, 법인의 조직변경 등 기업형태를 변경하여 변경전의 사업과 동종의 사업을 계속하는 경우"란 단순히 조직을 변경함으로써 형식상의 창업절차만 있을 뿐 실질적으로 중소기업의 창설효과(0 + 1 = 1, 1 + 1 = 2)가 없는 경우는 창업의 범위에서 제외한다. 일례로 개인사업자가 법인으로 전환 또는 합명회사, 합자회사, 유한회사, 주식회사 상호간 법인형태를 변경하여 동종의 사업을 계속하는 경우와 기업을 합병하여 동종사업을 영위하는 경우 등이 이에 포함된다. 그러나 조직변경 전후의 업종이 다른 경우는 변경전의 사업을 폐지하고, 변경 후의 사업을 하는 경우 창업으로 인정한다.

셋째, "폐업 후 사업을 개시하여 폐업전의 사업과 동종의 사업을 계속하는 경우"는 사업을 폐지한 후 동종사업을 재개하더라도 창업으로 보지 않는다. 일례로 사업의 일시적인 휴업이나 정지 후에 다시 사업을 재개하는 경우와 공장을 이전하기 위해 이전하기 전 장소의 사업을 폐업하고, 새로운 장소에서 사업을 재개하는 경우는 이에 해당된다. 그러나 폐업을 한 후에 사업을 재개하더라도 폐업 전의 사업과 다른 업종의 사업을 새로이 개시하는 경우에는 창업으로 인정한다.

한편 동종사업으로 보지 않는 경우는 창업으로 인정할 수 있다. 그러나 상기의 세 가지 경우에 해당되는 동종의 사업을 하더라도 창업으로 인정할 수도 있다. 즉, 사업 개시전의 기존 업종과 세 가지 분류를 달리하는 업종을 추가하여 사업을 새로이 개시하는 경우이다. 이 경우 다음의 산식에 의하여 산출된 비율이 100분의 50 이상인 경우 창업으로 인정한다.

〈동종업종 구분 계산식〉

$$\text{산식} = \frac{\text{업종을 추가한 날부터 당해연도말까지의 추가업종 총매출액}}{\text{업종을 추가한 날부터 당해연도말까지의 총매출액}} \times 100$$

제2절 창업의 필요성

1. 창업의 보편화

현대에는 일반적으로 창업이 어느 분야든지 보편화되어 있다. 그러나 유통분야에서의 창업은 더욱 보편화되어 있다. 유통업 자체의 변화가 심하다보니 그 분야에서 근무하는 종사자의 이동도 타 분야보다 월등히 높다.

예를 들어, 이직률이 유통업체에 따라, 분야나 직급에 따라 다소 차이는 나지만, IMF이후 다소 주춤하고 있지만 연평균 10%에서 심지어는 영업부서 파견사원의 경우 50% 이상인 경우도 많다. 이러한 연유로 유통업 창업의 필요성이 더욱 제기될 수밖에 없다.

특히, 이 분야에서 잔뼈가 굵은 유통인의 경우 유통에 대한 노하우를 살릴 수 있기 때문에 더욱 관심을 갖게 된다. 또한, 사전 준비 여부에 따라 성공 가능성을 높일 수도 있다.

더욱이, 유통업이 창업에서 차지하는 비중이 크고, 또한 창업을 하고자 할 때 손쉽게 할 수 있는 강점이 있기 때문에 유통창업에 대한 일반인에게도 선호도가 높다. 특히, 프랜차이즈시스템을 도입한 업종은 별다른 노하우나 기술이 없어도 곧바로 창업이 가능하다는 점이 매력이 있기 때문에 많은 창업자들이 선호한다.

한편 인터넷 비즈니스 측면을 살펴본다면, 상대적으로 적은 창업비용과 위험부담으로 창업이 쉽고 개인의 창의력과 능력을 충분히 발휘할 수 있다는 장점이 있다. 기존의 오프라인상의 창업과 달리 돈이 많은 사람만이 사업을 할 수 있다는 사회여건과 고정관념이 없다. 따라서 창업을 하고자 할 경우 전자상거래 창업도 한 가지 방법이 될 수 있다.

더욱이, 1997년 IMF 이후 지속적으로 정부가 벤처기업 육성을 중요한 정책과제로 추진하기도 하였다. 따라서 취업보다는 자기 사업을 하려고 하는 젊은 벤처 사업가들이 증가하게 되었다. 특히, 인터넷이 보편화되면서 인터넷 비즈니스 창업은 이른바 SOHO(Small Office Home Office)형 창업[2]의 대표적인 분야로 각광을 받은 적이

2) 소호(SOHO)창업이란 Small Office Home Office 의 약자로서 소호는 소규모 사업장이나 자택을 사업장으로 하는 21세기 주도할 새로운 사업형태이자 근무형태이다. 참고로, 종전에는 IP창업이 유행한 적 있다. 즉, Information Provider(정보제공사업)라고 하는데 창업정보, 취업정보, 재테크정보, 연예정보 등 다양한 정보를 제공하는 것이다. 개설하는 곳은 천리안, 하이텔, 나우누리, 유니텔, 인포샵 등이 있다. 그러나 최근에는 PC통신이 인터넷으로 전환되어서 사업성이 거의 없어진 상태이다. 따라서 CP창업이라고 하여 인터넷을 이용한 창업이 보다 더 사업성을 확보할 수 있다

있다. 자기 자신의 의지만 있다면 좋은 사업아이템은 얼마든지 있기 때문이다. 전자상거래는 그 자체가 미개척 분야로서 사업기회가 무궁무진할 뿐만 아니라, 인터넷 전자서점인 미국의 아마존(www.amazon.com)의 경우에서 보듯이, 새로운 사고방식과 아이디어가 곧바로 사업으로 이어질 수가 있다는 장점을 갖고 있다.

〈그림 1-1〉 아마존 홈페이지(www.amazon.com)

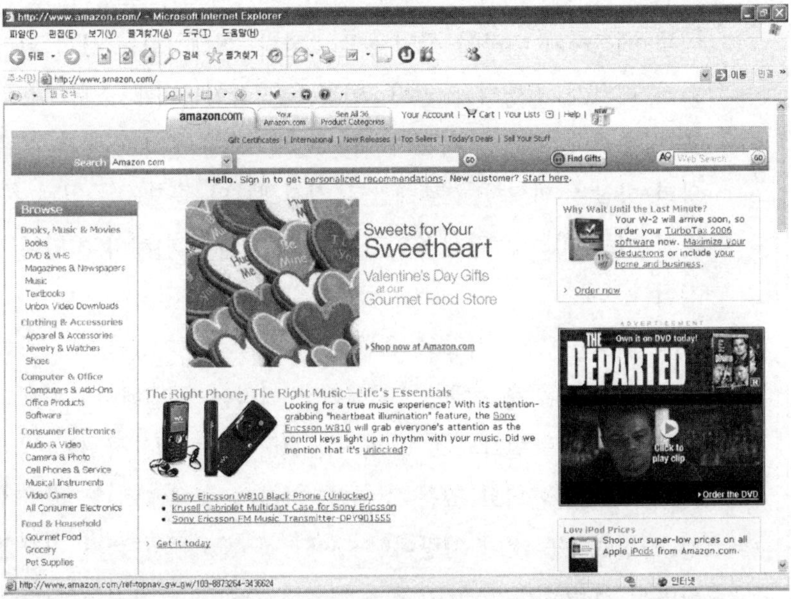

그러나 창업을 하려면 이와 동시에 많은 위험도 따른다. 따라서 선불리 창업전선에 뛰어들었다가는 실패하기 쉽다. 그렇지만 현대에는 인터넷의 활용범위가 정치, 경제, 사회, 문화 등 전 분야에 걸쳐 그 활용범위가 확대되고 있다. 따라서 오프라인의 현실에서 철저한 사전 준비와 최적의 사업 아이템을 선정한 후 창업을 하고자 한다면, 이러한 인터넷과 연계한 사업자체가 성공의 가능성을 훨씬 높일 수 있다.

2. 창업을 하는 4가지 이유

현대인들은 창업을 하고자 하는 이유를 살펴보면 여러 가지가 있다. 이러한 이유를 살펴보면 다음과 같은 것이 있다.

먼저, 창업을 하고자 하는 가장 큰 이유는 "직장에서의 미래가 불확실하다는 점"에서 찾을 수 있다. 즉, 과도한 스트레스를 받는데 이를 해소하기 위하여 창업을 선호한다. 현대사회는 사회 환경의 변화가 빠르게 진행되고 있다. 이것은 직장인들에게 스트레스 요인으로 작용한다. 자기가 하고자 하는 일을 하지 못하고 상사 혹은 부하와의 마찰은 과도한 스트레스로 직장생활의 즐거움을 잃게 한다. 따라서 이를 피하고 정신적으로 편안한 생활을 위해서 창업이 필요한 것이다.

두 번째는 "평생직장의 유한성"에서 찾을 수 있다. 즉, 변화에 따라 직업의식도 종전에는 "평생직장"이라는 개념에서 "평생직업"이라는 개념으로 변화되고 있다. 즉, 한국 또는 일본식 사고에서 미국식 사고로 전환되고 있는 것이다. 따라서 현대에는 한 직장에서 평생 근무했다는 것이 자랑이던 평생직장 개념에서 여러 직장을 전전하면서 전문적인 여러 가지 노하우를 갖췄다고 화려한 경력으로 자랑하는 미국식의 평생직업 의식이 강조되는 시점에 서 있게 되었다.

세 번째로는 "직장에서의 자기 성장의 한계"이다. 따라서 자기능력계발이 가능한 창업을 원하게 된다. 결국 현대사회는 한 분야에 대한 타의 추종을 불허하는 철저한 전문가를 요구하고 있다. 그렇기 때문에 철저한 직업의식이 없으면 성공하기 어려운 시대를 살고 있는 것이다. 이러한 관점에서 볼 때 창업의 중요성이 더욱 높아질 수밖에 없다. 창업은 무한한 꿈을 가진 젊음과 도전정신이 있는 사람이라면 한번 권장해 볼만하다. 물론 실패를 두려워하지 않는 불굴의 인내심도 수반되어야 만이 성공할 수 있는 확률이 높아진다.

마지막으로는 “경제적인 여유”를 찾고자 함이다. 누구나 직장에서의 경제적 부를 창출한다는 것은 한계가 있음을 안다. 따라서 자신의 능력에 맞는 경제력을 확보하고자 하는 노력이 창업으로 표출된다. 더욱이 먹고사는 일 조차도 어려운 경우도 있다. 경제적인 여유보다는 생업을 위한 경우가 대부분일 수도 있을 것이다.

【연습문제 및 과제】
1. 창업의 4요소에 대하여 설명하라. 2. 왜 창업을 하는지 창업을 하는 이유에 대하여 설명하라. 3. 내가 창업한다면 창업이유가 무엇인가?

참고문헌

고창룡 외(2005), 『신마케팅론』, 도서출판두남, 2월.
김미현 · 박철주(2003), 『유통창업실무』, 도서출판두남, 12월.
박철주(2005), 『유통기업의 경영컨설팅』, 무역경영사, 9월.
윤명길(2002), 『유통 및 벤처창업실무』, 청목출판사.
윤명길(1997), 『유통산업맥잡기』, 한수협출판부.
윤명길 외(2005), 『유통창업실무』, 서울보건대학, 12월.
유통자격시험검정원(2004), 『유통실무사』, 도서출판두남.

제 2 장

창업의 제반 환경

제 1 절 국내 창업 환경의 특성

창업을 하기 위해서는 국내의 창업환경의 제반 특성을 살펴볼 필요가 있다. 창업을 위해서는 사전 준비 작업이 매우 중요하다. 그러한 의미에서도 본 장에 창업환경의 특성을 살펴본다는 사실은 매우 중요하다. 따라서 이를 살펴보면 다음과 같다.

1. 인프라와 전문인력 부문

개인이나 중소기업을 창업하고자 하는 사람의 경우 누구나 인프라 취약과 전문 인력의 부족을 느낀다. 특히 중소기업이나 개인 창업의 경우 노하우와 전문 인력이 부족하기 때문에 머천다이징, 물류기반, 결제시스템 등을 제대로 구사하기가 어렵다. 따라서 수익모델의 개발이 힘들 수밖에 없다. 즉, 현실적인 어려움으로 창업을 하는 어느 분야든지 전문경영자(expert manager)가 없다는 점이 존재한다.

또한 전자상거래 창업의 경우 전통기업에서 직접 창업을 진행하든지, 아니면 오프라인 분야의 지원이 있다면, 보다 수월하게 창업을 할 수 있는 여지가 있겠지만, 그렇지 않은 경우 독립적인 시스템을 구축하고자 할 때는 그만큼 창업에 대한 부담이 커질 수밖에 없다.

더욱이 외식창업의 경우는 자신이 기술을 습득하지 아니하면 창업 후 곤란을 겪을 가능성이 매우 높다.

2. 공존공생의 창업문화

국내의 기업들은 대개가 한국의 문화적인 특성상 협업(Collaboration)문화 조성이 어렵다. 예로 고려청자의 기술이 맥이 끊긴 것과 같은 현상이다. 이것은 상호간의 정보 공유의 분위기 조성이 안 되었다는 의미이기도 하다.

미국의 경우 거대기업간의 협업이 수시로 이루어지기 때문에 시너지효과를 최대화할 수 있지만, 국내기업들은 자사의 정보나 기밀의 누출을 우려하여 협업보다는 배타적인 경쟁체제를 구축하기를 선호하는 경향이 강하다. 특히 중소 유통업체의 경우는 더욱 그렇다. 하물며 구멍가게 수준의 작은 소규모 점포의 개설은 더더욱 협업문화와는 거리가 있다.

한편, 국내 창업 환경을 보면, 조금이라도 수익성이 보이는 아이템이라면 자본력이 강한 대형업체는 곧바로 주저하지 않고 시장에 진입한다. 그러다 보니 대기업에서 중소기업의 영역을 침범하고 중소기업의 도산으로 까지 몰고 가는 경우가 국내에는 허다하다.

더욱이 전자상거래 창업을 할 경우, 특성상 진입장벽(entry barrier)이 없으므로 타 경쟁업체의 시장진입이 쉽게 이루어지므로, 소규모로 창업을 하더라도 타 사이트에서 영역을 침범 당하는 사례가 더욱 많다. 따라서 이로 인한 창업을 하는 개인 업체나 중소업체의 경쟁력 저하요인이 되므로 이러한 점도 경계해야 한다.

3. 핵심역량의 통합문제

IMF 직전의 상황과 달리 21세기 들어서서 대개는, 전통상거래(傳統商去來)와 달리 전자상거래(電子商去來) 창업의 경우, 대다수의 기업이 이미지제고 측면에서 접근하기 때문에 전자상거래는 부수적인 사업으로 생각하는 경향이 강하다. 따라서 이러한 기업들은 전자상거래 시장에서의 수익모델개발에 소홀할 수밖에 없다.

그러나 다른 시각으로 볼 때 온라인(on-line)부문은 주력사업인 오프라인(off-line) 부문의 경쟁력강화를 위하여 필수적으로 지원이 매우 필요하다. 전자상거래와 전통상거래의 융합이 필요하다. 이러한 부분이 이루어지면 상호 시너지효과가 배증된다.

대표적인 사례로 사이버 e-마트 등을 운영하는 신세계백화점이나 현대백화점 등 초대형 오프라인 유통업체가 운영하는 인터넷쇼핑몰의 사이트이다. 따라서 최근에 들어와서 오프라인과 연계를 강화하는 측면으로 새로운 활로를 모색하고 있기도 하다.

4. 자금조달시장의 확보

창업을 하려고 할 때 국내 여건상 투명한 자금조달시장이 취약하다. 점포를 출점하려고 할 때, 자금을 확보하기 위해서는 자기자본이 어느 정도 확보되어야 한다. 따라서 현실적으로 자금이 풍부한 개인이나, 기업이 유통창업을 할 수 밖에 없다.

중소 유통업체를 대상으로 여러 가지 세제상 혜택과 자금지원 등 다양한 지원책이 강구되고 있다. 따라서 이를 활용하기 위한 정보력의 동원도 필요하다.

한편, 일반 벤처창업의 경우도 마찬가지이다. 즉, 수익모델이나 기술을 보유한 경우도 손쉽게 창업이 이루어져야 하나 자금원을 확보하는 것이 용이하지 않다. 특히, 2000년대 들어와서 벤처열풍이 가라앉은 상태에서 국내 자금시장의 위축으로 제3시장에서의 자금조달은 최근에 더욱 위축된 상태이다. 90년대 말에는 엔젤클럽이 창업하는 중소기업의 중요한 자금원으로 등장하기도 하였으나 이 또한 위축된 상태이다. 특히, 자금을 원활하게 확보하기 위해서는 벤처기업으로의 등록이 필요하다. 그래서 창업한 여러 중소규모 기업들의 벤처등록을 지향하고 있다.

5. 창업자의 자세

창업자는 대개 두 가지 부류로 나눌 수 있다. 한 가지 부류는 수년간 자신이 무엇을 창업할 것인가를 심도 있게 검토하고 준비해온 사람이다. 또한 부류는 현재 상황이 어쩔 수 없는 상황이라 아무런 준비 없이 남들이 하니까 한다는 식의 창업을 하는 사람이 있다.

여기서 첫 번째 부류는 성공할 확률이 매우 높다. 반면에 두 번째 부류는 실패할 확률이 첫 번째 부류에 비하여 상대적으로 매우 높다.

두 번째 부류는 대개 창업을 하려는 마음가짐에서 예비창업자들의 막연한 기대심리와 오해가 많다는 점이다. 즉, 막연한 창업에 대한 기대로 인하여 결국 수익모델을 구축하지 못하고 헤매다가 주저앉는 경우도 발생한다.

물론 창업하는 모든 사람이 두 번째 부류가 아니라 첫 번째 부류라 하더라도 이러한 막연한 기대는 한다. 그러나 사전에 사업계획서를 보수적으로 작성해 보는 등 철저한 준비가 되어 있기 때문에 주먹구구식으로 하기 쉬운 두 번째 부류보다는 실패할 확률이 적다.

한편, 참고로 성공벤처와 일반벤처의 차이점을 비교하면 다음과 같다. 창업자 특성 측면에서 보면 성공한 벤처기업은 학력이나 전공

관련성이 상대적으로 높고, 성취욕도 높다. 환경에 잘 적응하고, 자금조달능력과 기술능력이 상대적으로 뛰어나다는 특징이 있다. 그러나 직장경험과 경영경험이 부족한 게 흠으로 작용한다. 성공벤처와 일반벤처의 특성비교 내용은 〈표 2-1〉과 같다.

〈표 2-1〉 성공벤처와 일반벤처 특성비교

구분	항목	성공벤처기업	일반벤처기업
창업자의 특성	학력, 전공관련성	고	저
	경영경험, 직장경험	저	고
	성취욕구	고	저
산업환경	환경의 적응성	고	저
전략	기술혁신 차별화	고	저
자금동원능력	자금동원, 기술능력	고	저
조직관리특성		?	?

자료 : 중소기업청(2000), 『테크노벤처 창업교실』, 대전시중소기업종합지원센터, 12월.

제 2 절 창업의 성공조건

본 절에서는 창업을 하기 전에 고려할 사항과 성공조건을 살펴보고자 한다. 이를 살펴보면 다음과 같다.

1. 창업 성공을 위한 시작 전 고려사항

창업을 위한 사업 시작 전에 고려할 사항에 대하여 검토해 보고자 한다. 이를 창업의 아이템 선정, 사업형태의 구상, 지원시설과 자금원 확보, 고객 서비스 시스템 구축, 확신과 자신감 등 다섯 가지로 나눠서 설명하면 다음과 같다.

1) 창업 아이템의 선정

유망한 창업아이템을 선정하는 것은 매우 중요하다. 아무리 좋은 아이템이라 하더라도 점포를 개점할 때 수익모델로 가치가 없거나 단기적인 유행 아이템이라면 문제가 될 것이다. 장래에 수요가 증대될 수 있는 분야가 무엇인가를 판단하는 것이 매우 중요하다.

또한, 아이템에 따른 대상 고객에 대한 정의, 즉 내 고객은 누구인가 명확히 알아야 한다. 고객의 특성이 무엇이며, 이들을 어떻게 애호고객으로 끌어들일 수 있을까를 사전에 연구해야 한다.

한편, 창업의 유망 아이템으로는 처음에 하는 사업이므로 자신의 규모에 맞는 규모의 작은 업종을 선택할 필요가 있다. 또 그 업종 사체가 시대에 맞는지를 파악해야 한다. 특히, 중소기업에 적합하고 유연성이 있는 업종인가도 살펴보아야 한다. 마지막으로 오프라인상에서 점포를 출점한다고 하더라도 온라인상에서의 비즈니스와 연계도 감안하는 지혜가 필요하다.

2) 사업형태의 구상

현재보다 미래형 사업형태를 구상해야 한다. 사업은 흥하기도 하지만 망하기도 한다. 따라서 나중에 어떠한 사업형태를 취할 수 있는가를 구상하고 누가 이 사업의 파트너가 되고, 또 어떠한 형태로 운영할 것인지를 사전에 완비하고 시작해야 한다.

특히, 사업파트너가 누구인지가 매우 중요하다. 우리나라의 사업 특성상 동업을 해서 성공하는 사례가 많지 않다. 이러한 점도 고려해야 하며, 특히 외식창업의 경우 더더욱 그러하다.

3) 지원시설과 자금원 확보

아무리 좋은 영업에 대한 노하우나 기술과 아이템을 갖고 있다

하더라도 자금원이 없으면 실패한다. 즉 자기 자본의 비율을 높여야 한다. 또한 사전에 다양한 창업지원 시설 및 기관을 활용하도록 조사를 철저히 한다.

현재 유통업으로의 진출시 중소기업청에서 창업을 지원하고 있으므로 이를 적극 활용할 필요가 있다. 또한, 벤처의 경우는 학교나 연구소 뿐 아니라 일반 오피스건물도 벤처창업을 위한 사무실임대를 진행한다면, 어떤 시설을 이용해야 기본인프라 구축뿐 아니라 보다 더 나은 서비스를 받을 수 있고, 정보를 접하기 쉬운가를 살펴봐야 한다.

한편 유통창업 초기에 씨앗자금(seed money)의 부족은 실패의 원인이 되므로 사전준비에 철저를 기해야 한다. 유통창업의 경우는 자금력부족으로 적절치 못한 입지에서 창업할 경우가 있다. 입지가 중요한 유통업 특성상 이를 더욱 경계해야 한다. 유통창업에서 많이 실패하는 경우가 대부분이 이러한 경우인 점을 알아야 한다.

마지막으로 여러 기관에서 창업자금지원제도가 운영되고 있으므로 사전에 이를 활용할 수 있는 방안을 강구해야 할 것이다.

4) 고객서비스시스템 구축

고객서비스는 창업의 성패에 매우 중요하다. 먼저 유통업에서의 고객서비스시스템이란 배송 등 고객 관리 분야이다. 이러한 소프트웨어적인 측면에서의 강화는 점포 경쟁력강화에 필수불가결한 사항이다. 한편, 오프라인분야의 창업에서도 온라인분야를 적절히 이용하는 방법이 필요하다. 전통산업은 정해진 일과 시간에 얽매인다. 이럴 경우 온라인분야를 이용하는 경우 24시간을 활용할 수 있다. 따라서 고객서비스측면을 보완할 수 있다.

즉, 인터넷을 이용한 유통정보화를 구축하여, 상품의 조달문제, 대금결제문제, 상품의 배송문제 등 신속하고 정확하고 안전한 시스템을 구축해야 만이 만족스러운 고객서비스체제가 구축된다. 특히, 고객서비스 강화 측면에서 볼 때 컴퓨터 및 인터넷 기술의 전략적 활용이 필요하다.

오프라인상에서 유통창업을 한다는 자체가 지금까지 그래왔듯이 그것 자체로 모든 것이 문제없이 진행될 것이라고 여길지 모른다. 그러나 현대는 인터넷이 보편화된 시대이기 때문에 온라인과 오프라인이 융합되는 과정으로 얼마나 훌륭한 고객에 대한 데이터베이스를 구축하느냐와 인터넷마케팅을 구사하는가가 중요하다.

5) 확신과 자신감

자신이 창업하고자 하는 어떤 아이템과 기술에 대하여 철저한 검증절차를 거친 후 확신과 자신감이 있을 때 시작해야 한다. 유통업에서의 아이템은 업종을 뜻하며, 기술은 시스템구축을 의미한다.

물론 유통창업 이외의 벤처창업인 경우도 마찬가지로 가장 중요한 것은 확신과 자신감이 있어야 사업에서 성공할 수 있다는 점이다.

특히, 창업아이템의 선정시 지금까지 내가 어떤 일을 주로 해 왔는가 그리고 관심이 있는 분야는 무엇이고, 또 무엇을 하고 싶은가, 차별화가 가능한가, 단기적인 사업이냐 아니면 장기적으로 성장할 가능성이 있는가, 정보의 내용이 계속 축적될 수 있는가 등을 고려해야 한다. 이를 통하여 창업자는 성공할 수 있다는 자신감이 생긴다.

사업에 대한 확신과 자신감은 철저한 검증절차 뿐만 아니라 자신의 적성 및 전문성과도 밀접한 관련이 있다. 따라서 자신의 적성에 이 사업이 맞겠는가, 또 이 사업이 자기 자신이 지금까지 접해 왔었던 전문분야인가도 매우 중요하다. 그렇지 아니한 경우라면, 사업자체를 재고해 보아야 하고, 전문가의 자문을 받고, 신중한 사업인 만큼 여러 차례에 걸친 타당성분석이 있어야 한다.

여기에서 사업에 대한 확신과 자신감이란 실패한 기업가(Entrepreneur)의 일반적이고 공통적인 유형인 자신에게는 "실패란 없다" 라는 과대망상을 갖고 있는 것과, 자신이 "천하무적"이라는 자만심을 갖고 있는 경우와는 전혀 다르다. 즉, 철저한 사례분석과 검증에 의한 결과인 것이다.

〈표 2-2〉 창업에 실패할 확률이 높은 경우

1. 사업이 수익성이 높고, 급하다는 등 달콤한 유혹이 있을 경우
2. 사업계획서 대비, 소요자본이 충분히 준비되지 않았을 경우
3. 상품 판매시 대기업이 진입해 있는 업종
4. 사업계획서(Business Plan)를 사전에 준비하지 않았을 경우
5. 불법적이거나 퇴폐적인 사업을 생각할 경우(카지노, 오락 퇴폐 등)
6. 남들 체면 때문에 자신이 허영, 허세, 허식에 사로잡혀 있을 경우
7. 기본적인 소양이 부족하여 재무제표나 세무, 회계를 보고 읽을 수 있는 능력이 없을 경우
8. 직업의 귀천을 따지는 시대착오적인 생각을 보유한 경우
9. 창업자가 경제지나 전문잡지를 싫어하고, 스포츠지나 일간지만을 읽는 경우
10. 아직 시장이 미 성숙되어서 상품이나 서비스를 판매할 수 없는 경우
11. 자신이 권위의식과 과대망상을 갖고 세일에 참여하기가 싫은 경우
12. 주먹구구식으로 자금관리개념이 없는 경우
13. 자신의 부족으로 대화에 자신이 없고, 외관상 흠이 있다고 생각할 경우
14. 실패했을 경우 자신의 편에 서서 도와줄 친지나 이웃이 없는 경우

자료 : 윤명길 외(2001), 『전자상거래 및 창업』, 서울보건대학.

2. 창업의 성공 전략[1)]

창업에 대한 성공사례는 많이 있다. 이러한 기업의 성공사례를 종합적으로 분석하여 "창업성공전략"을 도출해 보았다. 이를 살펴보면 다음과 같다.

1) 효율적인 조직구성

창업을 하고자 할 때 조직구성이 매우 중요하다. 조직구성원간의 끈끈한 응집력은 초창기 창업기업에 있어서는 발전의 원동력이 된다.

따라서 이들 조직원간에 하나라는 인식을 심어주어야지 효율적인 조직구성이 가능하다. 효율적인 조직구성이란 종업원에게 동기를 부여해 줄 있는 여건이 조성되어야 만이 더욱 효과를 볼 수 있다.

2) 시장 및 고객중심의 사고 전환

유통창업을 하려면 시장 및 고객의 흐름을 먼저 파악해야 한다. 즉, 현재 소비자가 선호하는 상품이나 아이템, 그리고 패션이나 유행 등을 읽어야 한다. 그리고 미래에는 어떠한 변화를 가져올 것인가를 알아야 한다. 이러한 흐름을 파악하지 못한다면 실패할 확률이 높아진다.

다시 말해 현재와 미래에 전개될 방향을 감지해야 한다. 이러한 사항은 곧바로 어떤 업종을 선택할지, 어떤 방식으로 창업해야 할지

1) 성공한 기업가(Entrepreneur)의 특성을 티몬스(Timmons) 등은 50여개 기업을 조사한 결과 공통된 특성을 도출했다. 이를 살펴보면, 사업의 몰입도 및 결단력과 인내심, 강한 성취욕구와 성장욕구, 기회 및 목표지향적, 주도적이고 강한 책임감, 끈질긴 문제해결 노력, 낙관적인 현실주의 지향 및 유머감각소유, 피드백활용, 계산된 위험수용 및 위험의 공유, 지위와 권력에 대한 낮은 욕구, 정직과 신뢰, 신속한 결단 및 실천과 인내심, 실패에 대한 철저한 관리, 팀 구축자이자 영웅 만들기 주력 등이다.

를 결정하는 가늠자가 될 수 있기 때문에 매우 중요하다.

3) 최고경영자의 리더십과 비전제시

창업투자자문회사 담당자들은 보통 창업하는 기업이 성공을 할 수 있는지를 판단하려면 "최고경영자를 보면 알 수 있다"라고 한다. 이는 최고경영자의 능력에 따라 회사가 성패의 기로에 서기 때문이다. 그만큼 창업하는 회사는 최고경영자가 중요하다.

실패한 사례를 보면 부닷컴(www.Boo.com)이라는 회사가 대표적이다. 이 회사는 인터넷 의류업체인데 창업할 때, 제이피모건, 베네통 등 유수기업에서 운영자금으로 1억 2천 5백만 달러를 유치하여 설립한 영국회사이다. 그러나 최고경영자의 방만한 운영과 임직원의 무분별한 영업수행으로 영업개시 6개월 만에 운영자금 50만 달러만 남게 되어 동업계 경쟁업체인 패션몰닷컴(www.fashionmall.com)에 인수당했다.[2)]

4) 혁신경영을 위한 노력자세

창업을 하고자 할 때, 투입비용을 적게 들이고 많은 산출을 얻을 수 있는 경제적인 투자를 하고자 하는 것이 일반적인 생각이다. 그러나 현실은 투자를 소홀히 하고 수익 창출하는 것이 어렵다. 따라서 투자를 할 때 어느 분야에 집중적으로 투자하느냐가 성패를 좌우한다.

---

2) Bruner 외 2인의 원저(NetResults Ⅱ)를 윤명길 외(2002)가 번역한 『인터넷 마케팅』(영한출판사)에서 발췌함.

제 3 절 창업 준비절차

1. 사업의 구상

창업을 하고자 한다면 먼저 무엇을 할 것인가 생각해 봐야 한다. 아무 생각 없이 창업을 준비한다면 실패하기 쉽다. 따라서 실패를 방지하기 위해서는 사전 준비가 철저하지 않으면 어려움을 겪을 수 있다.

〈표 2-3〉 기업가와 경영자의 비교

구분	기업가	경영자
동기 및 감성 지향성	성취지향성 자기중심, 강한 명예욕 소유 높은 자율성 애사심 자발적 모험 수용 위험부담	통합, 생존, 시장지향 권력과 영향력 지향 조직지향(회사중심) 조직과 부하개발에 관심 전문성의 충실 위험부담에 보수적
분석적 경향	직감적(자신의 직감을 믿음) 장기적 안목 전체성(holistic)	분석적 단기적 안목 세부적 특수성
인간관계면	개인적 관계중시 인사 및 정치성 가족/친족 우대 권위적 감성적으로 참을성 부족	일반성 탈인간성 및 합리성 참여 및 분권 위임 가족/친족 무관 탈감정성, 인내심, 꾸준함
조직 직분의 차이	소유권의 특권과 위험성 수용 확고한 자기자리의 고수 일가친척의 지원 가족, 인척 우선주의 약한 부하 일인통치	적은 소유권과 열세한 특전 보장되지 않는 직분 단독행위 또는 가족, 인척의 지원 강한 상관

자료 : E. H. schein(1980), *Organizational Psychology*, 3rd edition, Englewood Cliffs, N. J., Prentice-Hall.

주변에서 대학교를 졸업하고 손쉽게 일할 수 있는 것을 찾다가, 또는 유통업체에 다니다가 그만두고 남들이 하니까 나도 해보자 라는 식으로 창업을 해서 실패한 경우가 많다. 이들의 대부분은 사전에 철저한 준비가 없어서 실패를 하는 것이다. 특히, 여러 전문가의 의견수렴 과정은 필수적인데 이러한 과정을 밟지 않고, 일부 주변의 솔깃한 얘기만을 듣고 시작하는 경우가 대부분이다. 창업에 성공하고자 하는 자는 부화뇌동해서는 안 된다. 철저하게 자신이 하고자 하는 사업이 수익모델인가를 검토하고, 확신이 섰을 때 시작을 해야 한다. 그래야 만이 성공이 보인다.

특히, 인터넷이 보편화되면서 소규모 자본으로 창업하려는 이들이 가장 쉽게 할 수 있는 사업이 소호사업이다. 초기 투자비용도 적고, 가정에서 PC 1~2대만 설치하면 얼마든지 사업을 시작할 수 있기 때문이다. 아이템만 좋고 정보만 알차다면 수익이 나지 않겠느냐는 것이 이 사업을 시작하려는 이들 대부분의 지배적인 생각이다. 그러나 현실은 대부분이 성공하지 못하고 좌절하는 경우가 더 많다. 따라서 어느 사업을 하든지 신중한 아이템 선정과 검토가 필수적이다.

실패하지 않고 사업으로 성공하기 위해서는 현재 수익이 될 수 있는 것이 어떤 것들이 있으며, 어떤 것이 돈을 벌고 있고, 어떤 것이 장사가 잘 안 되는지 세밀히 파악해야 한다. 이런 데이터를 수집한 뒤에는 그 이유를 나름대로 면밀히 분석하고, 여러 전문가의 조언도 들어야 한다.

결국 사업의 성공은 철저한 사업구상에서 찾을 수 있다. 사업구상을 하기 위해서는 자기주변을 한번 살펴보고, 무엇이 새로운 시장으로 부상할 수 있을까 연구해 봐야 한다. 항상 주변을 살피고, 이야기를 듣고, 성공 이야기에 대한 책도 많이 읽을 필요가 있다.

2. 사업구상 핵심요소의 결정

사업구상의 핵심 요소는 크게 4가지로 대별해서 설명할 수 있다. 기업의 설립 목적, 창업주체 및 인적자원구성, 아이템 선정, 마지막으로 자금원 등이다. 이를 자세히 설명하면 다음과 같다.

1) 기업의 설립 목적

사업을 하고자 한다면 어떤 사업을 해야 할지를 결정하는 것이 매우 중요하다. 상기와 같이 외식창업을 할 것인지, 소호사업을 할 것인지, 아니면 보다 새로운 어떤 혁신적이고 기발한 유통사업을 할 것인지를 결정하는 것이 중요하다. 또한, 사업의 핵심요소를 무엇으로 할 것인가라는 것은 어떤 수익모델을 구축할 것인가 와도 일맥상통한다.

이를 위해서는 사업을 하고자 하는 분야가 자신이 하는 분야를 최우선적으로 검토해야 한다. 아니면 차선책으로 관심이 있는 분야인지를 먼저 살펴봐야 한다. 또한 내가 창업하고자 하는 분야가 수익모델인가를 생각해야 한다. 결론적으로 기업의 설립목적을 검토해야 한다는 얘기이다. 이러한 문제를 해결하는 것이 결국 기업의 설립의 목적이 될 수 있다.

2) 창업주체 및 인적자원구성

기업의 창업자는 인력 동원 뿐 아니라 자금을 동원할 능력이 있어야 한다. 또한 같이 창업을 하고자 하는 동업자나 기업 구성원을 효율성과 성장성을 감안하여 전문성이 있는 인재의 등용이 필요하다. 연령별로 창업에 대한 자세를 달리할 필요가 있다.

참고로 〈표 2-4〉는 창업자가 창업을 할 경우 연령별로 적정한 사업분야 및 판단 기준을 제시하였다. 20대는 모험창업, 30대는 선별

창업, 40대는 전문창업, 50대 이후는 안전창업이 적절하다는 말이다. 이러한 판단기준은 단지 객관적인 요소를 종합적으로 정리하여 정한 내용이다.

〈표 2-4〉 선호 연령별 창업유형 비교

선호연령	창업유형	판단기준
20대	모험적인 창업	· 자기전공, 직업과 관계없이 어떤 분야를 선택하여 창업하더라도 성패의 결과는 크게 달라지지 않음 · 재기 가능성이 많기 때문에 모험의 정당성 확보
30대	선별적인 창업	· 자신의 적성에 맞는 분야가 적당 · 자기 적성과 업무와의 상관관계를 어느 정도 판단 · 사회생활 및 일정분야에서 자기가 닦아 놓은 기반을 최대한 활용 · 어느 정도 리스크를 배제 할 수 있는 분야가 적절함
40대	전문적인 창업	· 자기업무 분야에서 최고의 실무 전문가인 점을 활용하여 자기 전문분야를 최대한 살릴 수 있는 창업이 적당함
50대 이후	안전위주 창업	· 사회 경륜과 전문지식은 풍부하나, 많은 지식이 오히려 행동보다 생각을 깊게 하는 원인이 되어 의사결정이 느려짐 · 모험성이 전혀 없는 안전한 분야 선택이 중요

결론적으로, 창업자는 통찰력과 판단력을 지닌 리더십을 겸비한 자라야 사업의 실패를 줄일 수 있다. 특히 자립심이 강하고, 성공을 하려는 추진력과 용기, 굳건한 신념이 필수적이다.

3) 아이템 선정

아이템의 선정이란 사업을 구체적으로 어떻게 할 것인가를 선택하는 과정이다. 따라서 무엇을 취급하고 판매할 것인가 그 사업내용이 창업자나 인적구성원의 능력으로 제대로 수행할 수 있는가 검토해야 한다. 그러기 위해서는 특히, 인적구성원의 전문성이 필요하다. 주변에서 자금력이 있다는 이유로 인적구성원에 편입시켜서는 실패하기 쉽다. 이점에 주의해야 한다.

현대는 시장상황이 급격히 변화한다. 따라서 탄력적으로 시장의 변화에 대응해야 한다. 미래에 사업 아이템이 가능성이 있는지, 단기적인 인기 아이템인지 신중한 검토가 요구된다.

최근에는 소호사업의 경우 아이템의 수익모델에 한계가 있음을 기존 업체들의 매출추이에서 알 수 있다. 예전보다 매출이 오히려 저조한 경우가 대부분이다. 이러한 이유 중에는 인터넷의 확산에 따른 가상의 공간이 무료로 이용 가능한 무한한 정보의 보고로 등장하고 있기 때문이다. 따라서 아이템 선정시 수익모델을 찾는데 관심을 가질 필요가 있다. 즉, 이것이 B2B인가 아니면 B2C인가를 생각하고, 결국 본인이 어떤 수익모델을 구축할 것인가를 면밀히 살펴봐야 한다.

한편 외식창업의 경우 사업아이템이 더욱 고객의 트랜드와 상권과 입지에 영향을 받는다. 따라서 복합적인 면밀한 조사와 분석이 수반되어야 성공적인 창업이 가능하다.

좋은 아이템, 즉 수익이 보장되는 사업으로 현재 창업하는데 있어서 수익모델이라고 하는 것은 경쟁이 심하다. 또한 외식사업이나 유통창업의 경우 등 오프라인이라면 투자비용 등이 많이 들 수 있다. 그렇기 때문에 커다란 작심과 확신이 없이는 경솔하게 사업을 시작해서는 실패하기 쉽기 때문에 미래를 예측할 수 있는 신중한 아이템의 선택[3]과 노력이 필요하다.

베스퍼(Vesper)는 좋은 아이템 선정 즉, 성공적인 사업 아이디어를 구상하는 방법에 관한 실증연구를 하였다.[4] 이에 대한 내용을

3) 중소기업청(2000)의 『소상공인을 위한 창업』, 테크노벤처 창업교실을 참조하면 다음과 같다. 아이템 선정 측면에서 볼 때, 일본의 경우 2000년대 주요 인기업종 트랜드는 캐릭터 관련 신제품, 키튼제품(kids+teens), 정보통신분야, 디지털 비즈니스, 환경 및 생명관련, 건강 및 노인관련 비즈니스, 외국계 문화 제품 등이다.

4) Vesper, K. H.(1992), "New-Venture Ideas : Do Not overlook Experience Factor." in William A. Sahlman and Howard H. Stevenson(eds.), *The Entrepreneurial Venture* (Harvard Business school Press), pp. 73~79.

요약하면 다음과 같다.

첫째, 정신적인 훈련이 필요하다. 브레인스토밍, 관찰, 새로운 응용방안 모색 등을 하는 것이다.

〈표 2-5〉 사업아이템 선정시 고려사항

구분	고려사항내용
적성 및 능력	· 해당분야에 경험과 사업수행능력과 지식은 갖추고 있는가? · 창업자금 조달능력은 양호한가? · 해당 업종에 대한 자신감은 가지고 있는가? · 창업자의 적성과 성격은 잘 맞는가? · 건강능력과 사업아이템과의 적정성 여부는 적합한가?
시장성 및 입지성	· 시장규모에 대한 전망성은 어떠한가? · 시장의 경쟁현황과 전망은 양호한가? · 해당지역에서의 입지는 양호한가? · 해당지역의 고객특성과 해당 아이템에 대한 선호도는 높은가? · 사업발전 단계상 도입기 인가 아니면 성장기인가?
수익성	· 여타 경쟁업체와 비교할 때 고객 확보가 가능한가? · 인테리어비용 등 고정비의 비율은 높은가? · 투자비용에 비해 수익전망은 양호한가? · 손익분기점의 달성시기나 목표는 어떠한가? · 일반금리와 비교시 수익성은 양호한가?
상품성 및 가격	· 영업 및 A/S가능 여부는 어떠한가? · 상품의 지속적인 조달이나 공급용이성은 어떠한가? · 상품관련 기술의 개선방향은 있는가? · 고객입장에서 상품품질과 가격은 우수한가? · 상품의 인지도와 경쟁력은 양호한가?
개업 준비	· 내적요소(인력, 인프라 등)는 완비되었는가? · 운전자금과 장기적인 자금줄은 완비되었는가? · 인·허가 문제는 없는가? · 경쟁사 등과의 분쟁소지는 없는가?

자료 : 윤명길 외(2001), 『전자상거래 및 창업』, 서울보건대학.

둘째, 개인적인 접촉을 시도하는 것이다. 잠재고객이나, 잠재 거래처, 사업 브로커, 사업가, 성공적인 창업자, 고액재산소유자, 교수나 전공대학원생, 특허법률가, 동일분야종업원, 예비 동업자, 금융가, 벤처 캐피털, 상공회의소, 경영 컨설턴트 등 창업에 관련되는 전 분야의 전문가와 관련되는 사람이다.

셋째, 정보수집을 위한 방문을 자주 한다. 동종분야 전시회, 도서관, 공장, 발명전시회, 대학, 연구소 등이다.

넷째, 독서에 심취한다. 업계관련 출판물, 업계의 지침, 파산공고, 사업기회 광고, 고전 및 잡지, 정부기관 출판물, 신제품관련 출판물, 베스트셀러, 박사논문, 아이디어서적 및 소식지, 라이센싱, 정보서비스, 신기술관련 출판물 등이다.

다섯째, 추세를 관찰한다. 원자재부족, 쓰레기처리, 에너지 부족, 레크리에이션, 신기술, 사회운동, 무역, 개인보안, 복고화 경향, 유행, 법적변화, 공해문제 등이다.

4) 자금원

창업을 하는데 필수적인 요소로 사업아이디어를 구체화시키는데 가장 필요한 게 자금이다. 자금을 어디서 조달할 수 있을까 창업자는 사전에 검토가 되어야 한다. 단기적으로는 자기자본으로 조달하고, 장기적인 측면에서 부족한 부분은 정부와 관계기관의 지원제도를 이용하는 것이 좋다. 이에 대한 효율적인 이용방법은 다음 장에서 자세히 설명한다.

3. 사업타당성 분석

먼저, 사업을 하려면 사업타당성을 분석해봐야 한다. 모든 사람들이 처음 사업을 시작하고자 할 때는 돈을 벌고자 해서 시작한다. 그러나 막상 시작을 하면 돈을 버는 것이 아니라, 오히려 돈을 잃는 경우가 더 많다. 가장 큰 이유는 사전에 사업타당성 분석이 제대로 이루어지지 않은 경우가 대부분이기 때문이다.

최근 "아이디어는 돈이다"라는 말을 수없이 많이 듣는다. 이것은 아이디어의 중요성을 강조하는 표현일 뿐이다. 아이디어는 아직 돈이 아니다. 아이디어가 돈이 되게 하기 위해서는 여러 중간 과정을 거쳐야 하는데 특히, 중요한 것이 사업타당성 조사이다. 대부분 창업자가 사업 타당성 조사를 소홀히 하거나 주관적으로 자신이 한다면 유리하게 생각하고 사업을 하는 경우가 많다. 그런데 이런 경우가 대부분 실패하게 되는 요인이 된다.

창업자가 사업타당성 조사를 직접 한다는 것이 쉽지는 않을 것이다. 그러나 이 조사를 소홀히 한다면 창업자는 이 사업에서 실패할 가능성이 보다 더 높아진다. 객관적인 조사를 실시하고 판단하되, 다시 한번 재검토의 과정을 필히 거쳐야 실패확률을 줄일 수 있다. 따라서 일반적으로 창업자가 할 수 있는 사업타당성 조사 방법부터 알아보자.

1) 전문가 등 주변의견 수렴

사업타당성 조사의 1단계로 먼저 전문가와 주변사람의 의견을 듣는 것이 중요하다. 현재 본인이 구상하고 있는 사업 아이디어의 수익성에 관한 정보를 얻는 데는 여러 가지 방법이 있겠지만, 중요한 시발점은 많은 사람을 만나서 의도하는 사업에 대한 그들의 견해를 듣는 것이다. 구체적인 정보를 얻을 수 있도록 미리 준비하고 면담결과를 기록하여야 한다. 비판적인 견해와 낙관적인 견해 모두가 유용한 것들이 될 수 있다.

전문가와 주변사람의 면담대상은 가족, 친구, 학교시절의 은사, 관공서, 관련업종 협회 및 단체, 컨설팅회사와 동종 업종의 사업을 하고 있는 사업가, 미래의 고객, 여신기관에 종사하는 사람 등을 들 수 있다. 특히, 관공서, 관련 단체 및 협회에는 전화를 과감히 해도 된다. 창업자 당신이 그들의 고객이기 때문에 그들을 만나기가 어려운 경우도 있을 것이다. 그러나 과감히 방문하는 것이 오히려 좋다. 당신은 그들의 수요자이며 고객이니까 더욱 중요한 것이다.

2) 실무현장 견학 및 체험

면담조사 등 주변의 의견을 수렴한 후에는 어느 정도 사업에 대한 지식을 습득하고 자신감도 생길 것이다. 그 이후에는 동종 업종의 현장에서 직접 경험 또는 견학을 통하여 자료를 수집하고 면담을 통하여 수집한 자료를 보완하여야 한다. 특히 유통업이라면 잘 되는 점포와 잘 안 되는 점포를 선정하여 잘 되는 이유와 안 되는 이유를 정리해 보는 것도 필요하다. 또 온라인 분야의 사업이라면 웹상에서 직접 구매를 하거나, 직접 잠재경쟁 회사를 방문하여 보는 것도 좋은 방법이 될 것이다.

현재 종사하고 있는 분야와 다른 사업을 하려고 하는 경우에는 주말이나 여가시간을 이용하여 현장경험을 쌓으며 사업의 노하우(know-how), 자신의 적응력 등에 대한 검토가 필요하다.

3) 정보수집과 분석

선문가의 의견과 경쟁사의 방문이나 체험을 토대로 정보를 최대한 수집하고 분석한다. 정부의 보고서, 협회의 간행물, 창업 유관기관의 간행물, 관계 전문잡지, 사업성 분석의 전문서적 등도 참고하되, 최근 인터넷에 각종 정보가 수록되어 서비스되고 있으므로 인터넷 검색을 통한 자료 수집도 중요한 비중을 차지한다.

4) 타당성 분석

사업 타당성 분석이란 경제주체가 수행 및 추진하고자 하는 사업활동의 타당성 여부를 사전에 조사, 분석, 검토하여 경영의사 결정에 필요한 기초자료를 제시하는 활동을 말한다. 이와 같은 타당성분석은 상기의 결과를 종합적으로 정리하여 분석을 행한다. 즉, SWOT분석과 추정손익계산서를 작성해 본다. SWOT분석이란 사업에 영향을 미치는 여러 환경요인을 통해서 기회요인(opportunity)과 위협요인(threat)을 발견하고 자신의 강점(strength)과 약점(weakness)에 연결하여 타당성을 분석하는 것이다. 또한, 추정 손익계산서란 창업자가 사업아이템에 대하여 미래의 수익과 손익을 미리 분석하는 계산서로서 추정손익계산서를 작성하여야 최대한 지출비용을 줄일 수 있다.

이러한 사업타당성 분석이 없이 시작해서 실패한 사례를 살펴보기로 하자. 전술한 바와 같이, 대덕연구단지에서 잘 나가는 연구원 중에 한 명인 A씨는 자신의 후배들과 사업을 시작했다. 첨단기술을 중개하는 상당히 가능성이 있다는 분야이었다. 이 회사의 실패요인 중에 가장 큰 요인은 수익모델로서 타당성이 있나 살펴봐야 하는데, 한참 코스닥시장이 성장할 때 주먹구구식으로 뻔히 수익이 불투명할 것이라는 사실을 간파하지 못해서이다. 특히 상품자체가 첨단기술인데 이러한 상품의 특성은 직접 소비자와 대면판매를 해야 하는 특성을 저버린 치명적인 오류를 범했기 때문이다. 이러한 경우는 이미지 측면이나 보완적인 측면에서 웹사이트를 운영하고, 오프라인상으로 사업을 주력해야 했다.

〈표 2-6〉 상권별 성공확률이 높은 업종

구분	상권별 성공확률이 높은 업종
아파트상가	치킨호프집, 노래방, 미용실, 사우나, 크리닝센터, 사진전문점, 부동산, 책대여점, 만화대여점, 컴퓨터게임장, 완구렌탈 및 판매, 문구점, 멀티팬시점, 서점, 편의점, 배달전문피자점, 치킨점, 중국집, 떡커리방, 족발전문점, 라면전문점, 떡볶이전문점, 종합분식점, 김밥전문점, 와플전문점, 순대국전문점, 배달전문김밥점, 배달전문종합분식, 쌈밥전문점, 삼계탕집, 중국집, 골뱅이호프집, 안경점, 슈퍼형문구점, 화장품할인점, 냉장과일점, 정육점, 슈퍼, 편의점, 문구팬시점, 화장품, 약국, 학원, 사진관, 독서실, 인터넷PC방, 스티커포토샵, 노래방, 비디오대여점
재래시장	만두전문점, 베이커리, 떡집, 호프집, 골뱅이전문호프집, 순대국전문점, 설렁탕전문점, 보신탕전문점, 생고기전문점, 삼겹살집, 김밥전문점, 도시락전문점, 부대찌개전문점, 일식집, 도시락이동판매점, 중국집, 치킨호프집, 종합분식점, 막걸리전문점, 빈대떡전문점, 중국집, 라면전문점, 떡볶이, 커피전문점, 중고용품전문점, 사진관, 클리닝센터, 부동산, 사우나, 간이우체국, 카센터, 찻집, 당구장, 월셋방임대, 소호미니사무실임대, 컴퓨터게임장, 미용실, 비디오대여점, 만화대여점, 컴퓨터게임장, 문구점, 꽃가게, 화장품, 안경점, 편의점, 유기농산물전문점, 즉석식품전문점, 정육점, 냉장과일전문점, 생선전문점, 유제품전문점, 반찬전문점, 생활용품전문점, 지물포, 문구점, 서점, 화장품, 귀금속전문점, 꽃가게, 편의점, 노브랜드의류점, 언더웨어점, 약국, 중저가횟집, 족발전문점, 치킨점

신도시	치킨점, 중저가횟집, 족발전문점, 문구점, 편의점, 꽃가게, 안경점, 정육점, 과일전문점, 완구점, 노브랜드의류, 중고용품위탁판매점, 멀티팬시점, 준생필품전문점, 반찬전문점, 정육점, 지물포, 서점, 화장품, 약국, 복사전문점, 워드대행업, 사진관, 월셋방임대, 포켓볼, 당구장, 스티커포토샵, 커피샵, 노래방, 치킨전문점, 떡커리방, 배달피자점, 생선회택배점, 치킨호프, 소주방, 직영편의점, 김밥전문점, 호프집, 종합분식점, 중국집, 막걸리전문점, 라면전문점, 민속주점, 만두전문점, 탁아방, 클리닝센터, 카센터, 애완견센터, 미용실, 부동산, 한의원, 학원, 사진관, 비디오대여점, 컴퓨터게임장, 비디오방, 소호미니오피스텔, 카센터, 부동산, 컴퓨터게임장, 만화대여점
역세권	노래방, 비디오방, 선우동집, 셀프해장국집, 커리떡방, 김밥전문점, 골뱅이전문호프점, 치킨전문점, 종합분식점, 토스트전문점, 호프집, 이동스낵카, 국수집, 중저가호프집, 소주방, 김밥전문점, 전문식당, 막걸리전문점, 치킨전문점, 종합분식점, 포켓볼, 당구장, 사이버만화텔, 컴퓨터게임장, 사진관, 스티커포토샵, 복사점문점, 워드대행점, 중국집, 떡볶이전문점, 커피전문점, 학원, 의류리폼, 구두세탁소, 남성미용실, 컴퓨터게임장, 노래방, 인터넷PC방, 월셋방임대, 사진관, 소호미니사무실업, 탁아방, 서점, 문구, 베이커리, 팬시점, 문구점, 캐주얼의류점, 화방, 화장품할인점, 신발가게, 향수전문점, 액세서리전문점, 꽃가게, 편의점, 캐쥬얼의류, 서점, 화장품할인점, 안경점, 독서실, 고시학원, 부동산, 워드대행 및 복사, 월셋방임대, 인터넷PC방

【연습문제 및 과제】

1. 창업에 성공하려면 사전에 준비해야 할 사항은 무엇이 있는가?
2. 아이템 선정이 중요한 이유는?
3. 나이에 따라서 창업 유형이 달라진다. 그 이유는?

참고문헌

고창룡 외(2005), 『신마케팅론』, 도서출판두남, 2월.

김미현・박철주(2003), 『유통창업실무』, 도서출판두남, 12월.

윤명길 외(2002)역 『인터넷마케팅』 Bruner 외 2인의 원저(NetResults Ⅱ), 영한출판사.

박철주(2005), 『유통기업의 경영컨설팅』, 무역경영사, 9월.

윤명길(2002), 『유통 및 벤처창업실무』, 청목출판사.

윤명길(1997), 『유통산업맥잡기』, 한수협출판부.

윤명길 외(2001), 『전자상거래 및 창업』, 서울보건대학.

중소기업청(2000), 『테크노벤처 창업교실』, 대전시중소기업종합지원센터, 12월.

중소기업청(2000)의 『소상공인을 위한 창업』, 테크노벤처 창업교실

Vesper, K. H.(1992), "New-Venture Ideas : Do Not overlook Experience Factor." in William A. Sahlman and Howard H. Stevenson(eds.), The Entrepreneurial Venture (Harvard Business school Press), pp. 73~79.

제 3 장

회사의 설립

제 1 절 창업의 업종 및 기간 적용범위

1. 업종범위

중소기업 창업지원법에 의거 창업지원이 가능한 업종의 범위는 제조업, 광업, 건축 · 엔지니어링 및 기술서비스업, 정보처리 기타 컴퓨터운용 관련업, 기계장비 임대업 등이다. 유통업 자체는 현재 상태로는 표면적으로 불가능하다. 따라서 유통업이 주가 된다면 창업지원에 있어서 상기 업종보다 창업 지원측면에서 볼 때는 불리한 여건에서 창업해야 한다. 그렇다고 지원제도가 전혀 없는 것이 아니므로 자세히 지원제도를 검토하면 의외로 중기청 등에서 지원 혜택을 받을 수 있는 기회가 많이 있다.

한편 조세제한특례법 대상업종은 제조업, 광업, 부가통신업, 연구 및 개발업, 방송업(종합유선방송법에 의한 종합유선방송국 및 프로그램공급업과 방송 프로그램 제작업에 한한다), 대통령령이 정하는 엔지니어링사업, 대통령령이 정하는 정보처리 및 컴퓨터 운용 관련업, 대통령령이 정하는 물류산업 등이다.

2. 기간의 범위

창업을 하고 지원제도의 혜택을 받기 위한 사업계획 승인대상의 기간 범위는 사업 개시 일로부터 5년 이내이다. 창업투자회사 투자대상 중에서 법인은 사업 개시 일로부터 14년 이내이고 개인사업자는 사업 개시 일로부터 10년 이내이다. 조세감면은 등록세, 취득세의 경우 사업 개시 일로부터 2년 이내이고, 재산세, 종합토지세, 소득세, 법인세는 사업 개시 일로부터 5년 이내이다.

〈표 3-1〉 사업개시일(창업일) 기준

구분	중소기업창업지원법	조세제한특례법
1) 법 인	- 법인설립등기일	- 법인설립등기일
2) 개 인	- 부가가치세법 시행규칙 제3조의 규정에 의한 사업개시일 · 제조업 : 제조장별로 재화의 제조를 개시하는 날 · 광 업 : 사업장별로 광물의 채취 · 채광을 개시하는 날 · 기타사업 : 재화 또는 용역의 공급을 개시하는 날 · 법 제21조제1항의 규정에 의한 사업계획 승인을 얻어 사업을 개시하는 경우에는 부가가치세법 제5조제1항의 규정에 의한 사업자등록일	- 사업자등록증교부일
3) 업종추가	-사업자등록증 재교부일	- 없음(조세감면 불가)

자료 : 중소기업청(2002), 내부자료에서 발췌

〈표 3-2〉 창업 인허가 업종

구분	주요 업종(2000년 12월 현재 기준)
허 가	식품제조가공업, 의약품제조업, 화장품제조업, 먹는 샘물제조업, 의료용구 및 위생용품제조업, 고압가스판매업, 용역경비업, 소방용기계기구, 제조업, 숙박업, 숙박업, 식품접객업, 음식점업, 유기장업, 유료노인복지시설, 유료직업소개소업, 석유판매업(주유소), 의약품도매업, 전당포업, 폐기물처리업, 중고자동차매매업, 인터넷 및 컴퓨터게임방 등
신 고	장난감제조업, 세척제조업, 건설기계 매매업, 무역업, 무역대리업, 먹는 샘물, 수처리제 및 용기수입업, 시술관련서비스업, 결혼상담업, 교습소, 노래연습장, 동물병원, 만화대여업, 목욕장업, 세탁업, 옥외광고업, 위생관리용역업, 이·미용업, 장례식장업, 체육시설업, 혼인예식장업 등
등 록	부동산중개업, 비디오감상실, 안경업소, 약국, 자동차, 운전알선업, 음반판매업, 창고업, 전기용품제조업, 공해방지시설업, 승강기 및 부품제조업, 출판인쇄업, 계량기수리제작업, 농약제조판매업, 다단계판매, 외국간행물수입업, 여행업, 전문서비스업, 학원 등

주 : 기타 업종 외의 의류, 신발, 액세서리, 문구, 완구 및 양곡 등 일반도소매 업종은 사업자등록만으로 가능

제 2 절 창업의 일반절차

창업자가 업종을 선택하고 사업성 검토와 사업계획을 수립하고 나면, 기업형태를 결정 후 사업자등록을 하여야 한다. 사업등록절차를 살펴보면 다음과 같다.

1. 개인기업과 법인기업의 창업 절차

창업을 하고자 할 때 창업자는 법인기업과 개인기업의 형태 중 어느 것으로 할까 고민하게 된다. 이러한 고민을 덜고, 이해를 높이

고자 〈표 3-3〉과 같이 개인기업과 법인기업의 차이점을 비교해 봤다. 이를 설명하면 다음과 같다.

〈표 3-3〉 개인기업과 법인기업 비교

항목	개인기업	법인기업 (주식회사)
법적근거	업종별 관계법	상법 및 업종별 관계법
규모	중·소규모	중·대규모
성격	개인	법인
출자인원 (발기인수)	대표자	발기인 3인 이상 (1인 이상 모집주주)
출자금액	금액제한 없음	5천만 원 이상 (벤처 2천만 원)
의사결정기관	대표자 개인	의결기관 : 주주총회 대표기관 : 대표이사 업무집행 : 이사회 (이사 3인, 감사 1인 이상)

1) 개인기업

개인기업으로 창업할 경우에는 부가가치세법에 따라 해당서류를 구비하여 관할 세무서장에게 사업자등록을 신청한다. 구비서류로는 사업자등록신청서(세무서에 비치), 주민등록등본 등이 필요하다. 또한 사업인·허가증 사본(개별법에 의한 인·허가 대상업종에 한함)이 첨부되어야 한다.

2) 법인기업

법인기업인 주식회사의 경우 다른 유형의 회사와는 달리 회사의 채무에 대해 일정한 한도(출자자금)내에서만 유한책임을 지기 때문에 가장 무난하다. 특히, 국내 법인회사의 95%정도가 주식회사로 설립되어 있다회사 설립절차로는 개인사업자의 경우 세무서에 사업자등록만 하면 되지만, 이에 반해 주식회사의 경우 3명 이상의 발기인이 상법상 회사설립절차에 따라 여러 가지 부속서류를 정리하여 각 지방법원 상업 등기과에 회사설립 등기를 하여야 한다. 신청서류로는 등기신청서를 비롯하여 정관, 주식발행사항 동의서, 인감증명서, 창립총회 의사록 등 14가지 서류를 갖추어야 한다. 그러나 등기소에 제출하는 서류 중 상당수가 형식적인 것으로 변호사나 법무사에게 맡기면 다 알아서 처리해 주기 때문에 크게 복잡하지 않다.

주식회사설립 경비로는 자본금 5,000만원이 필요하고 부대비용으로 등록세가 100만원, 교육세가 20만 원, 채권매입에 15만원 정도가 필요하다. 또한 회사 설립절차 모두를 변호사 또는 법무사에게 의뢰할 경우 60만원 정도가 추가된다.

상기와 같이 절차가 어렵지 않고 법인인 경우 각종혜택도 많으므로 최근 들어 음식점이나 소형 사업자들도 주식회사 형태로 설립하는 경우가 많다

그 이후 사업자등록을 하기 위해서 법인세법에 따라 해당서류를 구비하여 관할 세무서장에게 법인설립을 신고하여야 한다. 즉, 사업자등록을 하기 위한 법인설립신고(관할세무서)시 구비서류로는 법인설립신고서, 법인등기부등본, 정관, 개시대차대조표, 주주 및 출자자 명부 등이 필요하다. 이때에 공인회계사의 자문을 구하는 것이 좋다.

2. 개인과 법인기업의 장단점

한편 개인기업과 법인기업의 설립시 장단점을 살펴보면 〈표 3-4〉와 같다.

먼저 개인기업은 장점으로 이윤을 개인이 설립하고 관리하므로 기업주가 독점할 수 있고, 법인의 설립이 매우 용이하고, 적은 자금

으로도 창업이 가능하며, 어떠한 경우라도 영업상 비밀유지가 가능하고, 법인 내에서 인적관계를 긴밀하게 유지하기가 용이하다는 점이다. 단점으로는 기업주의 무한책임을 져야 하고, 기업의 영속성이 법인에 비하여 부족하고, 자본조달 능력의 한계가 있다. 또한, 개인이 하다 보니까 경영능력의 한계에 봉착하기 쉽고, 납세상 불리하고, 공신력이 저하되는 단점이 있다.

〈표 3-4〉 개인기업과 법인기업의 장단점 비교

구분	개인기업	법인기업
장점	· 이윤을 기업주가 독점 · 설립이 용이 · 적은 자금소요 · 영업상 비밀유지가능 · 인적관계 긴밀	· 대자본 조달용이 · 주주의 유한책임 · 주식의 양도 및 매입자유 · 소유와 경영분리가능 · 높은 공신력
단점	· 기업주의 무한책임 · 기업영속성 부족 · 자본조달능력의 한계 · 경영능력의 한계 · 납세상 불리 · 공신력 저하	· 설립절차 복잡 · 대표자의 이윤축소 · 의사결정의 지연 · 주주간 대립우려

두 번째로 법인기업을 설립할 때 장점으로는 대자본의 조달이 쉽고, 주주의 유한책임이라 책임감이 없으며. 또한, 주식의 양도 및 매입의 자유가 있으며, 소유와 경영분리가 가능하며, 높은 공신력이 있다는 등 장점이 있다. 단점으로는 설립절차가 복잡하고, 대표자의 이윤이 축소되고, 의사결정의 지연사례가 발생하며, 주주간 대립우려가 많다는 등의 단점이 있다. 특히, 최소한 5천만 원 (벤처기업은 2천만 원) 이상의 자본금과 3인 이상의 발기인이 있어야 설립등기에 의해 설립이 가능하다.

제 3 절 회사의 종류

회사의 종류는 주식회사, 유한회사, 합자회사, 합명회사 등이 있다. 이를 자세히 설명하면 다음과 같다. 1)

1. 주식회사(株式會社, company limited by shares)

주식의 발행으로 설립된 회사. 사원인 주주(株主)의 출자로 이루어지며 권리·의무의 단위로서의 주식으로 나누어진 일정한 자본을 가지고 모든 주주는 그 주식의 인수가액을 한도로 하는 출자의무를 부담할 뿐, 회사채무에 대하여 아무런 책임도 지지 않는다. 따라서 주식회사의 근본적 특색은 자본과 주식과 주주의 유한책임에 있다고 할 수 있다.

주식회사는 어디까지나 회사의 일종이기 때문에 사단법인(社團法人)이며 영리를 목적으로 한다. 또 사원의 개성과 회사사업과의 관계가 극도로 희박하여, 실질적으로는 자본 중심의 단체이며 물적회사(物的會社)의 전형이다. 자본은 회사가 보유할 재산액을 표시하는 것이며, 실제로 회사가 보유하고 있는 재산의 총체인 회사재산과는 다르다. 후자는 영업실적 ·물가의 등락 등에 의하여 항상 변동하나, 전자는 계산상의 금액으로서 법정 절차를 밟지 않는 한 일정하다. 자본은 회사채권자에 대한 최소한도의 담보액이며 회사신용의 기초이다. 따라서 상법은 회사 성립시는 물론이고, 그 존속 중에도 항상 자본에 상당하는 현실적인 재산을 회사가 보유하도록 노력하고 있는데, 이것은 자본확정, 자본유지, 자본감소의 제한이라는 자본의 3가지 원칙에 나타나 있다. 주식회사의 자본은 전부 주식으로 분할하

1) 두산백과사전의 내용에서 발췌 요약 및 첨부함.

여야 하며(상법 329조 2항), 주식은 자본의 구성분자인 금액을 의미한다. 각 주주는 자기가 가지고 있는 주식금액의 자본액에 대한 비율로 회사사업에 참여하고 회사재산에 대한 몫을 가지고 있으므로 주주의 회사에 대한 권리와 의무는 주식을 단위로 하여 정하여진다. 또 각 주식의 금액은 균일하여야 하며(329조 3항), 이로 인하여 각 주식은 평등한 대우를 받는다.

주주는 회사에 대하여 인수한 주식의 가액을 한도로 출자의무를 부담할 뿐이고, 그 밖에 아무런 의무도 부담하지 않는다(331조). 이것을 주주유한책임의 원칙이라고 하며, 특히 회사채권자에 대하여 주주는 전혀 책임이 없다. 또 출자의 목적물은 금전 그 밖의 재산이고, 신용 또는 노무의 출자는 인정되지 않는다. 주주는 주주총회의 결의에는 참가하지만, 업무집행에 당연히 참여하는 것은 아니다. 주식의 양도는 자유로우며(335조), 일반적으로 사원수가 많아서 대자본을 흡수할 수 있으므로 큰 기업의 경영에 알맞은 회사제도이다. 주식회사의 설립에 있어서는 정관에 설립시에 발행하는 주식의 총수와 1주의 금액을 기재하고 주식인수인의 확정, 이사·감사의 선임 등 회사의 실체(實體)를 구성하는 절차가 정관작성과 설립등기 외에 필요하다. 설립방법은 실체를 구성하는 절차에 따라서 발기인만이 설립시에 발행하는 주식총수를 인수하는 발기설립(發起設立)과 발기인이 주식총수의 일부만을 인수하고 나머지의 주식은 발기인 이외에 주주를 모집하는 모집설립(募集設立)의 2가지로 나누어진다.

주식회사는 법률상 반드시 의사결정기관인 주주총회, 업무집행과 대표기관인 이사회·대표이사와 감독기관인 감사(監事)의 세 기관을 가져야 한다. 이 밖에 상법은 필요한 경우 검사인(檢査人)이라는 임시감사기관을 인정하고 있다. 이와 같이 기관이 전문적으로 그 권한이 나누어지고, 사원자격과 기관자격이 분리된다. 상법은 필요기관을 세 기관으로 나누고 있으나, 자본구성에서 수권자본제도(授權資本制度)를 채용하는 동시에 경영기관의 합리화를 도모하여 회사의 최고기관인 주주총회의 권한을 상법과 정관에 정한 사항만 결의할 수 있게 하였다(361조). 또한 업무집행기관에 이사회제도(理事會制度)를 채용하여 권한을 강화하고 감사의 권한을 회계감사만으로 한정하고 있다. 상법상 자본의 총액과 발행주식의 총수는 등기사항에 지나지 않으므로(317조 2항 2·3호), 신주발행에는 정관변경의 필요가 없다. 회사자금을 기동적으로 조달할 수 있게 하기 위하여, 원칙적으로 이사회의 결정에 의하여 신주가 발행되도록 한 것이다(416조).

상법은 주식회사의 회계에 관하여 강행규정(强行規定)으로 상세하고 신중한 규정을 두고 있다(447조 이하). 주식회사가 새로 자금조달을 필요로 하는 경우에는 신주발행에 의하여 자기자본을 증가시킬 수 있다. 그러나 회사기구를 확장하지 않고 장기이며 큰 금액의 자금이 필요한 경우, 회사가 채권(債券)을 발행하여 일반 공중(公衆)으로부터 영세한 자금을 흡수하여 거액의 자금을 구성하는 타인자본의 조달방법으로, 상법은 사채제도(社債制度)를 인정하고 있다(469조). 주식회사가 해산한 때에는 합병과 파산(破産)의 경우를 제외하고 청산(淸算) 절차를 밟게 되므로(531조 1항), 회사는 청산의 목적 범위 내에서 존속한다(245 ·542조). 이 경우 영업수행을 위한 기관인 이사회에 갈음하여 청산인회(淸算人會)가 집행기관이 된다. 주식회사의 청산에는 합명회사(合名會社)에서와 같은 임의청산(任意淸算)은 인정하지 않으므로, 반드시 법정청산(法定淸算)의 엄격한 절차에 의하여야 한다.

2. 유한회사(有限會社, private company)

사원이 회사에 대하여 출자금액을 한도로 책임을 질 뿐, 회사채권자에 대하여 아무 책임도 지지 않는 사원으로 구성된 회사.

상법에 규정된 회사의 하나로, 주식회사 · 합명회사 · 합자회사와 함께 물적 회사(物的會社)와 인적 회사(人的會社)의 요소를 가미한 중간형태의 회사이다. 사원 전원의 책임이 간접이며 유한인 점, 분화된 기관을 가지는 점 등 많은 점에서 주식회사와 유사하나, 복잡하고 엄격한 규정이 완화되고 지분의 양도가 자유롭지 못한 점이 주식회사와 다르다.

그러므로 유한회사는 합명회사와 닮은 폐쇄적(閉鎖的)·비공개적인 특색을 가진다. 독일의 유한책임회사법을 본받아 1938년 일본에서 유한회사법이 제정됨으로써 일본·한국 등에 처음으로 등장하였다. 한국에서는 이를 상법전 제5장 유한회사편에서 규정하고 있다(상법 543~613조).

유한회사 제도에는 독일의 제도 외에 프랑스의 유한책임회사, 영국의 사회사(私會社), 미국의 폐쇄적 회사 등이 있다. 한국 상법상 유한회사는 다수의 균등액 출자(1좌 금액 5,000원 이상)로 구성되는 자본금(1,000만 원 이상)을 가지며, 사원 전원(50인 이내)이 자본에 대한 출자의무를 진다(545·546·553조).

설립절차는 간단하고 발기설립에 해당하는 방법만이 인정되며, 모집설립에 해당하는 것이 없다. 또한 검사제도도 없으나 대신 사원의 전보책임(塡補責任)이 인정되어 있다(551조). 1인 또는 다수의 이사를 두어야 하며(561조), 이사회나 대표이사라는 기관의 분화도 없으며, 또한 감사도 임의기관이다(568조).

사원총회의 소집절차도 간소화되어 있을 뿐 아니라, 서면에 의한 결의방법이 인정되어 있다(577조). 사원의 수는 원칙적으로 50인을 초과하지 못하며(545조), 사원에게 법정의 출자인수권을 인정하고(588조), 지분(持分) 양도의 자유를 인정하지 않아, 사원 이외의 사람에 대한 지분의 양도를 제한하고(556조), 지분의 유가증권화를 인정하지 않는다. 주식회사와 유사점이 많아 주식회사에 관한 규정이 준용된다. 합병이나 조직변경은 주식회사와 유한회사 상호간에만 인정된다(600, 604, 607조).

3. 합자회사(合資會社)

무한책임사원과 유한책임사원으로 구성되는 복합적 조직의 회사(상법 268조). 사업의 경영은 무한책임사원이 하고, 유한책임사원은 자본을 제공하여 사업에서 생기는 이익의 분배에 참여한다.

무한책임사원이 있는 점은 합명회사와 같으나, 회사채권자에 대하여 출자액의 한도 내에서만 연대하여 책임을 지는 유한책임사원이 있는 점이 합명회사와 다르다. 유한책임사원은 유한의 책임을 지는데 불과한 반면, 출자는 재산출자에만 한하고, 회사의 업무집행·대표로는 참여하지 않는다.

합자회사도 사단법인이지만 사원간의 개인적 신뢰를 기초로 하기 때문에, 실질적으로는 조합적 성격을 띠며 인적(人的) 회사에 속한다. 합자회사는 유한책임사원의 책임의 유한성에서 생기는 결과를 제외하고는, 원칙적으로 합명회사와 마찬가지로 취급할 수 있다. 따라서 상법도 별단의 규정이 있는 외에는 합명회사의 규정을 준용하여, 합명회사의 한 변형으로 하고 있다.

〈표 3-5〉 회사의 형태별 비교

구분	회사	주식회사	유한회사	합자회사	합명회사
성격	적정규모	대·중규모기업	중·소기업	가족기업	가족적 기업
	법적근거	상법	상법	상법	상법
	성격	물적회사	준물적회사	준인적회사	인적회사
	사원책임	유한책임	유한책임	유한/무한책임	무한작업
설립	발기인수	3인 이상	2인 이상 50인 이하	2인 이상	2인 이상

〈표 3-5〉 계속

구분	회사	주식회사	유한회사	합자회사	합명회사
설립	출자의 종류	금전 또는 현물(주식)	금전 또는 현물(지분)	유한책임사원: 금전현물(자본) 무한책임사원: 금전현물노무신용(지분)	금전. 현물. 노무. 신용(지분)
	출자단위	1주에 오천 원 이상 자본금 오천만 원 이상	1좌에 오천 원 이상 자본금 천만 원 이상	출자한도 없음 등기시 명기	출자한도 없음 등기시 명기
	출자방법	발행예정 주식수의 1/4이상	일시전액	분할 납입 시 정관에 명시	분할 납입 시 정관에 명시
	정관인증	필요	필요	불필요	불필요
	창립총회	발기설립-불필요 모집설립-필요	정관명시 취체역 선임	불필요	불필요
	관선 검사인 선임	발기설립-필요 모집설립-불필요 변태설립-필요	불필요	불필요	불필요
기관기관	의결기관	주주총회(1주1의결권)	사원총회(출자1구좌1), 제한가능	무한책임사원의 동의	무한책임사원의 동의
	대표기관	대표이사	대표이사와 각자 대표권	업무집행사원	업무집행사원
	업무집행기관	이사회(이사3명 이상)	이사(이사1명 이상 임기제한)	무한책임사원	각 사원 대표기관
	감사기관	감사역(1명 이상)	감사역과 임의기관		
기타	주주와 사원의 이동	원칙상 자유	사원의 양도시 사원 총회 특별결의 필요	무한책임사원 동의 필요	전 사원 동의 필요
	조직변경	유한회사로 변경가능	주식회사로 조직변경 가능(법원인가 필요)	합명회사로 변경가능(사원 동의 필요)	합자회사로 조직변경(전 사원 동의 필요)
	합병	자유	유한회사 상호간 주식회사와 합병가능	전 사원의 동의 필요	전 사원의 동의 필요

자료 : 김형길 외(2001), 『벤처기업의 창업과 경영』, 두남.

4. 합명회사(合名會社, offene Handelsgesellschaft)

무한책임(無限責任)사원만으로 구성되는 회사. 사원은 회사의 채무를 회사채권자에 대하여 직접 연대하여 변제할 무한책임을 진다(상법 212조). 따라서 정관에 다른 규정이 없는 한, 사원은 회사의 업무를 집행하고 회사를 대표하는 권한을 가진다(200 · 207조). 합명회사는 각 사원이 회사의 채권자에 대하여 직접 책임을 지는 데에서 대외적으로 인적 신용이 중시(重視)되고, 사원의 책임강도는 내부적으로 사원 상호간의 신뢰관계를 필요로 한다. 동시에 사원의 기업경영에 대한 참가를 강화함으로써 회사는 마치 개인기업의 공동경영과 같은 인상을 주게 되며, 사단법인이면서도 실질적으로는 조합적 성격을 띤다.

합명회사는 설립절차가 간단하며, 정관을 작성하여 설립등기를 하면 회사가 성립한다. 출자에 있어서는 재산출자에 한하지 아니하며, 노무출자 · 신용출자도 인정된다. 또 입사 및 사원의 지위의 양도(지분의 양도)는 다른 사원의 승낙을 필요로 하며(197조), 반면에 퇴사의 자유가 인정되고 제명(除名) 제도가 있다. 원칙으로 각 사원이 업무집행권 및 대표권한을 가지며, 각 사원이 경업피지의무(競業避止義務)를 진다(198조). 청산에 있어서는 법정청산 외에 임의청산도 할 수 있다.

또 합명회사는 자본적 결합의 색채보다도 가족적 · 인적(人的) 결합의 색채가 짙은 전형적인 인적회사이며 인적 신뢰관계가 있는 소수의 인원으로써 구성되는 공동기업에 적당한 회사이다.

【연습문제 및 과제】

1. 개인기업과 법인기업의 설립절차를 설명하라.
2. 합명회사와 주식회사의 차이점을 비교하라.
3. 개인기업의 단점을 논하라.
4. 주식회사의 특징을 설명하라.

참고문헌

김미현 · 박철주(2003), 『유통창업실무』, 도서출판두남, 12월.

두산백과사전(2006) 참조,

박철주(2005), 『유통기업의 경영컨설팅』, 무역경영사, 9월.

윤명길(2002), 『유통 및 벤처창업실무』, 청목출판사.

제 4 장

상권 및 유통입지 분석

제 1 절 상권의 개념정리

1. 상권의 개념

1) 상권의 의미

경제학(經濟學)에서는 상권을 "소매시장의 공간적 범위"를 의미하며, 지리학(地理學)에서는 중심지(도시)의 배후지역, 보완지역, 보완영역, 세력권이라는 용어로 사용된다.[1)]

상권(trading area)이란 유통업체나 소매점의 잠재고객을 포함하고 있는 지리적 영역(geographic area)을 말한다. 또는 한 점포가 고객을 유인할 수 있는 지역의 범위(geographic area)를 의미한다.

일반적으로 상권(商圈)은 고객을 흡인하는 가능성이 있는 범위로 잠재적(潛在的)이라는 의미를 내포한다. 그러나, 상세권(商勢圈)은 현실적으로 고객을 흡인하는 범위로 현재적(顯在的)인 의미를 내포하고 있다. 그러나 상권은 잠재적인 범위 안에서 가능성을 갖는 것

1) 김배한(1989), 『상권조사와 전략』, 명지출판사 43쪽 참조.

이지만, 상세권은 고객을 흡인하는 범위라 하더라도 고객이 안될 수 있다는 점도 포함하므로 상권보다 범위가 넓다.2)

한편, 유통업의 경우 영업장소로서 고정적인 입지를 정하고 고객을 유인함으로써 영업이 성립된다. 따라서 유통업을 흔히 입지산업(立地産業)이라고 하며, 한번 결정한 입지는 쉽게 바꿀 수 없기 때문에 유통기업의 매출에 가장 영향을 많이 주는 요소라고 할 수 있다. 한편 이러한 사실은 자금력(資金力)과 직결된다. 따라서 일부 업태에 한정되지만 국내의 유통업의 특성을 노하우가 자금력이라고도 한다.3)

2) 소매상권의 개념

소매업의 경우 상권(trading area)이란 경제학적(經濟學的)인 측면에서 볼 때, 생산자와 수요자 내지 소비자 사이에서 상거래가 이루어지는 거래권(去來圈)을 의미한다. 따라서 이는 생산자 내지 판매자의 거래공간 내지 범위인 판매권(sales area) 내지 공급권(supply area)과 수요자 내지 구매자의 거래공간인 수요권(demand area)내지 구매권(shopping area)이 복합된 개념이다. 다시 말하면, 상권이란 소비자의 생활권(life area)과 기업의 활동권(operational area)이 직·간접적으로 중층화되어 형성된 지역공간이다.

한편 점포가 위치한 지역은 한정된 하나의 공간일 경우가 대부분이다. 이 공간 내에는 소규모 구멍가게, 편의점, 재래시장, 대형점 또는 백화점 등 다수의 점포가 혼재하여 있으며, 이 점포들은 각각의 상권을 구성하고 있는 것이다. 한 지역의 상권은 단계적으로 이루어져 있다. 가장 큰 개념은 도시의 행정구역과 거의 일치하는 개

---

2) 윤명길(1996), 『백화점유통 쉽게 알기』, 동인 참조.

3) 윤명길(1997)의 『유통산업 맥잡기』에서는 "백화점은 어느 백화점이나 동일한 상품을 동일한 가격으로 판매한다. 그것도 거의가 특정매입형태이다. 따라서 똑같은 상품을 구매하는데 고객은 비교구매가 가능하고 접근이 용이한 점포를 선호한다는 사실에서 유래한다"라고 하였다.

념으로 도시 내의 모든 유통기관들의 전체를 합한 것으로 지역상권(General Trading Area)이 있다. 그 다음으로 지역상권내에 후보입지가 속하는 상업 지역이 가지는 상권으로 지구상권(District Trading Area)이 있다. 이는, 대형백화점과 패션전문점 등의 존재여부, 그리고 관련 점포들 간의 집적여부에 따라 상권의 크기가 결정된다. 가장 작은 상권을 구성하는 것이 각각의 개별점포들의 상권인 개별점포상권(Individual trading area)이다.

3) 기타 상권의 개념

미국 마케팅협회(America Marketing Association)에서는 상권을 "거래단위가 있는 집단에서 상품이나 어떤 서비스를 판매하고 배달하는데 양과 비용에 관하여 경제적으로 어떠한 경계선에 따라 결정하는 지역"이라고 정의하고 있다. 이는 소비자가 경쟁 관계 하에서 통상의 가격으로 상품과 서비스를 합리적으로 기대할 수 있는 지역이라고 설명할 수 있다.

한편 상권의 개념을 나누는 기준[4)]으로는 상권의 지리적 차원(trade area geography : TAG) 및 상권 수요차원(trade area demand : TAD)과 상권 다양성차원(trade area heterogenity : TAH)으로 나누기도 한다.

그러나 통상 상거래는 소비자 없이는 성립할 수 없다. 기업과 소비자의 상호 의존적인 입장에서 기업이 수행하는 마케팅 활동과 직·간접적으로 중층화 되어 소비자가 생활 편익을 얻을 수 있는 넓이 내지 범위로 이해할 필요가 있다.

이와 같이 상권이란 복합, 중층적인 의미를 내포한 개념이므로 일반적으로 사용되는 상권이라는 용어의 개념 내지 의미는 명확하지 않아 어떤 입장에서 이해하느냐에 따라 다르게 정의되기도 한다.

---

4) B. Rosenbloom(1976), The Trade Area Mix and Retailing Mix: A Retail Strategy Mix, *Journal of Marking*, Oct., p. 58.

4) 허프 확률모델에서의 상권 정의

허프(D. Huff)가 확률 모델에서 소비자행동을 전제로 상권의 정의를 내리고 있는데, 이를 살펴보면 다음의 세 가지로 요약하여 설명할 수 있다.

① 상권은 수요평면이다. 즉, 상권은 특정의 상품 또는 서비스에 대한 잠재 소비자를 포함하고 있다.

② 상권은 소매시설로서의 유통센터(distribution center)를 가지고 있는데 이 센터는 하나의 소매기업일 수도 있고 여러 기업의 점포 집합체일 수도 있다.

③ 상권은 저마다 다른 소비자와 잠재 판매액과의 관계를 반영하는 여러 지대로 구성되어 있는데, 그것은 0에서 1까지의 확률적 분포이나. 즉, 확률이 높다면 구매비율이 높다는 것으로 잠재 판매액이 높다는 것을 의미한다.

허프의 모델에서 확률적 분포를 수식으로 자세히 표현하면 다음과 같다.

$$\sum_{i=1}^{n}(P_{ij}C_i)$$

여기서 P_{ij}는 i에 사는 소비자가 j에서 구매를 할 확률이며, C_i는 i에 사는 소비자의 수, T_j는 기업 또는 그 집합인 j의 상권으로서 i에 살면서 j에서 구매한 소비자 수의 기대치이다. 즉, 어느 지역에 사는 소비자가 상권 내 소매시설을 이용함에 있어서 확률적으로 얼마만큼을 구매할 것인가를 표시한 식이다. 다시 말해 다른 지역도 마찬가지로 구매비율에 따라 잠재 판매액이 결정된다는 것을 의미하는 것이다.

2. 소매상권의 특성

사람들은 일정한 지역 공간내의 일정한 지점에 생활거점(주거)을 마련하고 이를 기점으로 하여 생활행동을 전개한다. 그와 같은 생활행동이 이루어지는 지역범위가 바로 생활공간 내지 생활권이며, 그들이 생활을 유지하는데 필요한 생활자원인 상품이나 서비스를 판매하는 행동공간이 판매공간 내지 판매권이다.

이들 소비자의 판매행동에 대응하여 이루어지는 공간이 판매공간 내지 판매권이다. 이와 같이 상호작용 행동의 일부인 소비자의 판매행동과 기업의 마케팅 활동의 관련에 따라 상거래가 형성되므로 이들의 상호작용이 이루어지는 지역적 범위가 바로 광의의 상거래공간, 즉 상권을 형성하게 된다.

사람들은 습관적으로 동일한 판매를 반복하는 경향이 있다. 새로운 판매 관습이 형성되고 새로운 행동양식이 생겨난다. 이와 같은 판매관습이나 행동의 집합이 생활공간 속에서 시장의 특성을 형성하게 된다. 이처럼 사람들의 행동에 의해 규정되는 공간은 바로 기업의 입장에서 전개되는 마케팅행동의 장으로서의 상권이라 할 수 있다. 상권이란 기업의 활동공간과 소비자의 생활공간에 의해 구성되는 시장의 지역공간이다.

따라서 시장지역과 관련하여 볼 때 상권(trading area)은 다음과 같은 네 가지 측면에서 그 특징을 살펴볼 수 있다.

1) 점(Point)적인 특성

상권은 시장의 지역적 거점으로서의 점적인 특성을 가지고 있는데 이는 시장의 중심성을 반영하는 것이다. 수요(demand)의 지역적 거점은 도시에 있다. 점으로서의 상권이 가지는 시장특성은 시장의 거점이 되는 도시성에 입각하여 형성되는 상점집적이다.

상업의 발달이 도시를 발전시키며 도시는 매매기능의 집적에 의해 사람들을 흡입한다. 이에 따라 도시기능이 발달하고 시장경쟁이 유도된다. 점으로서의 도시성이라는 특성이 상권의 핵심이 된다.

2) 선(Line)적인 특성

상권은 시장이 지역간의 연속적인 상호의존 관계에 따라 형성되어 서로 선으로 이어지는 선적 특성으로서의 흡인성을 가지고 있다.

예컨대 특정 상권내의 중심지가 되는 여러 도시는 서로 격차가 있기는 하더라도 주변지역의 수요를 흡입하고 있다. 중심지(central place)에 어떻게 의존하고, 그 의존도 여하에 따라 사람들은 주거를 정하게 되고 이에 따라 그 지역에 있어서의 생활 거점성이 형성되는데 이것이 거주집적인 것이다. 상권은 그 배후 생활거점으로서의 주거집적을 가지며, 거주성 그 자체는 중심지에 대해 의존적이고 또한 중심지는 주거집적에 의해 그 기능이 부가된다.

3) 면(Space)적인 특성

상권(trading area)은 시장의 지역적인 넓이인 시장의 지역적 동질성의 넓이 또는 중심지에 대한 흡입력이 미치는 범위로서 면적(面的) 특성인 광역성을 가지고 있다.

동질적인 시장특성이란 판매 패턴이나 소비패턴 또는 상품의 선택패턴 면에서 공통성을 가진 지역임을 나타낸다. 그것은 최종수요를 유발하는 생활양식상 요구나 선택면에서 지역적 동질성이 소비행동상 비슷한 패턴을 사람들이 가지고 있음을 반영하는 것이다. 그러므로 상권의 면적특성인 광역성은 소비행동유사성에 의해 형성되는 것이다.

4) 유동성(Flow)의 특성

상권(trading area)에는 시장이 가진 기능이 어떻게 효율적으로 발휘되느냐에 따라 지역은 시장으로 형성되게 된다. 보다 구체적으로 볼 때 기업의 판매활동과 소비자와 시장의 흐름 내지 유동성을 어떻게 기업이 잘 흡입하여 상권화 하는가에 따라 성패가 좌우되기 마련이다. 이러한 흐름 내지 유동성 특성은 교통조건에 의해 영향을 크게 받는다.

이와 같이 볼 때 상권(trading area)이란 도시성, 도시화, 시장요인의 집중화 및 상업집적을 반영하는 점적 특성이 있다.

또한, 중심성, 연속성, 생활 거점성 및 주거집적을 반영하는 선적 특성, 그리고, 흡입성, 동질성, 생활 유형성을 반영하는 면적특성이 있다. 마지막으로 광역성 및 동태적으로 시장에서 기능을 발휘하는 생활 행동을 반영하는 유동성이 있다.

3. 입지선정의 중요성

1) 상권분석과 입지

변화하는 유통 환경에서 장기적 생존력을 확보하기 위한 전략적 기획에 대한 관심이 증대되고 있는 시점에서 소매기구 경영을 위한 전략적 기획의 첫 번째 단계는 일상적 작업의 효율성 위주의 경영에서 장기적 효과성(long-term effectiveness)의 극대화로 주 관심이 변화되고 있다. 이러한 장기적인 효과를 보장하는 중요변수는 입지의 선정, 점포이미지의 확립, 서비스 수준의 결정 등을 들 수 있다. 그러나 이러한 여러 가지 소매믹스 변수에 있어서도 입지의 선정이 가장 중요한 성공의 요건이라 할 수 있다.

즉, 타 소매믹스 변수에 대한 의사결정은 환경의 변화에 대응하여 단기적 적응이 용이한데 반하여 입지에 대한 의사결정은 장기적인 투자의 성격을 가지며 치명적인 손실을 감수하지 않는 한 단기적인 변경이 불가능한 장기적인 고정투자이므로 소매기구에 있어서 가장 중요한 의사결정이며 매출액의 상한과 비용의 상한을 근본적으로 결정하는 요인이 된다.

소매기구는 궁극적으로 재무성과에 무엇보다도 관심이 높으며 이의 달성을 위해서는 효과적으로 선정된 입지에 의해 창출되는 상권의 특성에 여타의 마케팅 요인을 일관성 있게 결합시키는 것이 적절히 요구된다. 이와 같이 소매기구 경영에 있어 결정적인 기초투자의 성격을 갖는 입지선정의 최적화를 위해서는 먼저 합리적인 상권분석이 이루어져야 한다. 따라서 상권분석과 입지선정은 결코 분리된 의사결정이 아니라 일련의 단계적 의사결정으로 보아야 할 것이다.

2) 상권 입지선정의 중요성

Kotler(1994)는 소매업의 세 가지 성공요소는 "첫째도 장소, 둘째도 장소, 셋째도 장소"라고 주장하여 점포입지 문제의 중요성을 강조하고 있다. 이러한 중요성으로 우리나라의 경우 대형 유통업체를 중심으로 최근 들어서 과학적인 방법에 의존하는 경향을 띠고 있다.

그러나 일부 중소 유통업체에서는 아직도 간단한 체크리스트 방식과 현장방문 관찰에 의존하여 입지를 결정하고 있다. 검증할 수 있는 자료나 이론에 근거하지 않기 때문에 점포수가 늘어나도 회사내에 축적되는 데이터나 지식이 체계적이지 못하여 담당자가 바뀌면 또다시 원점에서 출발해야 하는 시행착오를 반복하고 있다.

이와 같이 일부 중소 유통기업들이 주관적인 방법에 의존하고 있는 이유(서성무 · 고윤배 1998)는 첫째, 좋은 장소에 대한 수요가 공급을 늘 초과하고 있기 때문에 시간을 끌며 복잡한 분석을 할 여유가 없다는 점이다. 둘째, 프랜차이즈 업체의 경우에는 이미 점포를 확보한 가맹점 희망자를 평가하기 때문에 입지분석을 상대적으로 소홀히 하는 경향이 있다. 셋째, 계량적 입지분석모델을 이용하는데 필요한 동단위 이하의 지역별 인구, 소득수준, 소매업 현황에 대한 2차자료가 매우 부족하기 때문이다. 조사단위가 세분되어 있고 인구관련 자료를 손쉽게 구할 수 있는 선진국 상황과는 거리가 멀다라고 주장하기도 한다.

또 다른 견해로 과학적인 방법론에 한계가 있지만 이수동 박사의 학위 논문[5]에서 찾을 수 있다. 즉, 점포의 입지가 중요한 이유는 다음 세 가지로 설명할 수 있다. 첫째, 점포의 입지는 고객을 유인하는 중요한 수단이다. 둘째, 점포의 입지는 경쟁의 주요수단이다. 셋째, 점포의 입지 선정은 장기적인 것이다.

넬슨(R. L. Nelson)은 입지선정에 있어서 8가지 원칙을 발표하였다.[6] 이를 설명하면 다음과 같다. 첫째, 특정 상권 내에서 특정점포로의 흡인력을 가져다주는 접근성(accessibility), 둘째, 현재 상권의 소비지출에서 점하는 비율을 감안한 성장 잠재력(Growth potential)의 타당성, 셋째, 수요를 창출시킬 수 있는 공간편리성 창출여부(Business interception), 넷째, 집객력을 가져다주는 유사업종의 밀집성(Cummulative attraction), 다섯째, 통행에 지장이 없고, 고객의 교환이 최대가 되는 점포의 일치성(Compatibility), 여섯째, 경쟁업체에 의해 중간 저지가 발생치 않는 입지의 경쟁상황(Minimum competitive hazard), 여덟째, 입지의 비용과 생산성 등을 포함한 입지의 경제성(Site economy) 등이다. 그러나 넬슨의 입지선정 원칙은 다양한 변수가 발생하는 유통환경을 감안한다면, 과학적인 분석의 한계가 있다.

5) 이수동(1987), 『한국소매업의 상권분석 및 입지선정에 관한 실증적 연구』, 고려대박사학위논문, 20쪽.
6) Nelson. R. L., The Selection of Retail Location, New York, McGrow Hill, 1959, pp. 53-55.

4. 상권의 범위 설정

1) 상권의 구분

상권을 구분함에 있어서 소매업은 매출액을 기준으로 하는 경우와 소비자의 유출경향을 기준으로 하는 경향이 있다.

(1) 매출액 기준

매출액을 기준으로 할 때, 상권은 그 규모에 따라 1차, 2차, 3차 상권으로 나눌 수 있다.

먼저, 1차 상권(primary trading area)은 점포고객의 약 60-65%를 포함하고 있는 지역을 말한다. 상권 자체가 점포에 가장 근접해 있고 내점 빈도나 매출액에의 비중이 가장 높은 지역이다.

둘째, 2차 상권(secondary trading area)은 점포고객의 약 30%를 포함하고 있는 지역이다. 이 상권은 1차 상권 외곽에 위치하며 고객 접근성이 다소 떨어진다.

셋째, 3차 상권(Fringe trading area)은 1, 2차 상권이외의 나머지 고객을 포함하고 있는 지역이며, 점포에 미치는 영향은 미미하다. 그러나 상권은 업태의 종류나 점포크기, 상품의 다양성, 경쟁점 현황, 도로상황, 마케팅 활동 등에 영향을 받는다.

(2) 소비자 유출경향기준

한편, 소비자 유출경향을 기준으로 나누는 방법은 1차상권을 해당 지역의 소비수요 중 80%이상을 흡인할 수 있는 지역으로, 2차상권은 해당지역 소비수요 중 10% 이상을 흡인할 수 있는 지역으로, 3차상권을 소비자수요 중 5%이상을 흡인할 수 있는 지역으로 구분하기도 한다.

따라서 상권의 범위란, 검토자의 자의적인 해석에 의할 수밖에 없다. 그 지역 소비자의 특성이나, 점포의 업종·업태 및 규모, 기업의 경영전략 등 무수히 많은 변수에 의해 상권의 범위를 구분하고 규정할 수 있기 때문이다. 예를 들어 강남 S백화점의 사례에서와 같이 고소득층이 밀집한 지역에서는 상권의 거리가 축소될 수도 있다는 점이 대표적인 사례이다.

〈표 4-1〉 상권의 범위(강남 S백화점 사례)

구분	거리(직선)	소요시간(도보)	매출 점유비(%)
1차상권	500m 이내	15~30분	60~65%
2차상권	1,000m 이내	30~60분	30%
3차상권	1,000m 초과	1시간 이상	나머지

자료 : 윤명길(1996), 『백화점유통 쉽게 알기』, 동인, 167쪽.

2) 상업입지의 형태와 기능

상업입지의 형태를 분류하면, 근린형, 지역형, 광역형, 초광역형으로 구분한다. 혹자는 4가지 유형 외에 거점형과 특화형으로도 추가하여 구분하기도 한다. 또한 근린형도 분산형과 집결형으로 구분하는 경우도 있다. 그러나 일반적인 구분은 4가지로 구분한 근린형 지역형, 광역형, 초광역형이다. 본 분류는 학자에 따라서 일치된 의견을 보이지 않고, 미국과 일본, 그리고 국내의 실정이 국가 간에 많은 차이가 나므로 해석도 분분하다. 따라서 본 절에서는 〈표 4-2〉와 같이 편의상 필자가 종전에 논의한 방식에 의하여 논의하였다.

먼저, 근린형(Neighborhood)은 지역의 소상권을 형성하는 유형으로 편의적 서비스가 주류를 이룬다. 점포가 주택에 근접하여 슈퍼마켓, 편의점 등 편의 및 생선식품류 등 집객력이 높다.

둘째, 지역형(Community)은 대개는 지방 중소도시규모의 상점가를 형성하고, 실용적 준선매품이나 가족형 음식점 등이 복합된 커뮤니티형 상점가의 유형이다.

셋째, 광역형(Regional)은 중도시나 지방도시의 중심에 지역상권을 형성한다. 로컬성을 유지하고, 지역주민의 다양한 니즈에 부응하는 유형이다.

넷째, 초광역형(Super Regional)은 도청소재 규모나 대도시의 부도심정도 규모의 상업지로, 모든 면에서 대규모 상업집적 시설을 형성한다.

〈표 4-2〉 상업입지 규모에 따른 4가지 유형

구분	근린형 (Neighborhood)	지역형 (Community)	광역형 (Regional)	초광역형 (Super Regional)
매장(임차)면적	2,000평~3,000평	10,000평 이내	30,000평 이내	30,000평초과
테난트 수	10~30개	40개 이내	150개 이내	150개 초과
상권범위 (매출60~80%)	3만명 내외	7만명 내외	30만명 내외	50만명 이상
컨셉	편의성	일반상품/편리성	패션/구색상품	상품구색/패션/오락
핵점포	대형슈퍼마켓(SSM)/슈퍼마켓(SM)	종합슈퍼마켓(GSM)/전문점	백화점(DS)/종합슈퍼마켓(GSM)	백화점(DS)/서비스 및 오락시설
주요점포	지역의 소규모 상가	구의동 전자랜드	성남의 테마폴리스	잠실의 롯데월드

자료 : KODISA(2006), 소매업태 용어 통일화에 대한 소고, 한국유통과학회 유통학정의위원회, 12월.

5. 점포의 상권분석 방법

1) 기존점포의 상권분석 방법

기존 점포의 상권분석에서는 신규점포에 대한 상권분석보다 상권의 크기와 특성이 비교적 정확히 분석될 수 있다. 그 이유는 기존점포의 상권은 점포 내부 자료와 기타 다른 목적으로 수행된 조사자료 등 기업 내부 2차 자료를 이용하여 측정될 수 있기 때문이다. 이와 함께 정부의 인구통계자료, 세무자료, 여러 유통기관 및 연구소에서 발표된 자료들을 각 점포의 필요에 맞게 조정하여 이용할 수 있을 수도 있다. 여기에 덧붙여서, 직접조사에 의한 인터뷰나 설문조사방법을 활용하면 좋은 결과가 얻어질 수 있다.

(1) 내부 자료 활용방법

기존점포는 신용카드 이용고객과 현금 사용고객의 주소를 이용하여 상권을 용이하게 추정할 수 있다. 특히, 1차, 2차 및 3차 상권을 2차 자료를 근거하여 추정할 수 있다. 이는 고객들이 각 점포에서 구매하는 행위, 즉 상품구입 빈도, 평균 구매액, 특정구역내의 자사 점포고객 중 신용카드 보유자의 비율 등의 분석을 통해서 추정이 가능하다.

〈표 4-3〉 상권분석 자료별 수집처

분석 항목	자료원
인구규모	-인구 센서스 및 주민등록
산업분류별 취업인구	-인구 센서스
도시면적과 토지이용	-시·도 통계연보와 토지대장
교통량	-건설교통부 교통량 조사 도시별 교통계획
지가분석	-감정원·국세청·건설교통부 공시지가와 매매실태, 부동산업소
상점수 및 종업원 수	-통계청 통계조사, 동업계조사자료
직업분류별 취업인구규모	-인구 센서스
세대수, 주택호수, 주택규모, 건물용도, 구조, 건축면적, 허가면적	-인구센서스와 시·도 통계
도로시설의 위치, 이용상황, 정비상황	-지자체 담당부서 자료
국·공유지위치	-지자체 담당부서 자료
도시계획추진내역	-시·도 통계연보, 도시계획 자료, 지자체 담당부서 자료 토지개발 공사 및 주택공사 자료
기타 주변환경 및 분석자료	-지자체 담당부서 자료 동업계조사자료

(2) 직접 조사 자료 활용방법

이를 보완하기 위하여, 1차 자료(primary data)의 수집을 통해 상권규모를 추정할 수 있다. 즉, 차량 조사법이나 고객 조사법을 이용하여 상권의 범위를 추정 가능하다. 유통업체는 점포 내에 주차한 자동차의 면허번호판을 기록하여 자동차소유자의 주소를 입수하거나, 보행고객 대중교통수단이나 타인이 운전한 차를 이용한 고객들에 대한 설문조사(survey)를 통하여 상권을 분석할 수도 있다. 그러나 어떤 분석방법을 사용하든지 유통업체는 특정지역의 상권규모가 시간의 흐름에 따라 변한다는 점을 항상 유의해야 하고, 지속적이고도 반복적인 조사가 이루어져야 실패하지 않는다.

2) 신규 점포의 상권분석 방법(L사 사례 기준)

(1) 도시간 거리 및 인구 측정

먼저 상권을 분석하기 위하여 상권분기점 분석이 중요하다. 따라서 당해도시 및 주변도시의 인구와 도시간 거리를 측정할 필요가 있다. 이러한 자료는 도시간 인력이 어느 정도인가를 파악하여 이를 통하여 상권분기점을 도출할 수 있는 기초자료가 된다.

(2) 상권분기점 측정

먼저, 라일리의 소매인력모델을 활용하여 각 도시간의 인구와 거리를 대비하여 상권분기점을 도출한다. 이때에 조사시점 현재의 인구와 점포개설 예정년도 인구로 동시에 조사한다. 이것은 매출규모를 추정하는데 구체적인 자료로 활용할 수 있는 기본 자료가 된다.

둘째, 상권분기점에 따라 조사시점 현재와 점포개설 예정년도의 인구수를 추정하여 이를 통계청에서 발간하는 도시근로자 가구당 월평균 가계수지나 직접설문조사에 의한 당해도시가계수지를 파악하여 도시전체 인구를 추정한 다음, 당해업태 지수(예로 백화점의 경우 백화점지수 산출)를 대입하여 총 소매 판매액을 산출한다.

셋째, 당해 업태 지수란, 해당업태의 주요 취급품목을 가계수지상 항목별 금액을 계산하여 산출한다. 이때, 가구당 인구수는 통계청자료를 활용하며, 이를 통하여 상세권인구(상권분기점 산출인구)를 당해도시 가구당 인구수로 나누어 산출한다.

(3) 당해 도시의 유통시설 현황 파악

먼저, 조사시점 현재의 당해도시 유통시설 현황을 파악한다. 이중에 소매업태 전체의 매장면적과 주요 지점에서 점포까지의 소요시간을 파악한다. 특히, 소요시간을 파악함에 있어서 시간대별로 자동차 및 대중교통수단, 도보를 이용하여 파악한다. 더 나아가서, 신규로 개설할 점포의 예정지의 매장면적과 소요시간을 조사하는 것도 필요하다.

둘째, 허프모델을 적용하여 매장면적과 소요시간을 적용하여 당해도시 내에 소재하는 점포별 쇼핑확률을 파악한다. 이때에도 조사시점의 쇼핑확률과 점포 개설 예정년도 쇼핑확률을 동시에 도출한다.

(4) 당해 도시 내 점포별 매출규모 추정

허프모델에 의해 산출된 쇼핑확률을 당해도시 총소비액 중 출점예정 당해 업태의 쇼핑확률을 적용하여 산출하면, 당해도시의 출점업태별 매출규모와 출점예정 점포의 매출규모를 산출 할 수 있다.

이상의 절차에 의해 매출을 추정하고 출점 후 피드백 결과와 비교하여 지금까지 사용되어 온 매출규모추정모델을 새롭게 개선하는 것이 중요하다.

제2절 상권분석의 이론적 기법의 발전과정

소매점의 상권 내 위치선정과 위치변경 등 입지문제에 대하여 관심을 갖고 연구를 진행해온 학문분야는 다양하여 지리학(geography), 마케팅(marketing), 도시계획(town planning), OR(operation rescearch), 경제학(economics) 등에서 연구자의 시각에 따라 상권과 입지결정에 대한 이론이 발전되어 왔다. Craig et al.(1984)은 소매기구의 상권 및 입지에 관한 기존의 이론을 크게 소매점포의 소매입지모델(retail location model)과 소비자의 점포선택모델(store choice model)로 구분하였다. Craig et al.(1984)의 점포선택모델들은 입지수요이론에 해당되며 소매입지모델은 입지공급모델에 해당된다.

본 서에서는 소비자의 점포선택 모델, 소매의 입지에 관한 이론, 마지막으로 기타 상권에 관한 이론으로 나눠서 설명한다.

1. 라일리(Reilly)의 소매인력이론

크리스탈러에 의해 1935년에 제시된 중심지이론(central place theory)에 대한 경험적 증거의 부족은 많은 연구자로 하여금 중심지 이론의 근거인 최근거리가설(nearest-center hypothesis)의 제반 문제점을 인식하기 시작하였다. 즉, 한 소비자가 두 점포 중에서 하나를 선택하는데 두 점포까지의 거리의 차이가 어떤 식별수준(threshold level) 이상으로 벌어지지 않는 한 거리의 차이는 무시되는 것으로 이해하게 되었으며, 식별수준 이상의 개념은 소비자의 점포 선택 행위에 있어 거리변수(distance variable)에 대한 관심을 대체 점포까지의 절대거리(absolute distance)에서 상대거리(relative distance)로 전환[7]하게 하였으며, 소비자들은 보다 나은 판매기회를 얻기 위해서는 최근거리의 점포를 우회하게 된다.

예를 들면 운반비, 교통비 등을 고려한 실질가격이 더욱 낮은 수준이라면 시간비용의 희생에 따른 금전비용의 절약을 도모할 것이며 또한 보다 나은 품질이나 상품구색수준과 점포이미지에 의해 보다 먼 점포까지의 구매이동을 기피하지 않을 것이다.

뿐만 아니라 다목적 구매나 비교구매 또는 일괄구매 등을 위해서는 대체적 점포까지의 상대적 거리의 차이가 식별 수준보다 낮은

---

7) W. A. V. Clark and G. Rushton(1970), "Models of Intra-Urban Consumer Behavior and their Implications for Central Place Theory", Economic Geography, Vol. 46. pp. 486~487.

수준이기만 하다면, 지리적으로 가까운 점포보다는 점포의 밀집도(agglomeration)가 높은 지역으로 이동하게 될 것이다. 따라서 소비자들의 구매이동 행위는 중심지이론(central place theory)에서 말하는 점포까지의 거리보다는 점포가 보유하는 흡인력 (retailing gravity)에 의해 결정된다는 연구가 활발하게 진행되었다.

대표주자인 라일리(Reilly)는 서로 어느 정도 거리가 떨어진 두 도시나 점포 중에서 소비자가 구매를 위해 어느 한 도시를 선택한다면 지리적으로 어느 지점에 있는 소비자가 두 도시에 대해 무차별하게 생각할 것인지를 연구하였으며, 두 도시 사이의 무차별적인 지점(a point of difference)을 분기점(breaking point)으로 보았다. 즉, 분기점에 있는 소비자는 두 도시를 모두 그의 구매 이동행위에 합당한 것으로 보아 무차별하게 생각한다는 것이다.

라일리(Reilly)의 소매인력이론은 양대도시에 접근하는 도로 및 지형이 동일하고 양도시 상인의 능력이 동일하다는 전제하에서 양대도시가 그 중간에 있는 분기점 주변의 소도시의 구매력을 흡인하는 비율은 두 도시 사이의 인구크기에 비례하고 소도시에서 양대도시까지 거리의 제곱에 반비례한다고 하였다.

라일리(Reilly)의 소매인력이론의 근거를 보면 다음과 같다.

[라일리의 소매인력모델 계산식]

<table>
<tr><td rowspan="7">$\frac{B_a}{B_b} = \left[\frac{P_a}{P_b} \right] \left[\frac{D_b}{D_a} \right]^2$</td><td>$B_a$: A시가 중간의 마을 C로부터 흡인하는 소매판매액</td></tr>
<tr><td>B_b : B시가 중간의 마을 C로부터 흡인하는 소매판매액</td></tr>
<tr><td>P_a : A시의 인구</td></tr>
<tr><td>P_b : B시의 인구</td></tr>
<tr><td>D_a : A시와 C마을까지의 거리</td></tr>
<tr><td>D_b : B시와 C마을까지의 거리</td></tr>
<tr><td>N : In = 1.5~2.5로 나타나나 통상 2 로 한다.</td></tr>
</table>

이와 같이 중심지이론(central place theory)과는 달리 인구의 크기와 거리라는 두 변수를 고려하여 상권경계를 개념화함으로써 그 이후의 점포의 밀집화 (stores agglomeration)나 점포의 규모(store space)를 중심으로 소비자의 공간이동을 흡인한다는 소매인력이론의 효시가 되는 것이다.

2. 콘버스(Converse)의 수정소매인력이론

라일리(Reilly)에 의해 제기되어진 소매인력이론을 양 대도시 사이의 구매력 흡인비율이 아닌 도시 내 쇼핑센터 사이의 구매흡인력 비율을 설명하기 용이하도록 하기 위해 세 가지 방향의 이론적 진전이 이루어졌다.[8)]

첫째, 상권경계를 설정하는 두 가지 기준인 인구의 크기와 거리를 보다 구체적으로 규정하여 양 대도시 인구의 크기를 공간이동을 유인하는 요소(attraction factor)로 보고 양 대도시까지의 거리(distance mileage)를 저항요소로 파악하려고 하였다.

둘째, 거리가 멀어짐에 따라 구매이동(shopping trips)이 줄어드는 현상을 거리-감소함수(distance-decay function)로 파악하여 거리와 구매빈도 사이의 관계를 부의 지수곡선(negative exponential curve)의 관계로 파악하고자 하였다.

셋째, 소비지출과 소매 매출액 사이의 관계의 파악을 위한 진전의 세 가지가 그것이다. 이러한 이론의 진전이 상세하게 규명되고 있는 이론이 콘버스(Converse)의 수정소매인력이론과 허프(Huff)의 확률적 소매인력이론이다.

콘버스는 두 도시사이의 거리가 분기되는 중간지점의 정확한 위치를 결정키 위하여 라일리(Reilly)의 소매인력법칙을 수정하여 다

---

8) R. L. Davies(1976), Marking Geography, Methun Co. London, Store Location and store Assesment Research, p. 32.

음과 같이 거리-축소함수를 도출하였다.

[콘버스의 수정소매인력모델 계산식]

$D_a = \dfrac{D_{ab}}{1+\sqrt{\dfrac{P_b}{P_a}}}$ 또는 $D_a = \dfrac{D_{ab}}{1+\sqrt{\dfrac{P_a}{P_b}}}$	D_a : A도시로부터의 상권분기점까지의 거리 D_b : B도시로부터의 상권분기점까지의 거리 D_{ab} : A와 B도시간의 거리 P_a : A도시의 인구 P_b : B도시의 인구

위의 공식은 2개의 경합도시 A와 B에 대해서 어느 도시로 소비자가 상품을 구매하는 행위를 하러 가느냐에 대한 무차별적인 경합경계지점을 나타낸다. 전체의 상품에 대하여 일괄적으로 적용되는 것이 아니라 선매품과 전문품에 관한 적용으로 이해하는 것이 좋다.

그러나 최근 들어서 국내의 경우 교통의 발달과 자가용의 일상화로 선매품과 전문품 뿐만 아니라 편의품에 까지 적용범위를 넓히는 경향이 있다.

콘버스 모델에 의하여 추출할 수 있는 분기점은 어떤 지역 사이에서도 존재하게 되며 각 지점간의 분기점과 분기점으로 연결된 상권경계는 〈그림 4-1〉과 같다.

〈그림 4-1〉은 두 도시사이의 구매이동의 빈도에 대한 거리 감소곡선(distance-decay curve)을 보여 주는 것이다. 여기서 횡축과 곡선이 교차하는 지점이 양 대도시에 대한 분기점이 될 뿐 아니라 분기점에 의해 각 도시의 상권경계를 파악할 수 있음을 보여주고 있는 것이다.

라일리(Reilly)와 콘버스(Converse), 그리고 다음에 고찰할 허프(Huff) 등의 인력이론은 세 가지 차원에서 중심지이론(central place theory)과 큰 차이를 찾아볼 수 있다.

〈그림 4-1〉 분기점 모델로부터의 상권경계선 유도

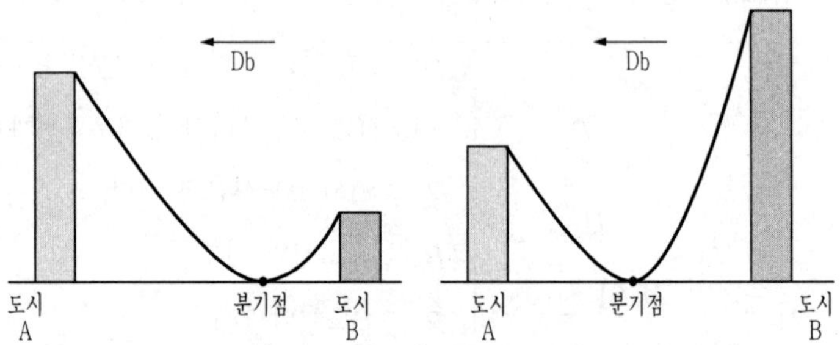

첫째, 중심지이론은 쇼핑센터 또는 상권의 성장과정을 설명함으로써 최적 입지선정에 기여하려는 이론인데 비해, 소매인력이론은 소비자의 공간이동 및 점포선택에 관한 입지수요에 관한 이론이라는 것이다.

둘째, 소매인력이론은 중심지이론에 비해 개념적 체계가 명확하지 않고 전제 가설의 경직성도 낮은 편이며 단지 일련의 느슨한 수학적 공식으로 연결된 이론체계라는 것이다.

셋째, 중심지이론이 소매기관의 계층구조 형성이라는 마케팅 행위만을 설명하는 이론인데 비해, 소매인력이론은 소비자의 구매행위, 인구이동, 교통량 예측 등의 여러 분야에 다양하게 적용될 수 있는 이론이라는 점에서 차이를 찾을 수 있다.

한편 라일리(Reilly)와 콘버스(Converse) 등의 소매인력이론에 대한 비판으로서는 다음과 같은 것이 있다.9)

첫째, 분기점 내부의 소비자와 외부의 소비자는 거리등의 차이로 인해 특정 경쟁도시나 경쟁점포에 대해 갖고 있는 구매태도가 상이할 것임에도 불구하고, 무시되고 있어 상품이나 서비스에 대한 수요의 흡입량을 정확히 산출하기 어렵다.

9) D.L. Huff(1964), "Defining and Estimating a Trade Area", Journal of Marking, July, p.36.

둘째, 어떤 일정한 지역 내에 있는 3개 이상의 점포들에 대해 상권을 설정할 목적으로 분기점 법칙을 사용할 경우 상권의 중복(overlapping)이 발생한다. 분기점이란 상호 경쟁적인 인접도시나 점포에 대해 소비자가 무차별하게 느끼는 점을 의미하므로 개념상 상권의 중복지역이 없어야 한다.

셋째, 라일리(Reilly)가 측정한 모수는 모든 종류의 구매행동에 대해 동일하게 사용되어서는 안 된다. 모수는 구매행동에 따라 변한다고 보는 것이 이론적이며 또한 동일점포라 해도 상품의 종류에 따라 상권의 크기가 다르기 때문이다.

이와 같은 비판을 하면서 라일리와 콘버스의 소매인력이론을 현실적으로 적응이 가능하도록 수정·보완한 이론이 허프(Huff)의 확률적 인력이론이다. 그러나 허프의 모델은 소매인력이론으로 분류할 수도 있지만, 기본적으로 소비자가 특정점포를 선택하게 되는 것은 거리 때문만이 아니고 총 효용(total utility)에 의해서라는 가정 하에 전개되고 있으므로 앞의 두 소매인력이론과는 달리 분류하여야 한다.

〈표 4-4〉 소매인력이론과 중심지이론 비교

항목	소매인력이론	중심지이론
분석방향	소비자공간이동과 점포선택입지수요 설명	최적의 입지 선정 및 상권의 성장과정 설명
개념정립	개념적체계 불명확하고, 가설의 경직성 낮음	가설의 경직성과 개념적체계 명확
분석적용 범위	소비자 구매행위, 인구이동, 교통량예측 등(유통업체 활용도 높음)	유통경제측면의 마케팅 행위(지리학 및 도시계획분야에서 많이 활용)
적용이론의 학과	라일리(Reilly) 콘버스(Converse)	크리스탈러(Christaller)

한편 라일리(Reilly)와 콘버스(Converse) 등의 소매인력이론에 대한 비판으로서는 다음과 같은 것이 있다.

첫째, 분기점 내부의 소비자와 외부의 소비자는 거리 등의 차이로 인해 특정 경쟁도시나 경쟁점포에 대해 갖고 있는 구매태도가 상이할 것임에도 불구하고, 무시되고 있어 상품이나 서비스에 대한 수요의 흡입량을 정확히 산출하기 어렵다.

둘째, 어떤 일정한 지역 내에 있는 3개 이상의 점포들에 대해 상권을 설정할 목적으로 분기점 법칙을 사용할 경우 상권의 중복(overlapping)이 발생한다. 분기점이란 상호 경쟁적인 인접도시나 점포에 대해 소비자가 무차별하게 느끼는 점을 의미하므로 개념상 상권의 중복지역이 없어야 한다.

셋째, 라일리(Reilly)가 측정한 모수는 모든 종류의 구매행동에 대해 동일하게 사용되어서는 안 된다. 모수는 구매행동에 따라 변한다고 보는 것이 이론적이며 또한 동일점포라 해도 상품의 종류에 따라 상권의 크기가 다르기 때문이다.

이와 같은 비판을 하면서 레일리와 콘버스의 소매인력이론을 현실적으로 적응이 가능하도록 수정·보완한 이론이 허프(Huff)의 확률 모델이다. 그러나 허프의 확률모델은 소매인력이론으로 분류할 수도 있지만, 기본적으로 소비자가 특정점포를 선택하게 되는 것은 거리 때문만이 아니고 총 효용(total utility)에 의해서라는 가정 하에 전개되고 있으므로 앞의 두 소매인력이론과는 달리 전반적 상호작용이론으로 분류하여야 한다.

3. 허프(Huff)의 확률적 인력 모델

이에 허프는 인력 모델(gravity model)[10]을 최근 들어 신규점포

10) 인력모델은 Reilly(1929)에 의해 발표되어 처음 등장하여 1950년대를 지나면서 Huff, Stouffer 등에 의해 현재의 인력모델의 수식이 등장하고 개념으로 발전하였다. 이후 Wilson(1967)이 '엔트로피' 개념을 인력모델

의 매출액 및 상권범위를 예측하고, 매출액 등 점포성과와 이에 영향을 미치는 소매환경변수간의 관계를 평가하는 데 있어 확률적 모델의 이용이 증가하고 있다. 확률적 모델은 목표상권 내에서 구매를 하는 소비자의 공간이용(spatial behavior)패턴을 실증 분석하는 데 이용된다. 즉, 확률적 모델은 해당상권내의 경쟁점포들에 대한 소비자의 지출패턴이나 소비자의 쇼핑패턴을 반영함으로써 특정점포의 매출액과 상권규모의 보다 정확한 예측을 가능하게 한다.

확률적 점포선택 모델에는 허프의 모델를 비롯하여 여러 가지가 있는데, 소비자의 점포선택이 결정적(deterministic)인 것이 아니라 확률적인 현상으로 보고 있는 점이 공통적이다. 즉, 특정점포에 대한 애호도(loyalty)가 높은 고객이라고 하더라도 항상 한 점포만을 이용하는 것은 아니고, 경쟁점포의 마케팅 전략에 영향을 받아 다른 점포를 방문하기도 한다는 사실을 모델에 반영하고 있다.

허프는 도시 내 소비자의 공간적 수요이동과 각 상업중심지가 포괄하는 상권의 크기를 측정하기 위해 라일리(Reilly) 등에 의해 사용된 거리변수(distance variable)대신에 거주지(residential area)에서 점포까지의 소요시간(travel time)을 이용하여 모델을 전개하였다. 라일리의 모델은 도시간의 상권규모의 설정에는 유용한 수단이 되지만 도시 내 상권의 결정에는 잘 쓰이지 않는다. 그것은 도시내부에서는 시가지상에서 분기점(breaking point)을 찾았다 하더라도 그것은 별다른 의미를 갖지 않기 때문이다. 이에 허프는 인력모델(gravity model)을 원용하여 확률의 개념을 도입, 새로운 모델을 만들었다.

에 첨가하여 도시계획, 교통 부문에 영향을 주었다. 인력모델은 경제학뿐만 아니라 지리학, 도시계획과 인구학에서 인구 이동 및 경제산업과의 연관성, 도시 내 소비자 행동, 구매 형태, 소매업 분포, 배후지 권역 등을 연구하는데 이용된다.

일반적으로 유통량은 두 지역의 인구 규모가 많을수록 커지며, 두 지역 간의 거리가 멀수록 적어진다. 즉, 유통량은 인구에 비례하고 거리에 반비례하므로, 인력 법칙과도 같다. 이를 인력 모델 또는 상호작용 모델이라고도 한다.

허프의 모델을 설명하면 다음과 같다. 허프(Huff)는 소비자의 점포선택 행동은 확률로써 설명했는데, 소비자가 동일지역의 여러 쇼핑센터 중에서 특정 쇼핑센터를 선택할 확률은 그 점포로부터 얻을 수 있는 효용(utility)과 수익(benefit)에 의해 결정되며 이 확률은 특정지역내의 모든 점포가 제공하는 총 효용의 합계 중에서 특정점포에 의해 제공되는 효용의 크기가 차지하는 비율과 같다고 보았다.

허프(Huff)가 제시한 기본 모델은 다음과 같이 유도된다.

$$P_{ij} = \frac{U_{ij}}{\Sigma U_j} \cdots\cdots\cdots\cdots ①$$

$$U_{ij} = \frac{S_j}{(T_{ij})\lambda} \cdots\cdots\cdots\cdots ②$$

U_{ij} : 상점가(소매시설) j가 i지역에 있는 소비자에 대해 갖는 흡인력

식 ①과 식 ②에서 다음과 같이 허프의 모델이 성립한다.

또한, 허프(Huff)는 그가 제시한 모델을 기반으로 하여 특정점포의 상권을 수학적으로 설명하였는데 수학적 모델은 다음과 같다.

$$T_j = \sum_{j=1}^{n} (P_{ij},\ C_i)$$

여기서 T_j : 점포 j의 상권

P_{ij} : i지역에 있는 소비자가 j점포에서 상품을 구입할 확률

C_i : i지역에 있는 소비자의 수

결론적으로 허프가 제시하는 상권이란 지리적으로 한정될 수 있는 지역으로서 특정업체나 기업집단에서 판매목적으로 제공한 상품

이나 서비스를 판매할 확률이 영(zero)보다 큰 잠재적 고객이 있는 지역을 의미한다. 다시 말해 허프모델은 도시 내의 다수의 상업집적 지역간에 대한 소비자의 공간적 선택행동을 모델화한 것이다. 이는 라일리(Reilly)와 콘버스(Converse) 등이 경합도시 상호관계를 대상으로 한 것과는 다소 차이가 있다.

허프의 모델(Huff's Model)에 의해 상권을 추정할 수 있고, 또한 상권내의 각 지로부터 구매 출향 확률을 추정할 수 있다. 또한 이를 통하여 판매시설 j를 중심으로 하는 구매 출향 확률의 등고선도를 작성할 수 있다. 또한 이 모델로 각 경합판매 시설별로 흡인고객수를 추정할 수 있다.

[허프의 모델 계산식]

$p_{ij}=\dfrac{\dfrac{S_j}{T_{ij}^{\lambda}}}{\sum_{i=1}^{n}\dfrac{S_j}{T_{ij}^{\lambda}}}$	P_{ij} : 소비자 구매출향비율(i지점의 소비자가 j상업지에 구매하러가는 비율) S_j : 상가 점 j의 매장면적규모 (특정의 상품지역에 해당되는 매장면적) T_{ij} : 소비자가 주거지역 i로부터 상점가 j에 쇼핑하러 가 기위해 걸리는 시간거리 λ : 매개변수로 소비자가 거주하고 있는 지점i에서 상점가 j까지 가는데 있어서 도로 폭 하천, 폭이 넓은 횡단도로, 경사가 급한 언덕, 위험지대 등 매물을 함에 있어서 장애가 되는 저항요인의 Parameter를 의미한다.

판매시설의 변화에 따라 소비자의 매수행동이 어떻게 변하는가(흡인고객수의 변화)를 예측할 수 있다. 특히, 일본의 경우 대점법에 의한 심사방법으로 허프모델(Huff's Model)의 parameter λ를 2로 추정하여 통산성모델이라 하여 사용하였다.[11)]

11) 윤명길(1997), 『유통산업 맥잡기』, 한수협출판부, 140쪽 참조.

즉, 통산성 모델이 등장한 배경은 허프모델이 복수의 상업시설의 고객흡인율을 산출할 수 있으므로 실용성이 높다는 점에서 출발 한다. 특히 기존의 상가 인근에 대규모 상업시설을 출점하고자 할 때 고객흡인 가능성을 예측하는데 유용하게 활용될 수 있다. 그러나 허프모델은 매우 어려워 그대로 이용하기가 어렵다는 단점을 가지고 있다. 특히 λ는 일일이 시장조사를 하지 않으면 산출할 수 없다. 그래서 실용성 있게 수정한 것이 수정허프모델인 것이다. 즉, 일본의 통산성이 고안하여 대규모점포법이라는 법률에 따른 상업조정에 실제로 이용되기도 하였다. 이는 "소비자가 어느 상업지에서 구매하는 확률은 상업집적의 매장면적의 크기에 비례하고 그곳에 도달하는 거리의 제곱에 반비례한다"는 것을 공식화한 것이다.

[통산성 모델 계산식]

$p_{ij}=\dfrac{\dfrac{S_j}{T_{ij}^2}}{\sum_{i=1}^{n}\dfrac{S_j}{T_{ij}^2}}$	P_{ij} : 지역 i의 소비자가 소매시설 j에 갈 확률 S_j : 소매시설의 규모 T_{ij} : 지역 i에서 소매시설 j까지 가는데 소요되는 시간 n : 점포 수

4. 다항로지트함수이론(Multi-nominal Logit Model : MNL모델)

최근에는 상권을 고객 또는 잠재적 고객이 거주하고 있는 범위라고 이해하지 않고, 하나의 소매시설이 그 곳에서 경제적으로 마케팅 활동을 전개할 수 있는 지역이라고 정의하게 되었다. 바꾸어 말하면, 그곳에서의 거주자를 표적으로 하여 각종의 판매전략으로 신규 수요를 창출해 내며, 아울러 소매시설의 지속적 고객으로 삼는 장소라고 하는 정의하게 되었다. 이러한 경우에 집객범위와 고객 수 또는 잠재적 고객수를 조사하는 라일리모델이나 허프모델로는 불충분하며, 소비자가 소매시설에 대해 무엇을 기대하고, 무엇을 기준으로 경쟁적 시설 중에서 특정한 소매시설을 선택하는지에 대한 고찰이 대두하게 되었다.

MNL모델은 루스(Luce)의 선택공리(choice axiom)에 근거한 모델이다. 소비자의 집합적 선택자료(aggregate choice data)를 이용하여 공간선택 행동을 설명하는 모델이나, 일부에서는 소비자 개개인의 행동을 설명하는 데는 한계가 있다는 비판도 나오고 있다. 소비자의 점포선택행위는 대체하는 점포가 갖는 여러 특성 중에서 소비자가 알고 있는 요소와 무작위적 요소에 대한 평가로 결정된다. 여기에서 특정점포에 대한 소비자의 총효용(U_i)은 다음과 같다.

$$U_i = Vi + \varepsilon_i \quad \cdots\cdots ①$$

속성변수(V_i: known components)는 일반적으로 가상적 선형 모델로 표현될 수 있으며 다음과 같이 쓸 수 있다.

$$V_i = \sum_{k=1}^{m} B_k X_{ik} \quad \cdots\cdots ②$$

단, X_{ik} : 대체안 i의 속성 k의 보유정도

B_k : 대체안 i를 평가하는데 있어 속성 k의 중요도 및 비중

m : 대체안 i를 평가하는데 고려되는 속성의 수

또한 무작위적 요소(ε_i : unknown components)는 조사자가 알 수 없는 소비자 개개인의 취향이나 선호와 같은 개인적 속성에 의한 불확실한 부문을 의미한다. 여기에서 MNL모델은 다음과 같이 쓸 수 있다.

[MNL모델 계산식-1]

$p_{ij} = \dfrac{e^{Uij}}{\sum_{g=1} e^{Uij}}$	P_{ij} : 소비자 i가 소매시설 j을 선택하는 확률 e : 자연수(natural constant : 2.7183) U_{ij} : 소비자 효용 m : 속성의 개수

상기 모델의 의미는 대체안 i를 선택할 상대적 확률(relative frequency)은 어느 개인에게 제시된 선택 대체안 집합 A의 구성이 어떠하냐에 따라 결정된다는 것이며 경합하는 대체안 집합 A중에서 하나를 선택할 한계확률(marginal probability)의 개념이 된다.

다항로짓모델을 상권문제에 적용할 때에 문제상황 및 그 예비적인 정식화는 다음과 같다.

먼서, 소비자가 일련의 소매시설로 방문한다. 이 경우 소비자는 대상지역에 거주하지만, 이 소비자 모두가 지역 내의 일련의 소매시설을 방문하고, 다른 지역으로는 방문하지 않는다고 가정한다.

둘째, 소비자가 소매시설을 선택할 때의 원리는 자신의 요구를 가장 잘 만족시켜주는 시설, 즉 선택에 의해 최대의 효용을 가져다주는 시설을 선택한다.

셋째, 다항로지트모델은 확률론적 모델이므로 소비자는 각각의 소매시설을 선택하는 어떤 기준을 가지고 있다. 예를 들어 소매시설 A를 선택하는 기회는 20%, 소매시설 B를 선택하는 기회는 30%, 소매시설 C를 선택하는 기회는 50%라고 표현할 수 있다. 소매시설이 경쟁적이며, 그것이 지속적이라고 한다면 소비자 선택은 확률적으로 발생한다.

넷째, 소매시설이 소비자에게 제공하는 효용이라는 것을 고려하면, 상품구성이 풍부하거나 주차장의 편의성을 제공받으면서 소매시설로부터 효용을 얻는 것처럼, 몇 가지 속성에 의해서 효용이 발생한다.

한편, 효용은 소매시설의 속성과 관계하지만, 그 관계가 선형이라고 가정한다면 다음 식이 성립된다.

[MNL모델 계산식-2]

$U_i = \sum_{k=1} \beta_k X_{jk} + \varepsilon_j$	X_{jk} : 시설 j가 가지고 있는 속성 k의 점수 β_k : 속성 k에 대한 가중치 ε_j : 오차항 m : 속성의 개수

이 모델을 실제로 적용하기 위해서는 소비자의 소매시설로의 방문빈도 P_{ij}와 소매시설을 구성하는 속성에 대한 평가점수 X_{jk}와 관련된 자료에 근거하여 가중치 β_k 를 추정하는 것이 주요 내용이 된다.

이상의 다항로짓모델은 허프모델과 비교하면 어떤 특별한 결과를 얻을 수 있는 것 같지 않는 것처럼 생각할 수 있다. 그러나 첫째 각 점포의 효용, 즉 매력도를 얻을 수 있다는 것, 둘째 그것을 생성하는 요인이 아주 중요한 요인에서부터 비교적 덜 중요한 요인까지 순차적으로 가중치 β_k에 의해 도출할 수 있다는 것은 소매시설의 경영전략의 입안에 필수적인 정보를 입수할 수 있다.

이상 기술한 이론모델 공식이 대표적인 이론적 수학적 상권측정법 또는 모델이다. 이러한 수식에 포함되는 변화 요소는 실제의 상권을 구성하는 여러 요소의 일부분에 불과하다.

5. 중심지이론(Central place theories)

중심지이론은 독일의 크리스탈러(Christaller)가 창시한 이론으로, 그가 1933년에 펴낸 저서 "Die zentalen Orte in Suddeutschland"에서부터 시작된다. 한동안 인정을 못 받다가 그의 이론은 1950년대에 와서야 비로소 학자들의 관심을 끌었고 본격적인 연구가 시도되었다.

크리스탈러는 30년 넘게 지속적으로 중심지이론에 매달려서 일관된 이론의 틀을 완성하였다. 특히, 소비자는 어느 방향에서나 어느 방향으로나 이동이 자유롭다고 가정했지만 교통체계, 행정구역 등이 있을 때는 소비자의 이동은 달라질 것이며 중심지체계도 다를 것이라 생각하여 1950년에 자신의 모델을 수정한 수정이론을 제시하여 보다 더 이론의 완성도를 높였다.

수정이론에서는 시장원리 외에 어떤 보조적인 원리가 있다고 생각하여 연구한 결과 교통원리(transportation principle)와 행정원리(administrative principle)를 제시하였다.

먼저, 교통원리란 큰 도시들을 연결하는 교통 도로상에 가능한 한 주요한 중심지가 많이 놓이도록 배열하는 원리를 말하는데, 이 원리에 따를 경우 가장 효과적으로 교통노선을 건설할 수 있다고 하였다.

둘째, 행정원리란 각 배후지들이 방위나 행정통제의 목적에 따라 용이하도록 분할 배열하는 것을 말한다고 하였다. 그는 이 3가지 원리의 상호작용에 의해서 중심지체계가 결정된다고 하였다. 크리스탈러(Christaller)의 중심지이론을 보다 현실성 있게 하려는 시도는 많은 연구자들에 의하여 시도되어 왔다.

주요 개념을 살펴보면, 먼저 중심지란 주변 지역에 상품과 서비스를 공급하는 기능들이 모여 있는 지역을 의미한다. 둘째, 중심 기능은 도·소매업, 교통, 금융, 교육, 행정, 각종 서비스업으로 공장, 주택 등은 제외한다. 셋째, 배후지는 주변지, 영향권, 세력권, 상권, 중심지를 이용하는 주변 지역이다. 넷째, 최소 요구치 는 중심 기능이 존속하기 위해 필요한 최소한의 수요, 상권을 의미한다. 다섯째, 중심지 성립 조건은 최소 요구치를 의미하며, 재화의 도달 범위라고 할수 있다. 마지막으로 재화의 도달 범위란 판매량이 '0'이 되는 범위를 말한다.

중심지이론의 이론 전개 방법은 다음과 같다. 즉, 첫째, 중심지의 형성은 최소 요구치가 재화의 도달 범위 내에 있을 때 형성된다.

둘째, 중심지의 형태는 단일 중심지는 원형이나 여러 개의 중심지는 경쟁을 최소화하기 위해 정육 각형구조를 이룬다.

셋째, 중심지 계층은 중심지가 갖는 기능의 보유 정도에 따라 고위 중심지와 저위 중심지로 구분한다.

중심지 이론의 전제 조건을 살펴보면 3가지가 있다. 먼저 대상지역은 동질적인 평야이다. 따라서 이동은 어떤 방향으로든 가능하다. 둘째, 구매력을 의미하는 인구는 연속적으로 균등하게 분포한다. 셋째 소비자는 최소 거리 이동 원칙에 따라 합리적으로 행동한다.

중심지이론의 주요 내용을 살펴보면 다음과 같다.

먼저, 중심지 기능이란 배후지역에 재화와 용역을 제공하는 기능으로 일반적으로 모든 도시는 이 중심지 기능을 수행한다. 중심지 기능이 위치하기 위해서는 최소 요구치가 충족되어야 한다. 즉 재화의 도달범위가 최소 요구치보다 커야 한다. 이때 상품의 판매지역(배후지역)은 전제조건에 의해 원형이 된다. 그러나 수많은 중심지가 경쟁하게 되면 육각형이 된다. 중심지 기능은 각 기능별로 그 배후지역이 다르다.

한편, 최소 요구치와 재화의 도달범위가 큰 것을 고차 중심 기능, 작은 것을 저차 중심 기능이라 한다. 크기가 다른 육각형(배후지역)을 중복시켜 보면 차수가 다른 중심지가 서로 겹쳐 나타나게 되는데 이곳이 고차 중심지가 되며 이 고차중심지는 그 아래 차수의 모든 기능도 갖는다. 중심지 계층 구조의 형성에서 단지 저차 중심 기능만을 갖는 중심지를 저차 중심지라고 한다.

또한 도시의 규모, 수, 도시간의 거리에는 일정한 분포법칙(차수에 따라 일정한 비율로 증가 또는 감소)이 존재한다. 즉 도시의 규모가 클수록 그 수는 적고 도시간 거리는 멀어지며 기능의 수도 많아진다. 도시의 규모가 작으면 그 수는 많으며 도시간 거리는 가깝고 기능 수가 적다(배후지역 좁다).

한편, 중심지이론에서 말하는 범위는 중심지 상점의 도달거리를 말하는데 소비자의 측면에서 보면 그 상품을 판매하기 위해 기꺼이 이동하는 최대거리가 된다. 각 상품은 독특한 범위를 가질 것이며, 같은 상품이라도 중심지가 달라짐에 따라 그 범위도 달라지게 될 것이다. 그리고 범위는 중심지를 기준으로 사방으로 동일거리의 원은 아니지만 중심지이론의 가정에 의해 원을 구성한다. 그리고 중심지에 의해 서비스를 제공받지 못하는 지역은 없어야 하므로 중복되지 않을 수 없게 된다. 이 중복된 부분은 양분되어 육각형 형태의 공간적 배열을 이루게 된다. 크리스탈러는 이와 같이 같은 종류의 중심지는 육각형 영향권을 갖게 되는데 이 영향권을 중심지의 지역범위라고 부르고 있다.

한편, 크리스탈러는 중심지 계층에 관한 포섭원리(nested principle)를 내세웠다. 중심지 계층의 포섭원리란 고차중심지의 영향권(배후지) 내에 차수가 낮은 규모의 중심지들이 어떻게 포섭되어 있는가를 설명하는 원리이다. 이를 설명하기 위해 K-value체계를 이용하였는데 K-value 체계는 최고차 중심지의 영향권(배후지) 내에 차수가 낮은 중심지가 몇 개씩 포섭되어 있는가를 차수에 대한 k값의 배수로 설명하는 것이다. 〈그림 4-2〉와 같이 크리스탈러는 K=3, K=4, K=7의 경우에 대하여서 중심지 계층간의 포섭원리를 설명하였다.[12]

① 시장원리(marketing principle : K=3)

시장 원리란 가능한 한 적은 수의 중심지에서 보다 넓은 지역에 재화와 서비스를 공급하기 위해 중심지들은 서로 분리되어야 한다는 원리이다. 하나의 저차중심지는 이론상 등거리에 위치해 있는 차상(바로 상위 계층)의 3개의 중심지에 영향을 받게 되므로 각각 1/3씩 분할되어 가장 가까운 차상의 고차 중심지에 포섭되는 원리이다. 따라서 고차 중심지의 영향권(배후지) 내에는 완전한 1개의

12) 지리세계 http://geoworld.new21.org를 참조 발췌함.

차하중심지(바로 아래 계층의 중심지)와 배후지가 포함되고 1/3씩 분할된 차하중심지와 배후지가 6개 포함되므로 실제로 3개의 차하중심지가 포섭된다.

〈그림 4-2〉 지역 단위의 결정

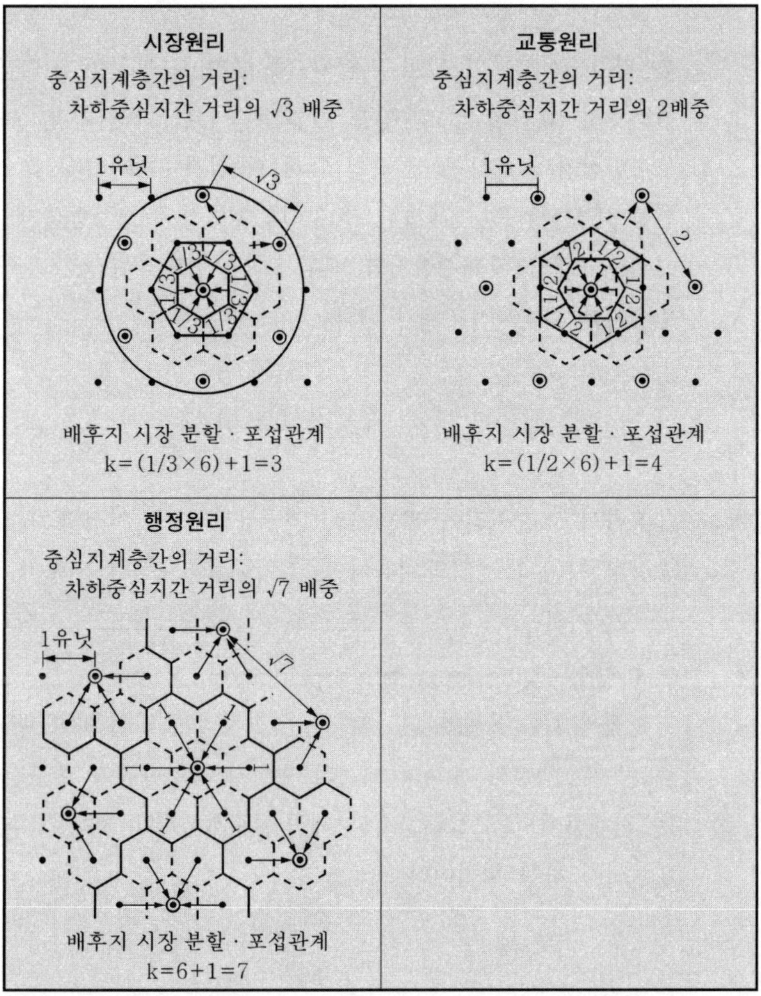

자료 : 지리세계 http://geoworld.new21.org(2006)를 참조 발췌.

$$K=1+(1/3\times6)=3$$

이 경우 고차중심지간의 거리는 차하중심지간의 거리의 $\sqrt{3}$ 배가 되며, 중심지의 계층이 낮아질수록 중심지의 수는 3배수로 증가한다.

② 교통원리(traffic principle : K=4)

교통원리란 큰 도시들(고차중심지)을 연결하는 도로선상에 되도록 저차중심지들이 많이 배열되도록 하여 교통상의 편리를 도모한 원리로서, 효과적인 교통망을 건설할 수 있는 원리이다. 교통원리는 고차중심지의 육각형 선 중앙에 저차중심지 6개가 분포함으로써, 교통상의 효율성을 극대화한 형태이다. 이 경우 고차중심지의 육각형 내에는 1개의 차하중심지와 배후지가 포함되고 1/2로 분할된 차하중심지와 배후지가 6개가 된다.

$$K=1+(1/2\times6)=4$$

따라서 교통원리에 따르면 고차중심지 간의 거리는 차하의 저차중심지 사이의 거리의 2배이며, 고차중심지로부터 차수가 낮아질수록 중심지의 수는 1 : 4 : 16 …의 기하급수적으로 증가한다.

③ 행정원리(administrative principle : K=7)

행정원리는 경제적 관점이 아닌 정치적인 관점에서 유도된 공간배열로서, 행정의 통제상 개개의 중심지의 영향권이 세분될 수 없다는 전제하에서 고차중심지의 세력권내에 6개의 차하중심지가 모두 포섭되게 하는 원리이다.

$$K=1+(6)=7$$

따라서 고차중심지간의 거리는 차하중심지 간의 거리의 $\sqrt{7}$ 배가 되며, 중심지의 차수가 낮아질수록 중심지의 수는 1 : 7 : 49 …의 형태로 증가한다.

한편, 이와 관련, 여러 학자들의 논의가 있다 이를 살펴보면 다음과 같다. 먼저, 고쉬(Ghosh)는 각종 상품에 대해 일정량의 수요가 존재하고 소비자는 구매에 관련된 전체비용을 최소로 하는 구매출향 패턴을 선택한다고 가정하고 있다. 크리스탈러에 있어서는 소비자는 가장 가까운 시설에 출향하고 그곳에서 단일상품을 구입한다고 가정하고 있지만, 고쉬모델에 있어서는 소비자는 다목적구매 기회의 유리성을 갖기 때문에 반드시 최근거리의 시설을 이용한다고 한정하기 위해서는 개개의 소비자의 구매행동에 있어서의 공간적 시간적 측면의 고찰을 요구하고 있다. 고쉬는 시간적 측면으로서 개별소비자의 재고유지 행동에 관심을 갖고 있다. 상품의 구매는 재고를 보충하기 위한 것으로서 이에는 재고의 유지, 저장을 위한 비용을 수반하기 때문에 재고량이 많지 않으면 비용도 비례적으로 증대한다. 한편, 소량 단위의 판매는 재고비용을 감소시키지만 반대로 출향을 위한 비용을 증대시킨다.

따라서 합리적인 소비자는 구매출향의 최적빈도를 결정하기 위한 유지비용과 구매출향의 비용은 각 소비자의 입지조건에 따라 각각 다르기 때문에 구매출향 빈도는 개개의 소비자의 거주장소와 관계되는 것이다. 또한 다 품목을 고려하면 다양한 상품에 대한 구매출향 빈도는 다른 상품의 구입이 다목적 구입기회의 유리성과 결합시킬 수가 있는 한도를 결정할 수가 있다. 따라서 구매의 시간적 측면과 공간적 측면 양자를 모두 검사하게 되면 소비자의 공간적 행동의 통합적 모델을 가정할 수가 있는 것이다. 이 모델에 있어서는 이동비용, 상품의 가격, 재고유지 비용 등의 세 가지 비용을 고려하여 구매출향의 최적 공간적, 시간적 패턴을 모델화 하고 있다.

마지막으로 베리(Berry)와 게리슨(Garrison)은 포괄적인 사례분석을 통하여 크리스탈러에 의해 제안된 중심지 체계의 구조적 규칙성을 실증적으로 검증하는 연구를 수행한 결과, 크리스탈러에서 가정하는 평면공간(isotropic space)의 부재에도 불구하고 그와 같은 규칙성은 실제로 존재함을 발견하였다. 그들은 재화의 도달범주(the range of a good)와 수요별(threshold) 개념으로 중심지 이론을 재편성함으로써 육각형 상권배열의 기본적 전제가 되는 구매력 균일성의 부재 하에서도 계층구조가 전개될 수 있음을 보여 주었다. 그 결과로 이전까지의 중심지 이론은 그 연구영역이 도시간 관계(interurban relationship)의 계층구조만 다루었으나, 이들의 연구에 의해 개별도시 내에서의 계층구조(intraurban hierachy)를 설명하게 됨으로써 중심지이론의 연구영역을 확장시키게 되었다. 중심지이론을 이와 같이 상권형성체계(patterns of trade areas)에 관한 이론으로 보지 않고 상권계층구조(structures of trade areas)에 관한 이론으로 보는 것이 경험적 실증연구의 기본관점이다.

6. 단일점포 입지이론

단일점포의 최적입지 결정을 위한 이론적 경험적 기법이 개발되어 왔지만 그 중에서도 가장 간단하면서도 체계적인 방법인 체크리스트방법, 유추법, 미시분석기법 등이 있는데 이 들에 대하여 차례로 살펴보기로 한다.

1) 체크리스트방법(check list method)

체크리스트방법(check list method)은 특정입지의 매출규모와 입지비용에 영향을 줄 여러 가지 요인을 파악하고, 이 요인을 중심으로 각 입지 대체 안(relative value)을 기준목록으로 평가하여 최적입지를 선정하는 방법이다. 이 방법은 입지가능 지역과 이로부터 최적입지를 선정하는 과정을 한 단계로 해석해 주는데 그 이점이 있으나, 최적입지를 선정할 때 대체가능 장소와 관련된 다른 요인들간의 상호작용 효과를 고려하지 않고 있다. 평가기준이 되는 요인에는 사회경제적 인구 통계적 특성과 함께 경쟁상황, 소비자의 지출패턴 등이 이용되고 있으며, 학자에 따라 여러 가지의 표준화된 체크포인트가 제시되고 있다.

2) 유추법(analog method)

유추법(analog method)은 코헨(Cohen)과 애플바움(Applebaum)에 의해 최초로 개발된 방법으로 체크리스트 방법보다 정교한 기법이라 할 수 있다. 입지 시키려는 소매기구와 점포의 형태, 매출성과, 업태, 기타 시장요인 등이 유사한 기존점포를 확인하고 이 유추점포가 각각 상이한 지역으로부터 흡수하는 인력(drawing power)을 조사(survey)를 통해 파악하고 이 인력을 이용하여 각 대체입지의 예상매출과 상권을 추정한다. 그리고 기대성과가 가장 높은 곳을 최적입지로 보는 방법이다.

3) 미시분석기법(microanalytic techniques)

마지막으로 미시분석기법(microanalytic techniques)은 앞의 두 방법보다 정교한 기법으로 우선 넬슨(Nelson)이 말한 미시분석 과정을 살펴보면 다음과 같다.

① 각 세부상권별로 소득수준, 가구 수, 경쟁패턴을 파악

② 경쟁이 예상되는 타 소매기구의 시설규모, 교통체계, 접근성 등을 고려

이를 통하여 신규점포가 그 입지에 개설되면 소비자의 지출패턴과 공간이동이 어떻게 변화할 것인가를 판단하는 순서로 분석이 이루어져야 한다고 넬슨은 주장했다.

도심입지의 경우 통근교통량, 경제인구 이동까지도 고려하여 상권잠재력을 파악할 수 있으므로 전통적 인력이론을 이용한 상권규모 추정보다도 정확한 결과를 얻을 수 있는 경우가 많다.

또 다른 기법으로 분석하는 미시분석기법도 있는데 멕카이(Mackay)의 시뮬레이션 기법이 대표적이다. 멕카이는 그의 연구 이전의 입지선택 기법들이 모두 소비자의 단일목적 구매라는 위험한 가정하에서 전개되고 있다고 비판하고, 단일목적 구매의 경우에는 주위 소매기구의 존재형태에 영향을 받지 않을 것이므로 〈그림 4-3〉에서 보는 바와 같이 주거지 0에 위치한 소비자는 상품 I을 구입하기 위해 점포 D까지 이동하지 않을 것이다. 다목적 구매라면 오히려 상품 II와 상품 III을 함께 구매할 수 있는 점포 D까지의 이동을 선호할 것이라 했다.

〈그림 4-3〉 다목적구매와 단일목적구매의 공간이동 비교

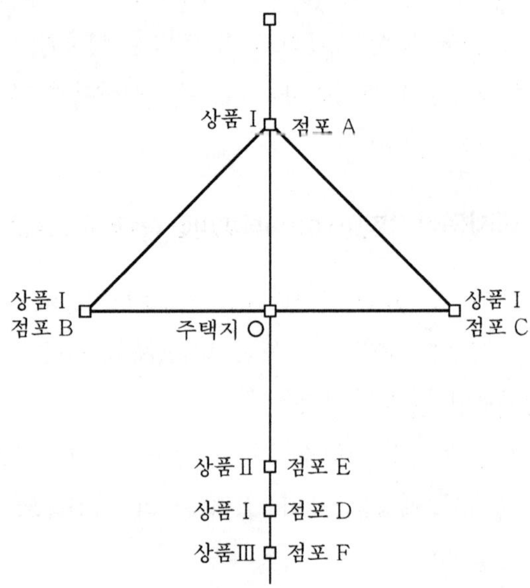

따라서 소비자의 선호나 쇼핑패턴에 대한 실질적인 가정에 근거하지 않고 기존입지 또는 최신 입지에서의 매출잠재력을 추정한다는 것은 불가하다고 보았다. 그래서 그는 소비자의 구매패턴은 다목적 구매라는 가정하에서 판별분석(discriminant analysis)과 몬테칼로 시뮬레이션기법(Monte Carlo simulation techniques)을 이용한 단일입지 선정모델을 제시하였다.

7. 기타 상권관련 이론

1) 다점포 입지-할당모델

다점포 입지 이론은 근본적으로 MCI모델의 연장이라고 볼 수 있다. 단지 MCI모델이 특정 상권에서의 소비자가 특정 소매점포에서 구매할 확률을 여러 변수를 도입하여 계산함으로써 상권 내에서의 특정점포의 시장점유율 및 매출액을 예측하는데 초점을 맞추고 있다면, 다점포 입지이론은 이를 확장 가능케 하느냐에 초점이 주어짐이 다르다.

이들 대부분의 모델들은 입지할당 모델의 항목에 포함된다. 입지할당모델은 일반적으로 점포입지 선정과 이 입지에 수요를 적절히 할당함으로써 어떤 기준을 최적화시키는 모델을 의미한다. 이 모델은 각 점포의 상권을 결정하고 판매와 이익을 예측하는데 사용된다. 입지할당 모델의 이점은 체계적으로 입지 가능한 안을 평가하고 그 중 소매업의 성과를 최대화할 수 있는 안을 선택하게 해 주는데 있다. 이 모델은 복수의 점포가 동일시장에 개장할 때 유용하게 이용할 수 있다. 또한 이 모델은 입지와 점포형태에서의 변화가 시장점유율이나 이익으로서 소매업 성과에 어떠한 영향을 미치는가를 평가하는데 연구의 초점을 두고 있다.

2) 소매성장잠재력모델

소매성장잠재력모델은 어떤 지역에 있어 주거지구와 상업지구 사이의 경제적 흐름과 상업지구별 시장력(market potential)을 추정하고, 또한 지역 주민들의 재화에 대한 현재와 미래의 소비활동을 충족시키기 위해서 새로이 필요한 상업 시설들의 입지 및 규모를 결정하는데 이용된다. 선매품(shopping goods)에 대한 수요를 주거입지와 관련된 것만 다루고 있는 이 모델은 그 이론적인 기초로서 인력이론에서 유도되는 잠재력 개념을 사용하고 있다.

따라서 이 모델은 인력이론 특히 전반적 상호작용 이론의 실제적용을 위한 연구라는 점에서 의의가 크다. 이 모델은 잠재력 개념을 이론적인 바탕으로 하고 있는데 여기서 잠재력(potential)이란 존(zone)들간의 상호작용이 일어날 수 있는 강도를 말한다. 이 잠재력의 어떤 지구(zone) i에 있는 개인이 일으킬 가능성 또는 잠재력은 지구의 유인력이 클수록 높아지고 지구 i와 j간의 거리가 멀어질수록 낮아진다는 것이다.

잠재력 개념을 이용한 이 모델에서 특정 상업지구의 시장력에 영향을 주는 요인을 보면 다음과 같다.

① 상업지구 그 자체의 유인력(attractiveness)

② 소비자의 규모와 생활수준

③ 경쟁되는 상업지구의 유인력

④ 소비자들의 근거리 구매이동 성향

만약 미래의 특정 주거지구의 소비지출 규모에 대한 자료가 외생적으로 주어진다면 이 모델을 통해 미래의 각 상업지구의 매출액을 예측할 수 있다. 뿐만 아니라 지역 소비자들의 소득증대에 따른 상업 시설들의 부가적 수요를 예측할 수 있으며 또한 일정한 시설 및 정책 기준하에서 상업시설들의 적정규모 및 입지를 결정할 수 있다.

이 모델은 다음과 같은 문제점도 포함하고 있다. 첫째, 소비자들은 실제로 여러 가지 목적을 가지고 상업지구로 이동하나 이 모델에서는 재화 구매 이동만을 고려하고 있다.

둘째, 이 모델에서는 공간분리의 척도로서 이동시간을 사용하고 있기 때문에 이동비용이 구매패턴에 미치는 효과를 설명하지 못한다.

3) 승수경쟁적 상호작용이론(MCI 모델)

승수경쟁적 상호작용이론(Multiplicative Competitive Interaction

Models)은 허프 모델의 이론적 연장선에서 접근 할 수 있다. 허프 모델은 모델의 단순화를 위해 여러 가지 중요변수를 제외시킴으로써 상권분석 및 점포 선택행위를 추정하는데 있어서 심각한 오류(specification bias)가 제기될 수도 있다. 만약 제외된 중요변수가 교통시간과 상호독립이 아니라면 모수추정은 문제가 있다. 즉, 교통시간(travel time)의 모수절대치는 더욱 강화되어 상권이 교통시간에 의해 실제이상으로 제약된다는 결론을 내리게 된다는 것이다. 그 이유는 쇼핑과정의 안락함(comfort), 만족감(satisfaction)등과 같은 여타변수와 교통시간 사이의 공선성(collinearity)이 생기기 때문이다. 이러한 문제를 해결하기 위해서는 점포규모 이외에 구색, 가격, 분위기, 점포장식 등과 같은 변수가 흡인변수(attraction variables)에는 교통시간 이외에 교통비용, 교통안전도, 이동 중의 안락함, 교통의 편리성과 같은 특성이 포함되어야 할 것이다.13)

이러한 허프 모델에 대한 문제점 제기에 대하여 대안으로 나온 모델이 MCI모델이다.

4) 효용 함수 직접 추정 모델

효용함수직접추정모델은 본질적으로 MCI모델이나 MNL모델과 상이한 것은 아니다. 단지 MCL모델이나 MNL모델을 수정 보완한 모델이라 할 수 있다. 그런데 타 모델과 달리 여러 가지 문제점을 해결하기 위하여 자료의 수집방법을 근본적으로 달리하는 모델이다. 즉 관찰, 의사소통 등을 통하여 획득된 과거자료를 이용하는 것이 아니라, 실험 상황하에서 시뮬레이션 자료를 획득하고 결합측정법(conjoint method)이나 로지트기법(logit techniques)을 이용하여 소비자의 효용함수를 직접 도출하는 방법의 총칭이다.

실험법을 통한 자료의 획득이 갖는 장점은 효용함수를 밝히기 위

13) Gautschi, D.A.(1981), "Specification of Patronage Models for Retail Center Choice", Journal of Marketing Research, Vol. 18, May, pp. 163~166.

해 과거자료에 의해 의존하는 것이 아니므로 모수의 추정계수는 기존 공간구조의 효과를 반영하는 것이 아니라는 것이다. 잘 고안된 실험설계를 통해 소비자의 점포속성에 대한 진정한 민감도를 파악할 수 있을 뿐만 아니라 이와 같은 과정에서 발견된 중요 속성을 이용하여 신규점포 속성의 효과를 평가 할 수 있다. 또한 과거자료가 있을 수 없는 혁신 소매기구의 시장점유율을 추정하는 데도 효과적이다.

5) 인지적 행위모델(Cognitive-behavioral models)

소비자 개개인의 공간선호의 변동을 지금까지의 전반적 상호작용이론이나 효용함수직접추정이론만으로 완전히 설명할 수 없다. 이들 이론들은 모두 소비자가 유사한 행위체제를 갖고 합리적인 행동을 한다고 가정하여 이론을 전개하고 있으나 실제로는 사회적 경제적 동기뿐만 아니라 개성, 보유한 정보의 수준, 동기부여 수준 등에 있어 모두 현저한 차이를 갖고 있기 때문에, 점포선택 행위를 몇 개의 중요속성에 대해 객관적으로 추정한 모수의 크기만으로 설명, 예측하려는 시도는 그 신뢰도에 있어 한계를 갖게 된다.

가너(B. J. Garner)는 소비자의 소매점포 선택행위에 영향을 미치는 소비자의 심리적 정보처리 과정에 대해 최초로 관심을 가진 학자로서 소비자의 점포에 대한 태도, 특정제품 또는 점포에 대한 동기부여정도, 소비자의 정보처리 메커니즘에 대한 연구가 있어야 한다고 주장하였다. 그리고 여성의류 소매점에 대한 소비자의 이미지를 측정하여 이를 중심으로 상권규모를 추정한바 있다.

또한 다운즈(Downs)는 가너의 기법을 발전시켜 소매점의 이미지를 형성하는데 관계되는 결정변수들을 파악한 바 있다. 소비자의 공간선택 행위에 있어 소비자가 보유한 소매구조에 대한 지식수준이 미치는 영향에 대해서는 호튼(Horton)과 레이놀즈(Reynolds)에 의해 연구되었다. 그들은 인간이 향유하는 공간은 익숙한 정도에 따라 생활공간(action space)과 활동공간(activity space)으로 구분하였다. 생활공간이란 소비자가 그의 개인적 선호에 의해 상당한 지식이 형성되어 있는 공간으로서 공간과의 상호작용이 발생하고 있는 공간을 의미하며, 활동공간이란 한 개인이 정기적으로 방문하거나 경유하는 시설 또는 공간을 의미한다고 하였다.

이와 같이 소비자의 공간 수요행위 또는 점포선택 행동은 한 개인의 공간에 대해 갖는 지식정도에 따라 달라지며 또한 이러한 지식의 크기에 따라 대체점포의 범위도 달라진다. 이는 곧 소비자의 공간에 대한 학습상황에 따라 공간수요가 달라짐을 시사한다고 볼 수 있다.

이상에서 본 바와 같이 소비자의 공간행동에 대한 연구는 MCI모델이나 MNL모델과 같은 계량적 접근방법과 소비자의 지각구조, 학습상태, 이미지 형성, 태도 등과 같은 정성적인 고찰이 뒷받침될 때 하나의 완전한 설명체계를 갖게 되는 것이다.

6) 애플바움과 바트셀의 연구

지금까지 고찰한 소매인력모델이나 중심지이론 모두 상권의 지리적 경계설정에 이용할 수 있는 모델이다. 그러나 이 모델들은 상권의 지리적 경계설정을 주목적으로 하는 연구는 아니고 소비자들의 공간수요 행동 및 입지패턴에 대한 어떤 가정이나 전제하에서 상권을 분석하고, 분석된 상권하에서 최적입지와 적정규모를 결정하는 것이 주안점임을 이미 설명한 바와 같다.

이제 관점을 바꾸어 기존에 어떤 소매입지가 결정되어 있는 상황에서 이 소매기관의 지리적 상권을 어떻게 확인하느냐 하는 문제에 직면하였을 경우 다음의 2가지 경계 설정방법으로 분리하여 접근할 수 있다. 즉, 시장침투율 및 경쟁 우위상태를 이용한 애플바움(Applibaum)의 연구와 공간개념을 이용한 바트셀(Batsell)의 연구 등이다.

먼저, 애플바움(Applibaum)은 경험적 방법으로 고객 도시법을 주장하였다. 애플바움이 시장 침투율을 이용하여 개발한 방법을 보면 다음과 같다.

① 주당 일정 판매액당 소비자 1인을 추출하여 면접을 통해 고객의 취향이나 구매습관에 대해 정보를 얻는다.

② 각각의 고객을 지도위에 도시한다. 그리고 고객 분포도 위에 원을 긋고 거리대별 고객수를 구한다.

③ 2차 자료를 이용하여 인구 및 토지 이용도를 작성한다.

④ 매출액과 판매력이 고객수에 비례한다면 위에서 구해진 두 지도를 이용하여 각 거래대별 매출액과 판매력을 구할 수 있다.

⑤ 구해진 거리대별 매출액과 판매력을 인구 및 토지 이용도에서 구해진 각 거리대별 인구로 나누면 각 거리대별 1인당 매출액을 구할 수 있다.

⑥ 또한 상권을 1차상권 2차상권 3차상권으로 구분하였을 경우 도시된 고객 분포도에서 각 고객의 주거와 점포 사이의 거리를 계산하여 가까운 지역에서부터 산정하여서 그 누적치로 1차상권 2차상권으로 구분할 수도 있고, 이를 중심으로 등고선을 그을 수 있다.

⑦ 또한 센서스 자료를 이용하면 각 하위시장에서 시장침투율 또는 시장 점유율을 파악할 수 있다.

다른 하나는 바트셀(Batsell)의 연구이다. 상권의 공간범위란 특정 소매기구의 전체 매출액 중 일정비율 이상 실현되는 유통점(distribution point)을 중심으로 한 인근지역을 의미한다. 어떤 현상을 반영하는 일련의 관찰을 통해, 지도상에 점으로 도시하면 유통점에서 가까운 지역에서부터 현상점들은 집중되어 도형을 이루게 되고 유통점에서 멀어질수록 현상점들의 분포는 분산(disperse)된다. 이때에 미리 정한 어떤 누적비율의 현상점을 내포하는 경계선이 형성되고 이 경계선 내부를 공간범위(areal extent)라 한다.

이 방법으로 상권경계를 파악하기 위해서는 i) 좌표를 이용한 각 현상점의 정확한 위치를 확인하여야 하고, ii) 유통점에서 현상점까지의 거리가 지도상에서 계산 가능하도록 하여야 한다. 이때 거리는 교통시간으로 대체할 수도 있다. iii) 각 현상점을 유통점에서부터 가까운 순서대로 등급을 부과하여, iv) 미리 정한 누적비용 내에 속하는 현상점을 파악하고, v) 각 방향으로 가장 바깥에 있는 현상점(extreme dots)을 확인하여 이를 연결하면 상권 공간범위가 된다.

vi) 위의 v) 에서의 경계선을 평골(smoothing)시키기 위한 곡선교차 과정을 추가로 수행한다.

이와 같은 상권의 공간범위를 주기적으로 확인하는 기업은 i) 경쟁사의 참입으로 인한 경계의 변화 ii) 소비자의 특성이나 입지의 변화에 따른 상권범위의 변화를 발견할 수 있으므로 유용한 전략도구로 이용할 수 있다.

또한 이론개발의 측면에서는 i) 시간의 경과에 따른 공간범위의 안정성 확인, ii) 시간의 경과에 따른 공간범위의 안정성 확인, iii) 상권중복의 공간적 체계 등에 대한 연구에 유효하게 이용할 수 있다.

제3절 상권 분석의 실제 사례 분석

상권 분석을 유통업체에서 많이 진행하고 있다. 최근 들어서 보다 더 과학적인 연구와 더불어 상권 분석기법에 대하여 매뉴얼화 작업도 진행되고 있다. 일부 대형 유통업체에서는 상권분석의 업태 및 상권의 특성에 따라 상권분석 기법을 개발하고 있다. 이러한 사례를 중심으로 본 절에서 분석하고자 한다.

1. 매출추정모델 적용 이론

소매점의 상권 내 매출을 추정하는데 하나의 모델로 매출을 추정하기에는 어려움이 많이 있고, 오류도 존재한다. 따라서 한국의 실정에 맞는 새로운 모델의 구축이 필요하다. 그러한 이유로 한국적인 "매출추정모델"이라는 새로운 모델을 구축하였다. 즉, 본 절에서는 새로운 모델을 구축하는데 초점을 맞추어 Converse의 수정인력이론과 Huff의 확률모델을 중심으로 재 논의한다.

1) Converse의 수정소매인력이론

Reilly는 서로 어느 정도 거리가 떨어진 두 도시나 점포 중에서 소비자가 구매를 위해 어느 한 도시를 선택한다면 지리적으로 어느 지점에 있는 소비자가 두 도시에 대해 무차별하게 생각할 것인지를 연구하였으며, 두 도시 사이의 무차별적인 지점을 분기점으로 보았다. 즉, 분기점에 있는 소비자는 두 도시를 모두 그의 구매 이동행위에 합당한 것으로 보아 무차별하게 생각한다는 것이다.

다시 말해, Reilly의 소매인력이론은 양 대도시에 접근하는 도로 및 지형이 동일하고 양 도시 상인의 능력이 동일하다는 전제하에서 양 대도시가 그 중간에 있는 분기점 주변의 소도시의 구매력을 흡인하는 비율은 두 도시 사이의 인구크기에 비례하고 소도시에서 양 대도시까지 거리의 제곱에 반비례한다고 하였다.

이와 같이 Reilly의 소매인력이론은 중심지이론(central place theory)과는 달리 인구의 크기와 거리라는 두 변수를 고려하여 상권경계를 개념화함으로써 그 이후의 점포의 밀집화나 점포의 규모를 중심으로 소비자의 공간이동을 흡인한다는 소매인력이론의 효시가 되는 것이다.

이를 더욱 발전시켜서, Converse는 수정소매인력이론을 정립하였다. 즉, 두 도시 사이의 거리가 분기되는 중간지점의 정확한 위치를 결정키 위하여 Reilly의 소매인력이론을 수정하여 다음과 같은 함수를 도출하였다.

[계 산 식]

$D_a = \dfrac{D_{ab}}{1+\sqrt{\dfrac{P_b}{P_a}}}$ 또는 $D_b = \dfrac{D_{ab}}{1+\sqrt{\dfrac{P_a}{P_b}}}$	D_a : A도시로부터의 상권분기점까지의 거리 D_b : B도시로부터의 상권분기점까지의 거리 D_{ab} : A와 B도시간의 거리 P_a : A도시의 인구 P_b : B도시의 인구

위의 계산식은 2개의 경합도시 A와 B에 대해서 어느 도시로 소비자가 상품을 구매하는 행위를 하러 가느냐에 대한 무차별적인 경합 경계지점을 나타낸다. 전체의 상품에 대하여 일괄적으로 적용되는 것이 아니라 선매품과 전문품에 관한 적용으로 이해하는 것이 좋다.

한편 Reilly와 Converse 등의 소매인력이론에 대한 여러 학자의 비판이 존재한다. 이와 같은 비판에도 불구하고, 이 이론들은 각 도시간의 총수요를 산출하는데 가장 중요한 이론임에는 틀림없다. 따라서 본 연구에서는 Reilly의 소매인력이론을 수정하여 Converse에 의하여 새롭게 정립된 수정소매인력이론을 적용하여 산출한다.

2) Huff의 확률모델을 응용한 신확률모델

(1) Huff모델

Huff모델은 Huff의 확률모델, 또는 확률적 인력 모델이라 칭하기도 한다. 논의함에 있어서 편의를 위하여 여러 용어를 통일하여 본 연구에서는 Huff모델로 약칭하여 사용한다. 최근 들어 신규점포의 매출액 및 상권범위를 예측하고, 매출액 등 점포성과와 이에 영향을 미치는 소매환경변수간의 관계를 평가하는 데 있어 Huff모델의 이용이 중요성을 더해가고 있다. 이를 상세하게 살펴보면 다음과 같다.

Huff모델은 미국 UCLA대학교 경제학교수인 David Huff가 1963년 상권을 추정하기 위한 모델을 소개한 후 소매점에 대한 소비자 점포선택행동과 소매상권의 크기를 측정하는데 가장 널리 이용되어 왔다(Huff, 1963).

허프는 도시 내 공간구조를 분석하기 위해서 소비자행동에 주목하여, 소비자가 상권에 대한 가장 강한 영향력을 미치는 요소라고 생각하였다. 구매처가 한정되어 있는 농촌지역에서 소비자는 Reilly 법칙에 따라 규모가 크고 가장 가까운 도시에 입지하고 있는 점포로 자수 방문한다. 그러나 도시지역 내에서도 구매처는 다수 존재하고 있고, 그 중에서 특정 점포를 방문하는 행위는 확률적으로 일어난다고 하는 것이다. 더구나 상권의 존재도 확률적이라고 생각하였다. 이리하여, Huff는 도시를 중심으로 한 상권법칙을 소매상업시설을 중심으로 법칙화하고, 선매품을 기준으로 한 법칙에서 개개의 상품에 대해서도 상권을 파악할 수 있는 법칙을 제시하였다.

[계 산 식]

$p_{ij} = \dfrac{\dfrac{S_j}{T_{ij}^{\lambda}}}{\sum_{i=1}^{n} \dfrac{S_j}{T_{ij}^{\lambda}}}$	P_{ij} : 지역 i의 소비자가 소매시설 j에 갈 확률 S_j : 소매시설의 규모 T_{ij} : 지역 i에서 소매시설 j까지 가는데 소요되는 시간이나 거리 λ : 각종 쇼핑행동에 걸리는 시간효과를 반영할 수 있도록 경험적으로 추정된 파라미터 n : 점포 수

이 계산식의 분자와 분모 각각에 소매시설의 규모 및 소비자와 시설간의 거리를 포함하고 있는 것으로부터, 이 식은 소비자의 쇼핑

이 소매시설의 규모와 거리의 두 요소에 의해 좌우된다고 하는 생각에 기반을 두고 있다는 것을 짐작할 수 있다.

Huff모델의 가장 큰 취약점의 하나는 파라미터 λ를 어떻게 결정할 것인가이다. Huff는 이 파라미터가 상품의 종류에 따라 다르고, 또한 소비자의 사회적·경제적 속성 또는 소매시설에 대한 이미지에 의해서도 변하기 때문에 이를 규명하기 어렵다. 그렇기 때문에 유통 현장에 곧바로 접목시키기에 Huff모델은 어려움이 많다.

한편, 이 모델은 일본의 통산성이 고안하여 대규모점포법이라는 법률에 따른 상업조정에 실제로 신규 대형점의 출점을 규제하기 위하여 이용하였다. 이는 "소비자가 어느 상업지에서 구매하는 확률은 상업 집적지 매장면적의 크기에 비례하고 그 곳에 도달하는 시간의 제곱에 반비례한다"는 것을 공식화한 것이다.

(2) 한국 대형소매점의 신확률모델

본 장에서 설명하는 모델은 Huff모델과 다른 새로운 개념이다. 따라서 본 장에서는 이를 "신확률모델"이라고 한다. 이 모델은 일반적으로 한국의 대형 소매점에서 활용하는 매출을 추정하기 위한 계산방식이다. Huff모델에서 파라미터 λ의 문제점과 매출규모 추정에 있어서 동 업태가 아닌 경쟁 관계에 있는 타 업태에 대한 논의가 무시되는 문제가 있다. 이는 시장 전체의 규모를 제대로 파악하지 못한다는 현실을 감안할 때 이론적인 분석방법에 그칠 수밖에 없다. 따라서 이를 보완하여 유통현장에 적용 가능한 새로운 매출추정모델을 개발하기 위하여 그 중 하나의 사용도구인 신확률모델을 개발한 것이다.

다시 말해서, 매출추정모델, 즉, 유통 현장에서 매출을 추정하기 위하여 상기의 Converse의 수정인력이론과 신확률모델을 개발하여 사용하고 있다. 더 상세히 말하면, 이 모델은 Huff모델을 개량한 신확률모델이라는 것이다. 이를 자세히 설명하면 다음 계산식과 같다.

[계 산 식]

$p_{ij} = \dfrac{\dfrac{S_j}{T_{ij}^{\lambda}}}{\sum_{j=1}^{n} \dfrac{S_j}{T_{ij}^{\lambda}}}$	P_{ij} : 지역 i의 소비자가 소매시설 j에 갈 확률 S_j : 소매시설의 규모 T_{ij} : 지역 i에서 소매시설 j까지 가는데 소요되는 시간 λ : 각종 쇼핑행동에 걸리는 시간효과를 반영할 수 있도록 경험적으로 추정된 파라미터 n : 점포 수

이와 같이 한 점포의 매출을 추정하기 위하여 다음과 같은 절차를 거친다. 즉, Converse의 수정인력모델을 이용하여 도시간 상세권 인구와 총소비액을 산출하고, 이를 바탕으로 신확률모델을 이용하여 각 점포별 매출규모를 산출하는 것이다. 이를 본 연구에서는 "매출추정모델"이라고 칭한다. 이에 대한 자세한 설명은 다음에서 한다.

2. 매출추정사례 분석

본 장에서 매출추정모델 구축은 D시의 대형점 출점에 대한 매출추정을 실질적으로 어느 정도 차이가 나는지 검증하여서 새로운 매출추정모델을 구축하는 것이다. 따라서 본 장에서는 먼저, 매출추정방법과 절차에 대하여 설명하고, 이를 실질적으로 분석한 사례를 검증하여 한국적인 매출추정모델을 찾고자 한다.

1) 매출추정 방법 및 절차

매출추정모델의 분석 방법과 절차를 살펴보면, Converse의 수정인력이론과 Huff모델을 개량한 신확률모델을 접목시켜서 새로운 "매출추정모델"을 구축하였다. 이를 살펴보면 다음과 같다.

(1) 도시간 거리 및 인구 측정

상권을 분석하기 위하여 상권분기점 분석이 중요하다. 따라서 당해도시 및 주변도시의 인구와 도시간 거리를 측정할 필요가 있다. 이러한 자료는 도시간 인력이 어느 정도인가를 파악하여 이를 통하여 상권분기점을 도출할 수 있는 기초자료가 된다.

(2) 상권분기점 측정

Converse의 수정소매인력모델을 활용하여 각 도시간의 인구와 거리를 대비하여 상권분기점을 도출한다. 이때에 조사시점 현재의 인구와 점포개설 예정년도 인구로 동시에 조사한다.

이것은 매출규모를 추정하는데 구체적인 자료로 활용할 수 있는 기본 자료가 된다. 그리고 상권분기점에 따라 조사시점 현재와 점포개설 예정년도의 인구수를 추정하여 이를 통계청에서 발간하는 도시근로자 가구당 월평균 가계수지나 직접설문조사에 의한 당해도시 가계수지를 파악하여 도시전체 인구를 추정한 다음, 당해 업태 지수(예로 대형점의 경우 대형점지수 산출)를 대입하여 총 소매 판매액을 산출한다.

참고로, 당해 업태 지수란, 해당업태의 주요 취급품목을 가계수지상 항목별 금액을 계산하여 산출한다. 이때, 가구당 인구수는 통계청자료를 활용하며, 이를 통하여 상세권 인구(상권분기점 산출인구)를 당해도시 가구당 인구수로 나누어 산출한다.

(3) 당해도시의 유통시설 현황 파악

먼저, 조사시점 현재의 당해도시 유통시설 현황을 파악한다. 이중에 소매업태 전체의 매장면적과 주요 지점에서 점포까지의 소요시간을 파악한다. 특히 소요시간을 파악함에 있어서 시간대별로 자동차 및 대중교통수단과 도보를 이용하여 파악한다. 더 나아가서, 신규로 개설할 점포의 예정지의 매장면적과 소요시간을 조사하는 것도 필요하다.

그 후, 신확률모델을 적용하여 매장면적과 소요시간을 적용하여 당해 도시 내에 소재하는 점포별 쇼핑확률을 파악한다. 이때에도 조사시점의 쇼핑확률과 점포 개설 예정년도 쇼핑확률을 동시에 도출한다.

(4) 당해 도시 내 점포별 매출규모 추정

신확률모델에 의해 산출된 쇼핑확률을 당해도시 총소비액 중 출점예정 당해 업태의 쇼핑확률을 적용하여 산출하면, 당해도시의 출점업태별 매출규모와 출점예정 점포의 매출규모를 산출 할 수 있다. 이상의 절차에 의해 매출을 추정할 수 있다.

2) 기존의 매출추정 사례 분석

상기한 바와 같이 본 연구에서 박철주 외(2006)의 매출추정 사례를 검증 및 분석을 통하여 미비점을 도출하여 새로운 매출추정모델을 구축하고자 한다. 이를 위하여 기존의 매출추정 사례를 분석하고자 한다.

(1) 도시 간 거리 및 인구와 상권 분기점 측정

먼저, 매출추정을 위해서는 해당지역 주변도시의 인구와 거리의 산출이 중요하다. Converse의 수정소매인력이론을 적용하고자 할 때, 각 도시의 인구수와 거리가 중요하다. 따라서 〈표 4-5〉와 같이 도시별 인구수의 산출과 〈표 4-6〉과 같이 상권분기점 도출을 위한 거리 및 경계선간의 거리가 중요하다. 이를 살펴보면 다음과 같다.

먼저, 〈표 4-5〉에서 인력지수는 Converse 계산식에 의하여 D시를 1로 계산하고 비율을 산정한 수치이다. 상세권 인구수는 인력지수를 기준 인구에 곱해준 수치로 주변 도시인구를 포함한다. 다시 말해, D시를 찾는 고객의 숫자를 의미한다.

둘째, 이를 위해 먼저 상권분기점의 도출이 중요하다. 이에 대한 상세한 내용은 〈표 4-6〉과 같다.

〈표 4-5〉 도시별 인구 및 인력지수

구 분	상주 인구수(명)	상세권 인구수(명)	인력지수
D 시상권	1,357,000	1,375,000	1.000
G 도시권	138,340	81,040	0.584
N 도시권	166,026	86,966	0.524
K 도시권	70,967	37,849	0.533
J 도시권	81,011	53,699	0.663
C 도시권	524,919	193,935	0.369
Y 도시권	120,325	71,529	0.594
합계	2,475,588	1,900,018	0.768

〈표 4-6〉 상권 분기점 분석 요약

구 분	상권분기점	도시별 중심까지 거리	경계선까지 거리	
			D시 권역	해당도시권역
D 시상권	0㎞	0㎞	0㎞	0㎞
G 도시권	20.2㎞	26.6㎞	11.2㎞	15.4㎞
N 도시권	22.8㎞	30.8㎞	14.0㎞	16.8㎞
K 도시권	21.7㎞	26.6㎞	16.1㎞	10.5㎞
J 도시권	24.2㎞	30.1㎞	12.6㎞	17.5㎞
C 도시권	20.8㎞	33.6㎞	13.3㎞	20.3㎞
Y 도시권	29.7㎞	38.5㎞	16.8㎞	21.7㎞

(2) 당해 도시의 유통시설 현황 파악

매출을 추정하고자 할 때, 도시 내 흡인율 계산이 중요하다. 이를 위해서 점포까지 소요되는 시간이 중요하다. 이것은 도로 등 접근성이 용이한지를 파악하는 지표이다. 따라서 자동차를 활용하여 각 지역에서 권역별 소요시간을 시간대별로 산출한 뒤 이를 산술 평균한 소요시간을 산출한다.

〈그림 4-4〉 도시간 경계선까지의 거리

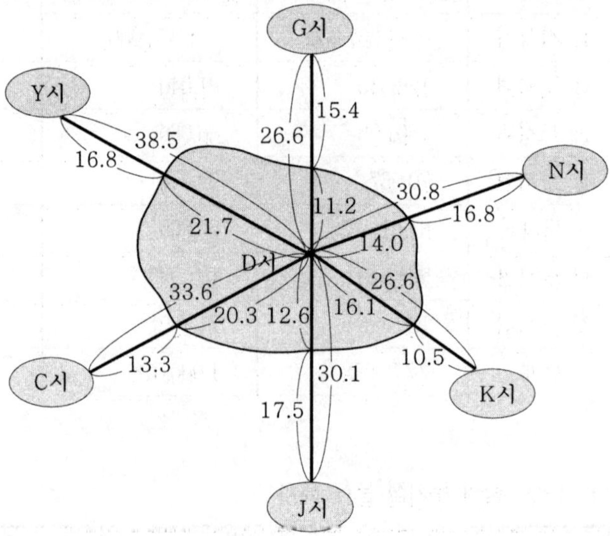

〈그림 4-5 도시간 상권 분기점

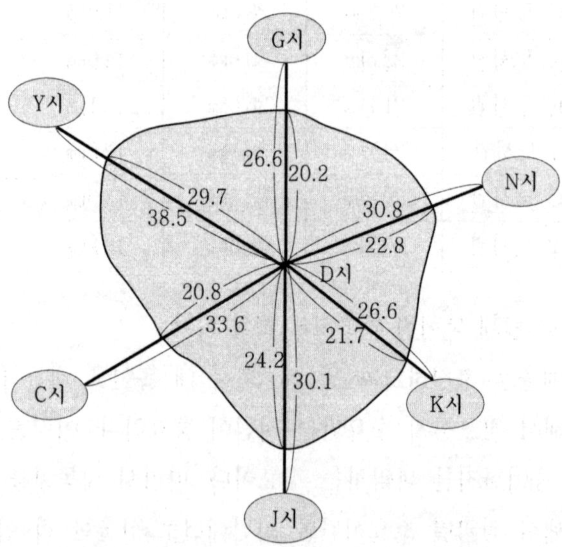

여기에서 D시의 중심 권역을 5권역으로 구분하였다. 또 점포는 크게 8개 점포로 구분하였는데 반경, 300미터 이내는 동일점포로 간주하여 산출하였다. 다만, 기타 점은 소규모이거나 산출이 불가한 점포로 편의상 기존점포의 산술평균치를 활용하였다. 이를 상세히 산출한 내용은 〈표 4-7〉과 같다.

(3) 당해 도시 내 점포별 매출규모 추정

상기와 같이 도시간 상세권 인구 산출은 Converse의 수정인력이론을 활용하여 산출하였다. 그리고 도시 내 즉, D시내 점포별 매출추정은 국내에서 개발하여 사용하는 신확률모델을 활용하였다.

〈표 4-7〉 점포별 소요되는 시간 비교

구 분		매장면적(평)	소요되는 시간					
			A권역	B권역	C권역	D권역	E권역	평 균
기존점	D점	8,745	50분	25분	5분	40분	50분	34분
	E점	5,644	50분	25분	5분	40분	50분	34분
	C점	7,112	25분	15분	35분	3분	15분	19분
	S점	7,954	40분	2분	25분	17분	27분	22분
신규점	G점	12,545	25분	15분	35분	3분	15분	19분
	M점	22,469	25분	15분	35분	3분	15분	19분
	L점	15,000	30분	10분	30분	5분	15분	18분
	기타점	17,531	35분	15분	24분	16분	27분	23분
계		97,000						23.5분

박철주 외(2006)에서 산출된 쇼핑확률은 해당도시 소비지출액 중 대형점지수에 의한 총상세권 소비지출액을 산출하여 대입하였다. 이때, 2000년 대형점의 도시 내 총소비지출액 9,703,030백만 원 중 53.9%인 5,229,933 백만 원으로 산출되었다.

〈표 4-8〉 대형점 매출추정액(대형점 순MP)

구분	기존점				신규점				대형점 합계	기타 업태 등	총합계
	D점	E점	C점	S점	G점	M점	L점	기타점			
쇼핑확률 (%)	3.1	2.0	4.5	4.4	6.3	14.3	10.1	9.2	53.9	46.1	100.0
총소비 지출액 (백만원)	300,793	194,060	436,634	426,933	611,290	1,387,533	970,303	902,385	5,229,933	4,473,097	9,703,030
대형점 MP (백만원)	90,238	58,218	130,991	128,080	183,387	416,260	294,002	267,804	1,568,980	1,341,929	2,910,909
대형점순 MP (백만원)	63,173	40,753	91,694	89,656	128,371	291,382	205,801	187,463	1,098,286	939,350	2,037,636

자료 : 박철주 외(2006) 참조.

그러나, 지역 내 소매점관련 총 시장잠재력(market potential) 중 대형점 관련 시장잠재력으로 조작적 정의에 의하여, 일반적으로 대형점이 최대 밀집한 국내외 상권 분석사례를 중심으로 총 소매MP의 30%를 적용할 경우 대형점 MP를 1,568,980 백만 원으로 산출했다. 또한, 대형점 순 MP는 대형점 총 MP 중 상품관련 매출은 외식비 및 생활서비스 비용을 제외하여야 하므로 외식비(약 22%)와 생활서비스(약 8%) 비중을 제외한 1,098,286 백만 원으로 산출했다. 이는 대형점들이 직영으로 운영하는 부분이 아닌 부분을 제외한 개념이다. 즉, 매출액 규모가 조사자료로 공개적으로 알 수 있는 범위이기도 하다.

결론적으로 점포별 매출추정액은 대형점 순MP이다. 즉, D시의 "매출추정모델"에 의하여 계산된 대형점 매출추정액은 1,098,286 백만 원이 된다. 그러나 여기에는 여러 가지 논의상 한계점이 있다.

첫째, 일반적으로 유통 현장에서 활용하는 것이라고는 하지만, 근거가 미약하다. 따라서 이에 대한 근거의 확보가 중요하다.

둘째, 도시 내 총 소비액은 Converse의 수정인력이론으로 분석하였으므로 금액의 변경이 불가능한 것이다. 즉, 고정된 금액이다. 다만, 대형점 지수에서 외식비 및 생활서비스 분야의 직영분 매출액만 계산할 경우 제외가 가능할 뿐이다. 참고로 외식비 및 생활서비스 분야를 제외한 D시의 대형점취급상품의 총소비지출액은 6,792,000 백만 원이다. 이를 상세하게 다음 장에서 살펴보고 새로운 매출추정 모델을 설명하고자 한다.

3. 매출추정모델의 구축

본 장에서는 기존 논의한 매출규모분석(박철주 외, 2006)을 살펴보고, 한계점을 도출하여 이를 보완하고자 한다. 이를 통하여 새로운 매출추정모델을 구축한다. 이를 상세하게 살펴보면 다음과 같다.

1) 기존 매출추정 분석 방법의 한계점

상기한 바와 같이 박철주 외(2006)의 기존 논의에 대한 한계점이 발견된다. 따라서 이를 보다 더 자세히 살펴보면 다음과 같다.

먼저, 매출추정액이 〈표 4-9〉에서와 같이 실질매출액에 비하여 현저한 오차를 보이고 있다. 즉, 실질매출액이 1,993,000 백만 원으로 매출추정액 5,229,933 백만 원에 비하여 38.1%수준에 불과하다. 이를 보완하기 위하여 개발한 것이 총 소매 MP와 순 소매 MP이다. 그러나 이중에 총 소매 MP는 개념이 모호하고, 기본 근거가 미약하다. 즉, 총 소매 MP의 개념은 기존 시장조사에 의하여 경험치로 30%를 잡았다. 여기에 다시 순 소매 MP를 적용하였다. 따라서 실제 매출과 추정된 매출과 커다란 갭이 발생하고 있다.

둘째, D시의 총소비지출액은 변함이 없다. 즉, 타 업태에 대한 변동비율이 동일하게 적용해서는 아니 된다. 다시 말해 D시 전체에 대한 대형점 지수로 분석한 총소비지출액이므로 이 금액은 변할 수 없고, 각각의 점포내지는 업태간의 금액만이 변할 수 있다. 이를 살펴보면 〈표 4-9〉와 같다.

2) 모델 개발을 위한 비교분석

(1) 모델 개발을 위한 매출추정

기존 논의의 문제점을 극복하기 위하여 국내 실정에 맞는 매출추정모델의 개선이 필요하다. 따라서 기존 논의 외에 여러 가지 파라미터 λ를 적용시켜서 새로운 모델을 분석해보고자 한다. 여기에서 먼저, 실제 매출액을 기준으로 허프모델과 신확률모델을 비교하여 분석한다.

〈표 4-9〉 기존 논의 추정매출 VS. 매출실적 비교

단위: 백만 원

구 분		실질매출(B)	매출추정액(A)	실질매출대비(A/B)
기존점	D점	90,000	63,173	70.2
	E점	66,000	40,753	61.7
	C점	164,000	91,694	55.9
	S점	150,000	89,656	59.8
신규점	G점	260,000	128,371	49.3
	M점	509,000	291,382	57.2
	L점	287,000	205,801	71.7
	기타점	280,000	187,463	66.9
합 계		1,806,000	1,098,286	60.8

主 : 박철주 외(2006) 매출추정액을 기준으로 실질매출액과 비교함.

즉, 허프모델에서 파라미터 λ를 1과 2로 두고, 분석하였다. 그러나 신확률 모델은 전술한 바대로, 파라미터 λ를 분자에 2로 곱해주고, 분모에는 1을 곱해준 결과 실질적으로 40%정도의 오차가 발생한다. 더욱이 총소매 MP 분석기법이라는 근거가 모호한 분석기법이 존재

〈표 4-10〉 매출규모추정 가능성 및 산출식 비교

	허프모델	매출추정모델(본 연구 모델)
도시간 상세권 분석	불가능	$D_a = \dfrac{D_{ab}}{1+\sqrt{\dfrac{P_b}{P_a}}}$
도시 내 소비확률분석	$p_{ij} = \dfrac{\dfrac{S_j}{T_{ij}^{\lambda}}}{\sum_{i=1}^{n}\dfrac{S_j}{T_{ij}^{\lambda}}}$	$p_{ij} = \dfrac{\dfrac{S_j}{T_{ij}2}}{\sum_{i=1}^{n}\dfrac{S_j}{T_{ij}1}} \rightarrow p_{ij} = \dfrac{\dfrac{S_j}{T_{ij}4}}{\sum_{i=1}^{n}\dfrac{S_j}{T_{ij}1}}$
도시 내 업태간 비교	불가능	가능

한다. 따라서 본 장에서는 원래 박철주 외(2006)의 기존 논의에는 매출추정액 산출기법의 기준이 모호하기 때문에 본 장에서는 총소매 MP 분석기법은 제한 상태에서 파라미터 λ를 분자에 2대신 4를 곱해주고, 분모에는 동일하게 1을 곱한다. 덧붙여서, 점포별 타당한 매출실적 근거가 되는 직영분야 매출기준인 순소매 MP만 적용하여 신확률모델을 적용한다. 이에 대한 상세한 내용은 〈표 4-11〉과 같다.

(2) 신확률모델과 Huff모델 특성 비교

개발 모델별 특성을 비교하는데, 본 장에서는 신확률모델과 Huff모델을 중심으로 비교 분석한다.

먼저 특징을 살펴보면 다음과 같다. 먼저 신확률모델은 Converse의 수정인력모델과 결합하여 점포의 매출액 추정에 유용한 모델이다. 또한, 국내 사례분석 및 검증을 통하여 한국적 매출추정모델로 구축되었다는 특징을 갖고 있다. Huff모델은 일본 통산성모델로 활용한 바 있고, 또 각 점포의 흡인력을 확률로 나타내주는데 매출액을 측정하지 못하나 동 업태 간의 분석에 유효하다.

둘째, 장점을 살펴보면 다음과 같다. 먼저 신확률모델은 유통현장에 접목시키기 유용하다. 따라서 이를 통하여 매출추정에 유리하다.

〈표 4-11〉 지수별 추정매출액 비교

단위 : 백만 원, %

구 분		실질매출 (A)	허프모델적용		신확률 모델 적용(D)	실질매출대비		
			λ=2(B)	λ=1(C)		B/A	C/A	D/A
기존점	D점	90,000	232,000	381,000	109,000	257.8	423.3	121.1
	E점	66,000	149,000	245,000	68,000	225.8	371.2	103.0
	C점	164,000	598,000	550,000	154,000	364.6	335.4	93.9
	S점	150,000	496,000	530,000	149,000	332.0	353.3	99.3
신규점	G점	260,000	1,046,000	978,000	220,000	402.3	376.2	84.6
	M점	509,000	1,881,000	1,746,000	487,000	369.5	343.0	95.7
	L점	287,000	998,000	1,127,000	343,000	347.7	392.7	119.5
	기타점	280,000	1,399,000	1,229,000	314,000	499.6	438.9	112.1
합 계		1,806,000	6,799,000	6,785,000	1,844,000	376.5	375.7	102.1

더 나아가서 Huff모델과 달리 백화점이나 종합슈퍼[14] 등 대형점 이외에 기타 업태 규명도 가능하다는 점이다. 한편, Huff모델은 유통현장에 그대로 적용시키기에는 비현실적이다. 하지만, 파라미터 λ 수치와 소비규모가 확정될 경우 오차가 0.1% 이내로 정확도 높다.

셋째, 단점을 살펴보면 다음과 같다. 먼저 신확률모델은 국내 실정상 자료부족으로, 타 도시에 대한 자료 미비로 향후 지역 특성에 맞는 지속적인 연구 필요하다. Huff모델은 유통현장에서는 데이터 부족으로 활용하기 어렵다. 따라서 이론적 활용으로 한정할 수밖에 없다. 또한, 동업태간 분석은 가능하지만, 전체시장을 분석하기 위한 기타 업태에 대한 규명이 안 된다는 단점이 있다. 더 나아가서 당해 지역의 총매출규모가 확정되어 있지 않으면 확률 산출이 어렵다.

마지막으로 모델별 대안을 찾는다면 다음과 같다. 신확률모델은

14) 종합슈퍼는 KODISA 유통학정의위원회(2006)에서 정의한 용어로 통일하여 사용한다.

향후 지속적인 연구 및 도시 특성에 맞는 새로운 모델식으로 개량이 필요하다. 이를 통하여 유통현장에서 유용한 모델로 활용이 가능하다. 반면에 Huff모델은 학문적으로 도시 내 단순 확률모델로만 활용할 수밖에 없다. 이에 대한 내용은 〈표 4-12〉와 같다.

〈표 4-12〉 신확률모델과 Huff모델 비교

모델별	신확률모델	Huff모델
특징	-Converse의 수정인력모델과 결합하여 점포의 매출액 추정에 유용함. -국내 사례분석 및 검증을 통하여 한국적 매출추정모델 구축	-각 점포의 흡인력을 확률로 나타내주는데 매출액을 측정하지 못하나 동 업태 간의 분석에 유효
장점	-유통현장 접목가능 -매출추정에 유리 -기타업태 규명 가능	-비현실적이지만, 파라미터 λ 수치와 소비규모가 확정될 경우 오차가 0.1% 이내로 정확도 높음
단점	-동일한 모델을 적용한 타 도시에 대한 검증자료 없음	-현장에서는 데이터 부족으로 활용 미흡 (이론적 활용으로 한정) -기타 업태에 대한 규명이 안 됨 -매출실적이 산출 안 되면 매출실적 규명이 모호해짐
대안	-향후 지속적인 연구 및 도시 특성에 맞는 새로운 모델식으로 개량 필요	-학문적으로 도시 내 단순 확률모델로만 활용

3) 매출추정모델 구축

(1) 모델구축을 위한 전제조건

매출추정모델 구축은 한국적 실정에서 매우 중요하다. 또한, 지속적인 연구가 필요한 과제이다. 따라서 본 연구에서는 이를 위한 전제조건을 제시한다.

- 본 모델은 단지 D시의 실증 분석한 매출추정 결과임
- 본 모델은 동 업태 뿐 아니라 같은 상품을 취급하는 타 업태로 포함함

· 본 모델에서는 파라미터 λ가 점포 접근성과 매출실적을 검증하는 도구임

(2) 매출추정모델 구축

매출추정모델은 〈그림 4-6〉의 구축절차에 의한다. 이를 자세히 설명하면, 다음과 같다.

첫째, 당해 지역 상권의 기본조사를 시행한다. 즉, 인구수조사, 도시간 거리조사, 소비자 소득수준 조사, 소비지출액조사, 소매점 매장면적 규모조사 등이 필요하다.

둘째, 도시간 상세권 인구조사를 시행하며, 당해도시의 총소비지출액을 산출한다. 이때 대형점 지수의 적용에 의하여 산출하여야 한다.

셋째, 쇼핑확률을 조사한다. 즉, 신확률모델에 의하여 도시 내 총소비지출액에 대한 업태 간, 점포별 쇼핑확률을 산출한다.

넷째, 이상의 절차에 의하여 매출규모를 추정한다. 이상의 절차에 의하여 매출규모를 추정하는 것이 매출추정모델이다.

【연습문제 및 과제】
1. 매출추정모델에 대하여 구체적으로 설명하라. 2. 상권과 상세권의 개념을 설명하라. 3. 가상의 점포 출점지역을 가정하고 매출을 추정해보자.

참 고 문 헌

김배한(1989), 『상권조사와 전략』, 명지출판사

롯데백화점(2006), 내부자료.

박철주 · 고윤배 · 윤명길 · 김원겸(2006) 대형백화점의 신규 출점에 따른 예상매출액 추정, 한국유통과학회 유통과학연구 제 4권

제 2호, 12월.

세이백화점(2006), 내부자료.

윤명길(1995), 『유통개방시대 소매유통 어떻게 할 것인가』, 동인

윤명길(1996), 『백화점유통 쉽게 알기』, 동인, 167쪽.

윤명길(1997), 『유통산업 맥잡기』, 한수협출판부, 140쪽.

이수동(1987), 한국소매업의 상권분석 및 입지선정에 관한 실증적 연구, 고려대박사학위논문, 20쪽.

KODISA(2006), 소매업태 용어 통일화에 대한 소고, 한국유통과학회 유통학정의위원회, 12월.

Brown, S.(1996), "Retail location theory evolution and evaluation", *The International Review of Retail Distribution and Consumer Research*, 3(April), 185~229.

Clarkson, R. M. Clarke-Hill, C. M. & Robinson, T.(1996), "UK supermarket location assessment," *International Journal of Retail & Distribution Management*. 24(6). pp. 22~33.

Converse (1943), "New Laws of Retail Gravitation," *Journal of Marketing*, Vol. 14, No. 3, pp. 379~384.

Craig, C. S. Ghosh, A. & McLafferty, S. L.(1984), "Models of the retil location process: a review," *Journal of Retailing*, 60(1), pp. 5~36.

Davis R.(1973), "Evaluation of retail store attributes and sales performance," *European Journal of Marketing,* 7. pp. 89~102.

Ghosh A., and Craig C. S.(1982), "A game theoretic approach to retail location strategy," *AMA Educators' Proceedings*, 48, pp. 212~215.

Ghosh, A. & S. L. McLafferty(1987), *Location Strategy for Retail and Service Firm*, Lexington, MA: Lexington Books.

Golledge, R. G & Stimson, R. J (1987), *Analytical behavioural geography*, Croom Helm.

Huff D. L, (1963) "A Probabilistic Analysis of Shopping Centre Trade Areas," *Land Ecnomics*, Vol.39, pp. 81~90.

Huff, David L. (1964), "Defining and Estimating A Trading Area," *Journal of Marketing*, Vol. 28(Jul.). pp. 34~38.

Ingene, C. A. (1984), "Productivity and Functional Shifting in Spatial Retailing: Private and Social Perspectives," *Journal of Retailing*,

Vol. 60, No. 3(Fall), pp. 15~36.

Kotler, Philip(1994), *Marketing Management*, 8th, Pretice Hall.

Luce, R. Duncan (1959), *Individual Choice Behavior*, New York: JohnWiley & Sons.

Lynge, M., and T. Shin(1981), "Factors affecting rural bank market share," *Akron Business and Economic Review*, 10, pp. 35~39.

Nelson. R. L., *The Selection of Retail Location*, New York, McGrow Hill, 1959, pp. 53~55

Nevin, John R., and Michael J Houston (1980), "Image As a Component of Attraction to Intraurban Shopping Areas," *Journal of Retailing*, Vol. 56,(Spring)No. 1, pp. 77~93.

Nakanishi, M. and Cooper, L. G. 1974 Parameter estimation for a multiplicative competitive interaction model:least squares approach. *Journal of Marketing Research*, 11, pp. 303~311.

Reilly, W .J. (1929), *Methods for study of retail relationships*. (University of Texas, Bureau of Business Research Monograph, 4), University of Texas.

Stanley, Thomas J., and Murphy A. Sewall (1976), "Image Input to a Probabilistic Model : Predicting Retail potential," *Journal of marketing*, Vol. 40(Jul.). pp. 48~53.

제 5 장

사업계획서 작성

사업을 시작할 때 사업계획서를 작성한 창업자와 작성하지 못한 창업자로 나눠서 살펴볼 수 있다. 이중 창업을 할 경우 분명한 사실은 전자가 후자에 비하여 실패의 확률이 줄어들 것이다. 그것은 사전에 현실성을 부여하는 작업이 이루어질 수 있기 때문이다.

결론적으로 사업계획서(Business Plan)의 작성은 사업을 시작하기 전에 꼭 거쳐야만 된다. 물론 현재 창업한 이후 사업 중이라면 더더욱 필요하다. 우리가 미리 사업을 시작하기 전에 사업계획서를 작성해 봄으로써 자신의 사업을 다시 조망할 수 있기 때문에 매우 중요하다. 따라서 사업계획서 작성의 필요성과 중요사항, 그리고 작성요령을 아래에서 자세히 설명하고자 한다.

제 1 절 사업계획서 작성

1. 작성의 필요성

먼저 사업계획서(Business Plan)는 왜 작성해야 하고, 어떻게 작성하는지 그리고 사업계획서가 왜 중요한지를 알아야 한다. 창업을 준비하고 있는 사람뿐만 아니라 현재 사업을 하고 있는 경영자 중 많은 사람들이 사업계획서를 요식 행위에 불과한 필요악으로 여긴다. 은행대출이나 벤처캐피탈(Venture Capital)의 투자가 필요할 때 이껄 수 없이 제출해야 하는 시류라고 생각하고 대충 요구하는 내용을 채우는데 급급해 하고 있다. 벤처캐피탈의 투자를 원하는 많은 창업자들이 엉성한 사업계획서로 인해 투자를 받지 못하는 경우가 대부분임에도 불구하고 자신의 훌륭한 사업이 벤처캐피탈의 무지와 별 의미도 없는 서류 때문에 인정받지 못한다고 생각한다.

이와 같이 단조로운 일과를 탈피하기 위해서 시도해보는 창업은 성공하기 어렵듯이 목적의식을 상실하고 작성하는 사업계획서(Business Plan)에는 아무런 내용을 담을 수 없다. 창업과 사업운영의 어려움은 직접 겪어 보지 않은 사람은 짐작할 수 없다. 창업은 망망대해에 나 혼자의 의지에 의해 배를 띄우고 항해하는 것과 같다. 따라서 목적지로 순항하기 위해서는 배 뿐만 아니라 선장과 선원, 충분한 연료, 항해기술 등 출발하기 전에 고려해야 할 모든 요소에 대한 점검이 필요하다. 이러한 사전점검과 목적지에 도달하기 위한 계획의 총체가 바로 사업계획서이다.

창업하기 위해서는 충분한 사업동기와 열정 그리고 특별한 재능이 필요할 뿐만 아니라 지속적인 연구와 체계적인 계획이 필요하다.

바둑에서 초기 행마가 중요하듯이 사업 또한 창업단계에서의 올바른 출발이 향후 진로를 좌우한다. 좋은 사업계획서(Business Plan)는 사업과 관련된 모든 측면에 대해 타당성을 검증하고 장단점을 파악하고 발생 가능한 위험요소를 대비할 수 있게 한다. 사업계획서는 창업자가 미처 고려하지 못한 중요한 문제를 검토할 수 있도록 하여 사업수행 시 발생 가능한 실수를 사전에 제거하고 사업진행 상태를 수시로 점검하게 치열한 경쟁과 환경변화 속에서 성공적인 창업과 성장을 이루기 위해서 사업계획서는 필수품이다.

2. 사업계획서 작성 목적

사업계획서(Business Plan)를 작성하는 목적은 크게 내부용으로 작성하는 경우와 외부용으로 작성하는 경우가 있다. 이를 자세히 설명하면 다음과 같다.

첫째는 내부용으로 사업 초기단계에 사업방향을 설정하고 조직이 사업목표를 달성할 수 있도록 이끌며 향후 수 년 동안 회사의 운영전략을 설정하고 수립한 목적을 향하여 모든 의사결정이 이루어지도록 기업을 이끌 수 있는 지침서가 된다. 이때 중요한 것은 창업자 자신의 확신을 위해서도 중요하지만 가족의 동의를 구하는데 필수적으로 사용해야 한다는 점이다.

둘째는 외부용으로 회사의 성장에 필요한 자금을 외부에서 조달하기 위한 것이다. 사업계획서는 외부 자금원에 대하여 회사 사업이 매력적임을 제시하여 필요자금을 유치하기 위한 필수적인 영업수단이다. 이때 사업계획서는 하나의 상품으로 간주된다. 은행이나 벤처캐피탈은 수많은 기업의 사업계획서를 검토하고 그 중에서도 가장 투자가치가 있을 것 같은 사업을 제시한 기업에 자금을 투입한다. 좋은 사업계획서는 짧은 시간 안에 외부기관이 사업성을 인정하여

〈표 5-1〉 제출처에 따른 중점 내용

제출처	목적	중점내용
창업자	내부관리용	자금조달 및 운영계획 등
은행	금융지원용	투자계획, 매출계획, 상환계획 등
보증기금	신용보증용	기술개발계획, 매출계획 등
지방자치단체	인.허가용	사업기대효과, 환경계획 등
창업투자사	금융지원용	사업성분석, 이익계획 등
개인투자자	자금조달용	이익계획, 투자회수계획 등
동업자	사업참여용	지분계획 등

사업자가 원하는 자금을 조달할 수 있도록 한다. 자금을 필요로 한다면 투자자가 투자를 하지 않으면 손해라는 생각이 들 수 있도록 사업계획서를 작성해야 한다.

3. 사업계획서의 형태

사업계획서(Business Plan)의 형태는 크게 요약사업계획서, 본 사업계획서, 운영사업계획서 등 세 가지 형태로 나눌 수 있다.

먼저, 요약사업계획서는 짧은 형태의 사업계획서로서 사업에 가장 중요한 정보만 포함되며, 10~15쪽 분량이다. 이러한 요약사업계획서는 은행대출을 신청할 때, 개발초기단계의 기업인 경우, 회사 인지도를 높이고자 할 때, 유능한 창업자, 투자자의 관심 정도를 파악하고자 할 때, 소규모 투자 유치시 등에 유용하다.

둘째, 본 사업계획서는 20~40쪽 분량으로 주로 자금조달을 목적으로 작성한다. 이 계획서에는 시장분석, 향후 5개년간의 비용 및 매출 예측, 연구개발 세부정보, 재무자료 및 예측시 가정 등이 포함된다. 일반적으로 사업계획서를 지칭할 때 본 사업계획서를 말한다. 본 사업계획서는 사업의 중요한 문제들을 충분히 설명, 상당한 규모의 투자를 유치할 때, 전략적 파트너를 찾을 때 등에 유효하다.

셋째, 운영사업계획서는 회사를 운영하기 위하여 내부적인 목적으로 작성하며, 분량은 40~100쪽에 이른다. 이는 상대적으로 역사가 길고, 제품수도 많고, 조직구조가 복잡한 기존기업에 필요한 사업계획서이지만 신생기업이 오히려 더욱 필요하다. 운영사업계획서는 유통업체와 같이 성장속도가 빠른 기업, 주기적인 목표평가가 절대적으로 필요할 경우에 유효하다.

4. 사업계획서 작성시 사전 검토사항

1) 사업규모 결정

먼저 사업규모의 결정이 중요하다. 물론 사업규모는 창업자 자신이 충분히 감당할 수 있는 정도라야 한다. 즉, 자기자금의 2/3규모 이상으로 여유롭게 시작한다면 예상치 않은 자금수요 등에 대처할 수 있을 것이다. 사업장(또는 점포)은 자금규모와 맞물려 있기 때문에 동시에 어느 정도 규모로 할지를 결정되는 게 보통이다. 사업규모는 주변환경에 맞추어야 한다.

사업규모를 결정함에 있어서 중요한 사항으로는 먼저, 창업자의 자금조달 능력이다. 자금조달 규모가 결국은 사업규모를 결정하는 핵심요소이다. 현명한 창업자라면 여기서 한발 더 나아가 사업규모를 자기자금 조달능력이 2/3 이상이 안 된다면 규모를 축소하여야 모든 상황에 대처할 수 있다. 차입금이 많으면 그만큼 리스크가 커진다.

둘째, 동종에 따른 사업규모와 동종 업계의 평균자본규모를 파악한다. 창업과 관련된 사업분야는 산업분류표상 크게 나누어 제조업, 광업, 건설·운수·창고·통신업, 도·소매업, 서비스업으로 분류된다. 이들 업종은 일반적으로 제조업이 가장 큰 규모를 요구하고 있기 때문에 소자본으로 창업하는 개인의 경우 거의 현실성이 없다. 반면에 도·소매업과 서비스업은 적은 규모로도 창업하기가 용이한 업종이다. 어쨌든 간에 무엇보다도 중요한 것은 사업규모 결정에 있어 경쟁회사를 정확히 분석하여 결정하는 것이다.

셋째, 취급하고자 하는 상품과 서비스를 고려한다. 제조업이라도 많은 시설투자가 필요한 설비산업인 경우와 좁은 공간에 기계 몇 대만 설치하고서도 영위할 수 있는 사업도 있다. 또한 유통업의 경우 취급하는 상품이나 서비스에 따라 창업비용의 규모가 달라진다.

2) 창업멤버와 조직구성

기업을 운영하는 주체는 사람이다. 따라서, 사람의 구성에 따라 기업의 이익 창출효과는 크게 달라진다. 창업멤버 구성시 우선 고려하여야 하는 사항을 알아보면, 창업멤버와 회사조직은 간편하게 구성하는 것이 유리하다. 조직구성시 작은 조직이 비용부담이 적고 의사결정 등 추진력이 높다. 또한, 업종에 맞는 조직을 구성하여야 한다. 창업회사의 조직은 일반적인 회사조직을 중심으로 편성하되 해당 업종에 맞는 특색 있는 조직이 필요하다.

또한, 동업할 경우에는 상호간에 동업의 조건을 분명히 하여야 한다. 가급적이면 동업을 피한다. 동업이 꼭 필요한 경우에는 상호조건을 정확히 제시하여 합의가 된 후에 창업준비에 착수해야 한다. 특히 이러한 합의는 계약서로 작성하는 것이 가장 안전하다. 우리나라의 경우 창업을 할 경우 구두로 합의하고 계약서를 작성하지 않는 경우가 많아서 동업관계가 끝까지 유지되는 경우가 많지 않다는 점에 유의해야 한다. 기업은 영리를 추구하는 사람의 집합체이므로 상호조건을 분명히 하지 않으면 문제가 발생하게 되어 있다. 사업계획서(Business Plan) 작성 시에도 이러한 사항을 명확히 명기하여야 한다.

3) 기업형태의 결정

회사형태를 개인기업으로 할 것이냐, 법인기업으로 할 것이냐의 선택은 생각보다 어려운 일은 아니다. 그것은 단지 창업자 개인의 취향 문제일 뿐이다. 현실적으로 외형이 커지면 소득세 부담 때문에 법인으로 전환하는 경우가 많다. 벤처기업으로 창업하고자 한다면 주식회사 형태로 하는 것이 유리하다. 세금, 자금조달, 향후 영속성 등에서 유리하기 때문이다.

그러나 창업은 본인이 하는 것이다. 따라서 상기의 장단점을 면밀히 파악할 필요가 있다. 특히, 규모가 작다면 굳이 주식회사를 선호할 필요는 없고 개인사업자로 시작하는 것도 좋다. 이에 대한 자세한 내용은 제3장의 〈표 3-4〉 개인기업과 법인기업의 장단점 비교를 참고하기 바란다.

5. 투자자를 위한 사업계획서 작성시 중요 사항

사업계획서(Business Plan)는 공식화된 형식은 없으나 대체로 회사의 현황이나 향후 계획에 대한 일반적인 사항을 두루 포함하고 있다. 일반투자자나 벤처캐피털 등 투자를 유치하기 위해서 사업계획서(Business Plan)를 작성할 때는 기업을 경영하는 내부자의 입장에서가 아니라 기업에 투자결정을 내리는 투자자의 입장에서 사업계획서를 작성해야 한다. 아무리 방대한 분량의 사업계획서도 투자자의 궁금증을 풀어주지 못한다면 의미가 없는 것이다.

사업계획서는 투자자에게 처음 선보이는 회사의 얼굴이다. 투자자는 원색으로 꾸며진 멋진 계획서를 원하는 것이 아니라 투자의사결정을 내릴 수 있는 핵심적인 내용이 담긴 사업계획서를 원한다. 멋지게 꾸밀 필요도 없고 장황하게 늘어놓을 필요도 없다. 투자판단의 근거를 확실하게 제공하도록 노력하는 것이 무엇보다도 중요하다.

〈표 5-1〉의 사업계획서 제출처에 따른 중점내용을 참고하기 바란다.

업종이나 회사의 연혁 등에 따라 사업계획서의 각 요소별 비중은 다소 달라지겠지만 일반적으로 벤처캐피털 등 투자자들이 중요시하는 투자결정의 요소를 살펴보면 다음과 같다. 여기에서는 유통분야도 포함되는 내용이지만, 유통업보다는 일반적인 벤처기업에 준하여 설명한다.

1) 우수한 경영진의 존재

우수한 경영진은 사업의 핵심요소이다. 주요 기술자를 포함한 기업의 경영진은 기업의 현실을 나타낼 뿐만 아니라 미래를 예측하게 하는 거울이다. 많은 투자자(특히 벤처캐피탈 등)들이 경영진의 자질이나 도덕성에 우선순위를 두고 투자를 결정한다. 경쟁력 있는 제품이나 시장에서의 대응능력은 경영진의 몫이다. 따라서 사업계획서에 주요 경영진의 자세한 경력사항과 사업과 관련된 장점을 기술해야 한다. 또한 면담시 합작사업을 추진하기 위해 필요한 기본적인 성실성과 정직성을 소유하고 있음을 보여주어야 한다.

2) 경쟁력 있는 제품 및 서비스

창업하고자 하는 아이템이 단순한 아이디어나 용기만 있으면 누구나 만들 수 있는 것이라면 굳이 벤처캐피털 등 투자자를 찾을 필요가 없다. 벤처캐피털 등 투자자들은 남들보다 열심히 일해야 성공할 수 있는 사업에는 투자하지 않는다. 자사의 제품이 경쟁제품이나 대체제품에 비해 어떠한 우위를 가지고 있으며 경쟁력을 지속적으로 유지시킬 수 있는 방법은 무엇인지를 설명할 수 있어야 한다. 벤처캐피털 등 투자자는 단일 제품에 대해 관심을 가지는 것이 아니라 제품에 내재한 핵심적인 요소기술에 관심을 가진다. 요소기술의 확보는 향후 관련성이 있는 제품군의 형성을 이룩하는 데 필수적이다.

3) 매력적인 시장

가장 이상적인 시장은 급격하게 성장할 뿐만 아니라 충분한 잠재력이 내포되어 있어야 한다. 직접적인 경쟁이 존재하고 있다면, 시장의 규모는 최소한 두세 개의 주요기업이 성공적으로 운영될 수 있을 정도로 커야 한다. 시장진입과 장악을 위한 유통채널의 확보와 시장환경 변화에 영향을 줄 수 있는 정부정책의 변화 등 외부환경에 대한 충분한 설명이 있어야한다. 또한 시장에 대한 주관적이고 애매한 수치가 아닌 외부기관의 객관적인 자료를 제공해야 한다. 기술중심의 벤처기업의 경우 시장이 형성되어 있다는 것을 보일 수 없다면 투자 받기 힘들다. 현재 시장이 형성되어 있지 않다는 것은 투자자가 시장에 대한 제품의 위험 정도를 추정할 수밖에 없도록 만든다. 따라서 이런 경우에는 투자자에게 제품이 시장을 형성할 수 있는 충분한 이유를 설명하는데 많은 노력을 기울여야 한다. 시장규모, 시장세분화 및 시장 내의 경쟁력 분석 등은 투자자가 사업계획서를 분석할 때 반드시 포함되는 요소이므로 관련 자료를 제공할 수 있어야 한다.

4) 합리적인 재무계획 수립

기업이 시장규모가 아무리 크고 시장점유율이 높더라도 그에 상응하는 수익성을 확보하지 못하면 아무런 의미가 없다. 특히, 벤처기업인 경우는 높은 재무구조상 위험성을 내포하고 있으므로 수익성과 함께 건전한 현금흐름을 창출할 수 있어야 한다. 목표시장에 접근하기 위해서 필요한 자금의 소요와 조달방법에 대한 철저한 계획이 없을 경우 매출의 신장이 오히려 회사를 위험에 빠트릴 수 있다. 향후 현금흐름에 대한 합리적인 계획을 세울 내부능력이 없다면 외부전문가의 도움을 받는 것이 좋다. 벤처캐피털은 눈앞의 자금소요만을 보고 투자하려고 하는 회사에는 투자하지 않는다.

제2절 사업계획서 작성요령

사업계획서(Business Plan)를 작성하는 것은 업종이나 개인의 특성에 따라서 작성방법이 달라질 수 있다. 그러나 여기에서는 보편적으로 작성하는 요령만을 설명하고자 한다.

1. 사업계획서 작성 항목 및 내용

일반적으로 사업계획서에 들어가는 내용은 다음과 같다. 업체현황, 경영진·주요기술인력 및 주주현황, 생산제품, 매출계획서, 손익계획서, 투자규모, 향후사업전망과 비전, 투자자금 회수전략, 투자자조건 및 요청사항 등이다.

이를 예시하여 사업계획서를 항목으로 나타내면 다음과 같다. 이에 대한 양식은 하기의 참고자료로 설명한다.

1) 업체현황

2) 창업자 및 회사 일반현황

3) 계획사업의 개요 : 개발동기, 사업내용, 생산제품의 특성, 기대효과 등이 포함된다.

4) 시장현황 : 거시적인 측면에서의 시장현황

5) 동종업계현황 : 시장의 규모와 전망, 시장점유율과 경쟁관계, 계획제품의 침투가능성 등이 포함된다.

6) 판매계획 : 판매전략 및 판매현황, 가격정책, A/S 계획, 국내판매계획, 수출계획, 생산계획(제조공정도, 자체생산계획, 외주생산계획) 등이 포함된다.

7) 설비투자계획 : 적정규모의 제조설비 및 검사설비 내역, 구입

처, 수량, 가격 등이 포함된다.

8) 인원 및 조직계획 : 업무흐름별 조직체계도, 직무별, 직위별, 소요인원 등이 포함된다.

9) 원부자재 조달계획: 국내조달계획, 수입자재 조달계획 등이 포함된다.

10) 재무계획 : 추정손익계산서, 추정대차대조표, 현금흐름표, 손익분기점 분석 등 포함된다.

11) 자금계획 : 총 소요자금내역, 조달계획 또는 차입계획, 차입금상환계획 등이 포함된다.

12) 사업추진일정계획표 : 세부적인 추진일정, 기간, 예산 등 표기한다.

13) 부속자료 : 인건비명세서, 감가상각비 명세서, 제조원가명세서, 경영진 이력서, 제품설명서, 특허권사본, 제공가능 담보물 내용, 설비구입 견적서 등이 포함된다.

〈표 5-2〉 사업계획서의 체계-사례(Outline of a Business Plan)

사업계획서의 일반적인 체계
1. 겉장(Cover Page) 2. 목차(Table of Conents) 3. 개요 및 개관(Executive Summary/Overview) 4. 경영진 및 조직(Management and Organization) 5. 취급상품 및 서비스(Product/Service) 6. 마케팅 전략(Marketing Plan) 7. 재무계획(Financial Plan) 8. 운영 및 통제관리체계(Operation and Control System) 9. 성장계획(Growth Plan) 10. 부록(Appendix)

2. 사업계획서의 기술 요령

사업계획서(Business Plan)는 누구에게 보여주느냐에 따라 다르지만 보는 사람이 원하는 관점에 맞춰서 제안하는 사업의 내용을 명확히 알리는데 주력해야 한다. 그러기 위해서는 상품 및 서비스의 내용뿐만 아니라 도표, 그림 또는 사진(가능한 한)으로 표현할 수 있어야 한다. 또한 제안하는 마케팅기법을 요약하는 것도 중요한데, 목표로 하는 시장(세분화된 하부시장)의 내용, 세분된 시장에 접근하기 위한 유통 경로(도매상, 소매상, 우편주문, 전자상거래 등)의 사업목표의 기술 측면에서 볼 때, 제품 또는 서비스가 갖고 있는 장점을 부각시키고, 기존의 제품 또는 서비스의 개선점을 진술한다. 또 제안된 사업의 장기 및 단기목표를 정리하고, 소비자가 보기 원하는 사업이미지의 특성들을 알기 쉽게 제시할 필요가 있다.

제안하는 사업의 배경에 대해서는 진입하려는 사업의 기존의 상태에 관한 요약된 진술이 필요하다. 즉, 현재의 상품 및 서비스가 적정하게 사용되고 있는가, 아니면 현재의 상품 및 서비스가 부적절하게 사용되고 있는가 등이다. 또한, 진입하려는 사업의 공간적인 상태에 관한 상세한 진술이 필요하다. 덧붙여서, 사업 및 산업분야에서의 기대예상과 추세에 관한 진술을 하고, 당면할 경쟁업체나 점포에 대한 기술이 필요하다.

상품 및 서비스의 기술적인 서술내용으로는 정확한 기술이 필요하다. 특히, 시도한 실험 및 실험자료와 결과물의 요약, 시도한 실험 및 실험의 목적에 관한 요약, 차후에 등장하게 될 상품 또는 서비스에 관한 간략한 기술도 필요하다.

마케팅전략 측면에서는 달성하려는 세분화된 시장에 관한 설명과 세분화된 시장에 접근하려는 계획한 유통경로에 관한 설명이 중요하며, 진입, 침투하려는 시장의 경쟁관계와 연관, 상세한 기술이 필요하다.

판매전술 측면에서는 상품 또는 서비스를 판촉하기 위하여 기대되어지는 판매기법을 기술한다(직접방문, 전화, 광고, 우편, 라디오, TV, 인터넷 등으로). 또한 샘플자료 및 광고물, 홍보 기타 판매촉진 자료들을 포함시킨다. 특히, 판매목표를 달성하기 위하여 능력을 지원하기 위한 자료를 제시하며, 개인적으로 알려진 주요한 판매 구좌들과 잠재적인 고객들을 기술한다. 마지막으로 판매예측에 허용되어지는 판매이익을 설명한다.

공정계획 측면에서는 필요한 사업기능과 관계를 설명하는 조직도를 소개한다. 또 채용된 사람들의 주요 직위와 역할을 소개한다. 특히, 주요 경영진의 이력서를 소개한다. 더불어 요구되는 장비, 시설물, 공간, 입지를 소개하고, 필요로 하는 연구 및 개발시설을 설명한다.

부속자료를 보면 제조업으로 생산될 일련의 제품을 도표화하거나 또는 제공될 서비스를 상세히 설명한다. 또 기기(도구)의 추정비용과 생산이나 판매에 필요한 기기들의 세목을 소개하고, 필요로 하는 자본적인 장비들과 비용을 구분하여 소개한다. 특히, 제안되는 공장의 배치도와 제조공정흐름을 나타낸 차트와 관련된 비용명세서를 소개한다.

이외에 포장 및 운송분석을 소개하고, 생산라인 또는 서비스를 위한 가격일정표를 소개한다. 상세한 시장조사 자료를 첨부하고, 재무제표 자료를 첨부한다. 이때 처음 2년간은 매달, 3년째에는 분기별로 표시된 예상 재무제표와 대차대조표를 소개하고, 2년간의 월별로 표시된 손익계산서를 첨부한다. 또 2년간의 월별로 표시된 현금흐름 분석표를 첨부하고, 2년 간 및 3년째의 손익분기차트를 첨부하고, 구매 기대하는 항목들과 비용을 월별로 표시한 고정자산 획득 일정표를 첨부한다.

결론적으로 필요로 하는 총자본과 사용될 안정적인 요인이 무엇인가를 설명한다. 얼마의 이윤이 기대되어지며, 언제 성취될 것인지에 대하여 기술한다. 또 자신이 또는 파트너(동업자)가 바라는 소유비율을 기술한다. 또한, 필요로 하는 총 자본액의 크기와 조달방법에 대하여 소개한다. 더불어 창업시 투자에 소요되는 자금 중에서 차지하는 주주들의 지분율을 기술하고, 타인으로부터 필요로 하는 자금의 크기와 필요한 시기에 대하여 기술한다. 추가적인 자본을 조달함에 따라 투자가 또는 자금 대여자에게 지불하여야 할 비중을 사업에서 차지하는 크기로 기술한다.

마지막으로 사업을 창업하는 데 따른 계획된 일정표를 작성한다. 사업계획서를 작성할 때 위와 같은 유의사항으로 계수의 정확성 및 타당성이 있는지, 기대이상의 수익률을 거둘 수 있겠는지, 시장 지향적인지, 자금회수는 용이한지, 등을 살펴보고 유의해야 한다.

이상의 내용을 상세하게 작성하는데 있어서, 과장되지 않고, 신뢰성이 있는 자료가 되도록 해야 한다. 또한, 화려하기보다는 내실 있는 자료야만이 투자자에게 설득력을 갖게 된다. 특히, 투자자가 누구냐에 따라 투자자가 알고 싶어 하는 정보를 중점적으로 보여줄 수 있는 사업계획이어야 우수한 사업계획서가 된다.

[참고자료-1] 백화점 사업계획서 양식(사례)

J 역사 사업 계획서(안)

00. 00. 00

(주) ○○○○○

사업추진일정표

구분	사업추진내역	0000년	0000년	0000년	0000년	0000년	주관자 (결정권자)	완료 예정일
사업계획	사업타당성조사	–					민자역사추진위원회	
	역사점용허가신청서(사업계획서제출)	–					철도청장	
	출자승인신청	–	–				건설교통부장관	
	사업자선정		–				철도청장	
	법인설립		–				J자역사(주)	
인. 허가	대관청 인. 허가		–	–			J민자역사(주)	
설계	계획설계	–					설계용역업체	
	기본설계	–	–					
	실시설계		–					
	설계감리			–	–	–	감리용역업체	
공사	건설시공업체선정		–				조치원민자역사(주)	
	가설 및 토공사			–			건설회사	
	골조공사			–	–			
	마감공사				–	–		
	인테리어공사					–	인테리어회사	
	장치장식					–		
	임시역사신축			–			건설회사	
기타	세부운영계획수립 및 시행			–	–	–	J민자역사(주)	
	투자유치			–	–			

목 차

Ⅰ. 일반 환경 분석

1. 사업계획지 상권의 지정학적 현황

가. 1934년 J읍으로 승격 되었으며 00군청 소재지로 교통의 중심지로 00시와 00시의 중간에 위치하여 있음. 특히 00시와의 근거리로 인한 교류가 높음.

나. 사업계획지 상권내의 공업은 읍내공단 뿐만 아니라 00공단과 인접하여 발달.

다. 주거지역은 J역에서 반경 2km 이내에 80%가 집중 되어 있으며, 00시의 서부공단 배후 주거지역인 00지구와는 3km 인근에 위치해 있음.

라. 현재 사업계획지상권 내의 생활권 분포는 조치원역을 중심으로 하여 중앙로를 따라 발달한 도심지역과 주변의 단위생활권으로 구분 할 수 있는 데 기존 중심가의 형성도가 높기 때문에 단핵구조로 기존 도심부의 의존도가 매우 높음.

마. J시와 동일상권 내 오송신도시의 개발로 단핵상권에서 2핵화 될 것으로 보임.

2. 인구 및 주택현황

가. 사업계획지 상권 내의 인구는 0000년 11월 1일 현재 인구 40,000명으로 과거 10년간(0000~0000) 연평균 증가율 8.0%를 보이고 있으며 이는 전국 인구증가율 1.4%, 충남 인구증가율 2.2%보다 크게 상회하는 것으로 급격한 사회적 증가 현상을 보여주고 있음.

〈표 Ⅰ-1〉 인구 증가율 현황

연도별	사업계획지		전국		충남	
	인구(명)	증가율(%)	인구(명)	증가율(%)	인구(명)	증가율(%)
연평균						

자료 : 한국도시연감, 내무부, 0000-0000, 인구센서스, 0000. 11. 1.

나. 인구 구조

- 0000년 사업계획지 상권내의 인구구조를 살펴보면 총 48,000명의 인구 중 남성이 20,000명으로 50%, 여성은 48,000명으로 50%를 나타내고 있음.

- 연령별로는 20대 연령인구가 총인구의 22%를 차지하여 가장 높은 비율을 보이고 있으며, 성별로는 남성의 경우 30~39세 연령층이, 여성은 20~29세 연령층이 가장 높은 인구구성 비율을 보이고 있음.

〈도 1-1〉 사업계획지 인구 · 구조현황

다. 산업별 인구 구조

- 0000년 사업계획지 인구 000,000명 중 취업인구는 116,281명으로 나타나고 있으며, 이중 제조업인구 비율이 40.2%로 가장 높고, 도소매 및 음식 · 숙박업이 19.5%, 사회 및 개인서비스업이 14.0%순임.

〈표 Ⅰ-2〉 사업계획지 상업별 인구 현황

구분	남		여		계	
	명	구성비	명	구성비	명	구성비
1. 농업, 수업, 임업, 어업						
2. 광업						
3. 제조업						
4. 전기가스 및 수도사업						
5. 건설업						
6. 도소매 및 음식숙박업						
7. 운수창고 및 통신업						
8. 금융, 보험, 부동산, 및 사업서비스업						
9. 사회 및 개인서비스업						
10. 분류부능산업						
계						

자료 : 인구 및 주택 센서스 보고,경제 기획원 조사 통계국 0000.

〈표 Ⅰ-3〉 산업별 인구 구조

구 분	사업계획지		서울시		비고
	업체수	종업원수	업체수	종업원수	
1. 농업, 수업, 임업, 어업					
2. 광업					
3. 제조업					
4. 전기가스 및 수도사업					
5. 건설업					
6. 도소매 및 음식숙박업					
7. 운수창고 및 통신업					
8. 금융, 보험, 부동산, 및 사업서비스업					
9. 사회 및 개인서비스업					
10. 분류부능산업					
계					

자료 : 한국도시연감 내무부 0000.

라. 주택현황

- 사업계획지 상권 내 주택 보합률은 0000년 현재 %로서 0000년 %, 0000년 %로 증가세를 보이고 있음.

- 유형별로 주택을 구분하여 보면 0000년에는 단독주택의 비율이 %이던 것이 0000년%, 1985년에는 %, 0000년에는 %로 낮아지는 경향을 보이고 있으며 상대적으로 공동주택 비율은 높아지고 있어서 주택지역의 고밀화 현상이 진행되고 있음.

〈표Ⅰ-4〉 사업계획지 주택현황

연도	인구(명)	가구(가구)	가구수	주택보급률(%)
평균				

〈표Ⅰ-5〉 주택별 사업계획지 주택현황

구분	0000	0000	0000
단독			
아파트			
연립			
기타			
합계			

주 : 기타는 비주거용 건물 내 주택, 주택 이외의 거처, 국인 가구원수
자료 : 인구 및 주택 센서스 보고, 경제기획원 0000년도.

〈표Ⅰ-6〉 사업계획지 상권의 용도지역 현황

구 분	면적(㎢)	구성비(%)
주거지역		
상업지역		
공업지역		
준공업지역		
생산녹지		
자연녹지		
개발제한구역		
계		

자료 : 충남 통계 연보 0000년.

3. 토지 이용 현황

가. 지역별 토지 이용현황을 보면,0000년의 사업계획지상권 면적 총 ㎢ 중 임야가 %로 큰 비율을 차지하며 대지 ㎞로 %전과 답은 각각 ㎢, ㎢로 구성비는 %, %로 나타나고 있음.

나. 용도별 토지 이용 현황을 보면,0000년 사업계획지 상권 내 총 면적 ㎢ 중 개발제한. 구역이 %를 차지하고 자연 녹지가 %,생산녹지가 %,주거지역 %,상업지역 %, 공업지역 %로 공업지역이 타도시에 비하여 비교적 구성 비율을 보임.

〈표 I -7〉 J시 지역별 토지이용 현황

구분	면적(㎢)	구성비(%)
대지		
전		
답		
임야		
기타		
계		

4. 물류 시설 현황

가. 도로

1) 사업계획지 상권은 경부선

2)

3)

나. 운송수단

다. 교통량

〈표 Ⅰ-8〉 시간대별 경부선 승하차 인원

시간대	승차인원			하차인원			계		
	상행	하행	계	상행	하행	계	상행	하행	계
10:00 이전									
12:00									
14:00									
16:00									
18:00									
20:00 이후									
합계									

자료 : 철도청 J역 0000.

〈표Ⅰ-9〉〉 J역 국철 여객 이용현황

구분	승차		하차		계	
	승차인원	증가율	하차인원	증가율	승차인원	증가율
0000						
0000						
0000						
0000						
0000						
평균						

자료 : J시 통계 연보 0000

5. 공공 편익 시설

가. 교육시설현황

- 0000년 교육시설 현황은 유아원, 유치원, 초등학교, 중학교가 있으며 고등학교는 인문계가 개, 실업계가 개 대학교가 있음.

〈표Ⅰ-10〉 J시 교육시설 현황

구 분	개수	학급수(학과)	비 고
새마을 유아원			
유치원			
초등학교			
중학교			
고등학교			
전문대학			
대 학			
기타 학교			

자료 : 충남 통계 연보 0000

나. 공공청사 현황

- 공공청사로는 J시청, 교육청, 경찰서, 세무서, 소방서, 우체국, 등기소 등이 있는데 각 시설별 부지 규모는 다음과 같음.

〈표Ⅰ-11〉 J시 공공청사 현황

구 분	개 수	부지 규모(㎡)
시 청		
군 청		
교육청		
경찰서		
세무서		
소방서		
우체국		
등기소		

자료 : J시 통계 연보 0000.

다. 의료 시설 현황

- 의료시설로는 종합병원이 개소에 병동을 보유하고 있고 병원은 개소에 병동, 그리고 보건소가 개소가 있음.

〈표Ⅰ-12〉 J시 의료시설 현황

구 분	개수	병상수	비고
종 합 병 원			
병 원			
보 건 소			
기타(의원 등)			
계			

자료 : 한국 도시연감 0000.

라. 사회복지 시설

마. 공원시설현황

바. 공공 금융기관

- J시에 위치하고 있는 금융기관은 일반은행이 개소, 특수은행이 개소, 그리고 제2금융기관이 개소 분포되어 있음.

〈표 Ⅰ-13〉 공공 금융기관 현황

구 분	은 행 별		개소	주 요 내 용
금융기관	일반은행	시중은행		
		지방은행		
	특수은행			
	소계			
제2금융기관				
합 계				

자료 : J시 통계 연보, 0000.

사. 레저 스포츠 시설

〈표Ⅰ-14〉 도소매 현황

도매			소매		
사업체수	종업원수	판매액	사업체수	종업원수	판매액

자료 : J시 통계연보, 0000.

아. 도소매업 현황

- J시에는 개소의 도소매업체가 있으며 종업원수는 명에 연간 억 원의 매출실적을 올리고 있음.

- 소매업체는 개소에 명의 종업원이 종사하고 있으며 연간매출액은 원 정도임.

Ⅱ. 사업지의 유통 입지적 여건 분석

1. 사업지 상권의 분포 현황

가. 상업시설 현황

〈표Ⅱ-1〉 사업지 백화점 및 쇼핑센타 현황

구분	규모	영업시간	임대수준	상품구성	특징

자료 : 동업계 실태 조사 0000.

〈표Ⅱ-2〉 사업지 일반 소매시장 현황

시장명	소재지	개설일자	대지 면적 (평)	건물 면적 (평)	점포 수	점포운영(개소/평)				비 고
						계	직영	분양	임대	

자료 : 상공부 전국 상설 시장현황 0000.

〈표Ⅱ-3〉 사업지 수퍼마켓 가맹점 현황

점포명	소재지	개점일자	매장면적(평)	소속	구 분

자료 : 한국 수퍼체인 협회, 체인스토아 0000.

나. 상권의 인구 및 가구 구분

〈표 Ⅱ-4〉 상권 구분 현황

구분		0000		해당동
		인구	가구수	
1차상권	도보 분 미만(2㎞ 미만)			
2차상권	도보 분 이상 (2㎞ 이상)			
3차상권	도보 분 이상			
합계				

2. 상권 모델에 의한 접근

가. 상권의 인구 및 매장면적

〈표 Ⅱ-5〉 상권 인구와 매장 면적

구 분	0000년					0000년		비고
	인구(명)	%	매장면적	%	평당인원수	인구(명)	%	
사업지								
서울시	10,262,790	5.7	143,216	96.7	71.6명	11,849429	94.2	
계								

나. CONVERSE 제 2법칙 적용

〈표 Ⅱ-6〉 상권분기점 분석

구분		상권분기점(㎞)	계 산 공 식	비 고
00년	매장면적기준	3.0㎞		
	인구 기준	3.4㎞		
00년	인구기준	3.9㎞		

다. 지역 조사 분석

1) 지가 현황

2) 임대료 현황

3) 시내버스 현황

〈표 Ⅱ-7〉 정류장 및 노선버스

정류장	노선수	노선번호
A지역		
B지역		
C지역		
D, D1지역		
E지역		
F지역		
G, G1지역		

(표Ⅱ-8) 사업지 시내버스 노선현황

구분	NO	구간	간격(분)	노선
A 정류장				

구분	NO	구 간	간격(분)	노선
B 정류장				

Ⅲ. 백화점 규모의 설정

1. 백화점관련 상품 소비지출액추정

가. 가구당 월평균 소비지출액 산출

〈표 Ⅲ-1〉 백화점 지수 분석

백화점 관련상품		가구당 월평균 소비지출액 (원)			연평균 증가율 (00-00)	백화점관련상품		가구당 월평균 소비지출액 (원)			연평균 증가율 (00~00)
		00년	00년	00년				00년	00년	00년	
식료품						선매품	일반가구				
일상품	셔츠, 스웨터					선매품	침구, 직물				
일상품	내의및 기타 피복					선매품	장신구				
일상품	식기, 주방용품					선매품	소계				
일상품	가사, 잡화용품					전문품	가정용기구				
일상품	의약품류					전문품	의료용품류				
일상품	문구류					전문품	가전, 주거제품				
일상품	담배					전문품	스포츠, 레저용품				
일상품	소계					전문품	소계				
의류및 신발류						합계					

자료: 한국 통계연보,0000.

나. 사업계획지 상권내 앙케이트 조사결과에 의한 소비지출액 추정

〈표 Ⅲ-2〉 설문조사 결과 분석

구분		가구당월소비지출액 (백만 원)	상권내 전체 월소비지출액(백만 원)	백화점, 쇼핑센터 월소비 지출액		타도시백화점, 쇼핑센터 월소비지출액 (백만 원)		사업계획지상권 내 순소비지출액 (백만 원)
				이용률 (%)	소비지출액 (백만 원)	이용률 (%)	소비지출액 (백만 원)	
식료품								
일상품	셔츠, 스웨터							
	내의 및 기타 피복							
	식기, 주방용품							
	가사, 잡화용품							
	의약품류							
	문구류							
	담배							
	소계							
의류, 신발류								
선매품	일반가구							
	침구, 직물							
	장신구							
	소계							
전문품	가정용 기구							
	의료용품류							
	가전 주거제품							
	스포츠, 레저용품							
	소계							
합계								

자료 : 사업지 앙케이트 조사, 0000. 11.

- 0000년 사업계획지 주거주민을 대상으로 실시한 소비자 앙케이트 조사에 의하여 사업지 상권내 소비 지출액을 추정한 결과 연간 백만 원을 소비지출한 것으로 분석됨.

〈표 Ⅲ-3〉 사업지 백화점, 쇼핑센터 매출현황 추정

구분	점명	매출액(천원)		평당 매출		임대분양매장포함 매출실적추정			비고
		연간매출	일매출	평수	평당매출	매장면적	연간매출	일매출	
백화점									
쇼핑센타									

2. 소비지출에 의한 적정규모 공존 분기점 산출

가. 상권의 가구수 산출

〈표 Ⅲ-4〉 상권별 인구분석

구분		1차상권	2차상권	계	연평균증가율 (000~0)	비고
00년	인구					1차상권: 1km 이내
	가구수					2차상권: 조치원 및 오송신도시
00년	인구					
	가구수					

자료 : 인구 및 센서스 보고서, 0000.

- 상권의 가구수는 사업지 상권 전체 연평균 증가율을 적용하여 산출함.

나. 소비지출액에 의한 적정규모 공존 분기점 산출

〈표 Ⅲ-5〉 소비지출액 분석

<table>
<tr><th colspan="2" rowspan="2">구분</th><th rowspan="2">0000년</th><th colspan="3">0000년</th><th rowspan="2">비고</th></tr>
<tr><th>인구불변시</th><th>인구증가시</th><th>차액</th></tr>
<tr><td rowspan="6">사업지 상권 내 전체 월 소비 지출액(백만 원)</td><td>식료품</td><td></td><td></td><td></td><td></td><td></td></tr>
<tr><td>일상품</td><td></td><td></td><td></td><td></td><td></td></tr>
<tr><td>의류 및 신발류</td><td></td><td></td><td></td><td></td><td></td></tr>
<tr><td>선매품</td><td></td><td></td><td></td><td></td><td></td></tr>
<tr><td>전문품</td><td></td><td></td><td></td><td></td><td></td></tr>
<tr><td>소계</td><td></td><td></td><td></td><td></td><td></td></tr>
<tr><td colspan="2">백화점. 쇼핑센터 월 소비 지출액(백만 원)</td><td></td><td></td><td></td><td></td><td></td></tr>
</table>

주 : 0000년 현재 사업지 소매시장의 규모가 적정 하다는 가정하에 산출한 내용임.

3. 상권모델에 의거한 적정규모 공존분기점 산출

가. 상권의 인구

나. CONVERSE 제2법칙 적용

1) 상권내 잔류비율 산출

〈표 Ⅲ-6〉 상권인구 비중

<table>
<tr><th colspan="2"></th><th>0000년 인구(A)</th><th>%</th><th>0000년 인구 (A)</th><th>%</th><th>비 고</th></tr>
<tr><td colspan="2">J 시</td><td></td><td></td><td></td><td></td><td></td></tr>
<tr><td></td><td>B/A</td><td></td><td></td><td></td><td></td><td></td></tr>
<tr><td colspan="2">서 울 시</td><td></td><td></td><td></td><td></td><td></td></tr>
<tr><td></td><td>B/A</td><td></td><td></td><td></td><td></td><td></td></tr>
<tr><td colspan="2">계</td><td></td><td></td><td></td><td></td><td></td></tr>
</table>

〈표 Ⅲ-7〉 계산식 분석

구 분	Bb(%)	계 산 공 식
00년		
00년		

4. 적정규모 공존분기점 매출추정

〈표 Ⅲ-8〉 공존분기점 분석

구 분	J시 백화점쇼핑센터 월소비지출액추정			공존분기점 매출	
	0000년	0000년		매출액 (B-A)	일평균
		인구불변시(A)	인구증가시(B)		
소비지출액에 의한 분석시					
상권모델 응용에 의한분석시					
당사사업지 출점계획					

Ⅳ. 건축규모계획

1. 건축 개요

2. 건축부문별 면적

〈표 Ⅳ-1〉

구분		개요	비고
설계명			
대지위치			
대지면적			
건축면적			
연면적			
층수			
공용부분	역무시설		
	주차장		
	조경면적		

〈표 Ⅳ-2〉 부분별 건축면적

구 분	백화점 부분			역사부분				공유부분	합계	비고
	매장	부대시설	소계	역사시설	상업부분	스포츠시설	소계			

* 정면도

* 좌측면도

* 지하 3층

* 지하 2 층

* 지하 1층

* 지상 1층

* 지상 2층

* 지상 3층

* 지상 4층

* 지상 5층

* 지상 6층

Ⅴ. 투자 손익 계획

1. 건설자금운용계획

가. 자금조달추정

〈표 Ⅴ-1〉 자금조달계획

내역		자금조달	연도별조달계획			비고
			0000년	0000년	0000년	
1. 자본금						
	철도청					
	민간자본					
	사업주					
2. 임대보증금						
	백화점					
	상업시설					
3. 회원보증금 및 회비						
	보증금					
	입회비					
	연회비					
4. 순자금조달계						
5. 차입금						
6. 자금조달계						

나. 소유자금추정

〈표 V-2〉 자금 소요계획

내역	소유자금	연도별 소유 자금			비고
		0000년	0000년	0000년	
1. 건설 공사비					
	건축비				
	건설감리비				
	취득세				
	등록세				
2. 매장시설비					
	매장무분				
	역무부분				
	일반상업시설				
	스포츠시설				
3. 개발비					
4. 점용료					
5. 순투자계					
6. 지급이자					
7. 예비비					
8. 소유자금계					

2. 백화점 손익 계획

가. 매출 및 이익 계획

〈표 V-3〉 매출 및 이익계획

구분		00년	%	00년	%	00년	%	00년	%	00년	%	비고
식품(B 1F)	매출액											
	매출이익											
	이익률											
잡화	매출액											
	매출이익											
	이익률											
여성정장	매출액											
	매출이익											
	이익률											
아동	매출액											
	매출이익											
	이익률											
신사	매출액											
	매출이익											
	이익률											
가용	매출액											
	매출이익											
	이익률											
합계	매출액											
	매출이익											
	이익률											
전년대비 신장률												

나. 기타영업수입 계획

〈표 V-4〉 기타영업수입 계획

구 분	00년	%	00년	%	00년	%	00년	%	00년	%	비고
임대료수입											
관리비수입											
신판관련수입											
레포츠회비											
기타 영업수입계											

다. 판매비 및 일반관리 계획

〈표 V-5〉 판관비 계획

구분	00년	%	00년	%	00년	%	00년	%	00년	%	비고
인사비											임원급여, 급료와 수당, 상여금, 퇴직금, 용역비 복리후생비, 교육훈련비, 잡급
총무비											여비교통비, 통신비, 소모품비, 비품비, 보험료 도서인쇄비, 차량유지비, 세금공과, 행사비, 지급수수료, 잡비, 견본비, 지급임차료
보수유지비											수선비, 수도광열비
경리비											접대비, 대외비, 조사연구비, 감가상각비
판촉비											광고선전비, 판촉비, 장치장식비
검품배송비											포장비, 운반비
점용비											고정점용료(387백만원)+매출1%+임대료10%
예비비											기타 판관비의 30% 계상
합 계											

라. 백화점 손익계획

〈표 V-6〉 백화점 손익계획

(단위 : 백만 원)

구분	00년	%	00년	%	00년	%	00년	%	00년	%	비 고
1. 매출액											
2. 매출이익											
3. 기타영업수입											
임대료											
관리비											
신판수입											
레포츠회비											
4. 매출총이익											
5. 판관비											
6. 영업이익											
7. 영업외 비용											
8. 영업외 수익											
9. 경상이익											

3. 민자역사 종합자금 운용계획 (건설기간 및 준공 후 5년 간)

〈표 V-7〉 민자역사 종합자금 계획

(단위 : 백만 원)

구분		건설기간			백화점운영기간					비고
		00년	00년	00년	00년	00년	00년	00년	00년	
전년이월(A)										
자금조달	자본금									
	임대보증금									
	회원보증금									
	충당금									
	판매대금									
	기타운영수입									
	합계(B)									
자금소요	매출원가									
	판관비									
	고정자산									
	지급이자									
	예비비									
	합계(C)									
자금운용과부족(A+B-C)										
자금운용	신규차입									
	차입급상환									
	차입금누계									
차년이월										

〈Ⅴ-8〉 임대 보증금 계획

(단위 : 천원)

구 분	백 화 점 부 문				레 포 츠 부 문				합 계		
	평수	평 당	계	비 고	평수	평당	계	비고	평 수	평당	계
지상6층 (식당가)											
지상5층 (가 용)											
지상4층-2층(의류)											
지상1층 (잡화)											
지하1층 (식품)											
임대보증금 합계											

〈표 Ⅴ-9〉 고정 점용료 내역

(단위 : 천원)

구분		유통시설부문		역사 부문	주차장	조경 시설	계	비고
		지상부문	지하부문					
A. 건물바닥면적(평)								
B. 평 가 율(%)								
C. 부지평당가액(천원)								
D. 기준 요금								
E. 적용요금 (천원)	건설기간							
	준공 후							
비고								

◆ 신사업 추진 관련 기획설계 방침 ◆

1. 기본 방침

- 건축비 절감을 위한 설계 지향(철근 콘크리트구조, 선상건축 지양, 하이파킹 시설, 지하 토공사 범위가 민원소지 없는 ZONE형성이 될 수 있도록 노력 등)
- 매장 접근 용이한 동선 배치 및 매장 관리의 효율성 강조(역사존 및 판매. 부대시설. 주차장존 구분의 명확화, 임대 분양분매장은 B1F에 집중, 지상 상층부에 주차장 동선 직접연결 등)
- 지역 주민을 위한 편의시설 설치(음악회, 미술전람, 바자회, 연극 등 다양한 문화생활을 할 수 있는 다목적 홀을 상부층에 배치(150평), 볼링장 12레인 설치 등)

2. 건축개요

구 분	개 요	비 고
연 면 적	4,300평~4,800평	
부지면적	약 2,000평	역사 구건축부지 및 광장
매장면적(바닥면적 기준)	약 3,000평 미만	지하아케이드 약 1,500평 포함
공용면적	약 1,000평~2,000평	주차장, 역무시설, 전기기계실,

3. 사업계획지 신청시 필요한 설계도서

가. 시방서
나. 위치도
다. 입면도
라. 평면도
마. 주단면도

4. 각안별 층별 업종구성안 비교

층별	제 1 안		제 2 안		제 3 안	
	업종	면적(평)	업종	면적(평)	업종	면적(평)
합계		4,800평		4,800평		4,300평
지상5층	옥상주차장	500평				
지상4층	주차장 아트홀 직원후방시설	250평 150평 100평	볼링장	300평	옥상주차장	500평
지상3층	마트매장, 주차장	400평 100평	매장 아트홀	350평 150평	매장 아트홀 직원후방시설	300평 150평 100평
지상2층	매장, 역무시설	400평 100평	매장 역무시설	400평 100평	매장 역무시설 하이파킹	380평 100평 20평
지상1층	매장, 은행 역무시설	250평 100평 150평	매장 은행 역무시설	250평 100평 150평	매장 은행 역무시설 하이파킹	230평 100평 150평 20평
지하1층	상점가	1,500평	상점가	1,500평	상점가 하이파킹기계실	1,450평 50평
지하2층	기계.전기실 볼링장	500평 300평	전기.기계실 주차장 직원후방시설	500평 850평 150평	기계.전기실 볼링장	500평 300평

5. 법인 설립 계획

가 단계별 법인 설립을 위한 주식공모 계획

제 1 단계: 자본금 000억 원

사업주관자 25%

00청 25%

00회 2%

참여기업(10개사) 48%

제 2 단계 : 자본금 000억 원(무의결권 주식공모)

- 지역 상공인 및 주민에게 100% 공모 형태로 모집
- 주식공모자에게 지하상가 임대분양 우선권 부여권

나. 시행시기

- 제1단계 : 철도청에서 출자 승인이 인가 된 시점에서 즉시
- 제2단계 : 토공사 시행 전에 주식 공모 시행

6. 자금 운용 계획

자금조달		자금소요	
내 역	금 액	내 역	금 액
1.자본금	000,000백만 원	1. 건축공사비 (00,800평* 0,000백만 원)	000,000백만 원
- 1차납입	00,000백만 원)		
- 2차납입(무의결권주식)	(00,000백만 원)	- 건축비, 설계감리비, 취득세, 등록세 등	
2. 아케이드 임대분양(계약면적 0,000평, 평당 0,000천 원)	00,000백만 원	2. 매장시설비	
		- 역무시설(000평, 평당 0,000천 원)	0,000백만 원
			(000백만 원)
3. 백화점임대수입	0,000백만 원	- 직영매장(총 1,050평	
- 은행(계약면적 000평, 평당 00,000천 원)	(0,000백만 원)	- 000평* 0,000천 원)	(0,000백만 원)
- 일반매장(계약면적 000평, 평당 00,000천 원)	(0,000백만 원)	- 직원후방 및 기타시설 (000평* 0,000천 원	(000백만 원)
		- 기타공용 및 예비비	
		3. 개발비(건축공사비의4%)	(000백만 원)
		4. 잉여금	
			000백만 원
			00,000백만 원
합 계	00,000백만 원		00,000백만 원

주 : 현재 T역사 지하아케이드 임대 분양가는 8백만 원~16백만 원 수준임.

[참고자료-2] 벤처 사업계획서 양식(사례)

1. 업체 현황

<table>
<tr><td>업체명</td><td colspan="2"></td><td>대표자</td><td colspan="2"></td></tr>
<tr><td>사업개시일</td><td colspan="2"></td><td>주민등록번호</td><td colspan="2"></td></tr>
<tr><td>사업자등록번호</td><td colspan="2"></td><td>자본금</td><td colspan="2"></td></tr>
<tr><td>’00매출액</td><td colspan="2"></td><td>‘00 매출계획</td><td colspan="2"></td></tr>
<tr><td rowspan="2">인원현황</td><td>임원</td><td>기 술 직</td><td>사 무 직</td><td>기타</td><td>계</td></tr>
<tr><td></td><td></td><td></td><td></td><td></td></tr>
<tr><td rowspan="3">소재지</td><td colspan="3" rowspan="3"></td><td>전화번호</td><td></td></tr>
<tr><td>팩스번호</td><td></td></tr>
<tr><td>URL</td><td></td></tr>
<tr><td>연혁</td><td colspan="5"></td></tr>
</table>

2. 경영진 · 주요기술인력 및 주주현황

(단위 : 백만 원)

<table>
<tr><th colspan="2">직 위</th><th>성명</th><th>연령</th><th>주요경력(기간)</th><th>소유주식수
/ 금액</th></tr>
<tr><td rowspan="3">경영진</td><td>대표이사</td><td></td><td></td><td></td><td></td></tr>
<tr><td>이사</td><td></td><td></td><td></td><td></td></tr>
<tr><td>경영자문</td><td></td><td></td><td></td><td></td></tr>
<tr><td rowspan="4">주요기술인력</td><td rowspan="2">연구원</td><td></td><td></td><td></td><td></td></tr>
<tr><td></td><td></td><td></td><td></td></tr>
<tr><td rowspan="2">공동개발</td><td></td><td></td><td></td><td></td></tr>
<tr><td></td><td></td><td></td><td></td></tr>
<tr><td colspan="2" rowspan="3">주요
주주</td><td></td><td></td><td></td><td></td></tr>
<tr><td></td><td></td><td></td><td></td></tr>
<tr><td></td><td></td><td></td><td></td></tr>
</table>

3. 생산제품

가. 현 생산제품

<table>
<tr><td colspan="2">품 명</td><td></td></tr>
<tr><td colspan="2">기능 및 용도</td><td></td></tr>
<tr><td rowspan="2">최근 1년간
매출현황
(0000년도)</td><td>매출액</td><td></td></tr>
<tr><td>구성비</td><td></td></tr>
<tr><td colspan="2">기타 자사제품 특성(산업재산권 및 핵심기술 보유여부, 관련산업에서의 중요성)</td><td></td></tr>
</table>

나. 계획제품

<table>
<tr><td colspan="2">품 명</td><td></td></tr>
<tr><td colspan="2">기능 및 용도</td><td></td></tr>
<tr><td rowspan="2">향후1년간
매출현황
(0000년)</td><td>매출액</td><td></td></tr>
<tr><td>구성비</td><td></td></tr>
<tr><td colspan="2">기타 자사제품 특성(산업재산권 및 핵심기술보유여부, 관련산업에서의 중요성)</td><td></td></tr>
</table>

4. 매출계획

(단위 : 백만 원)

구 분	0000년 실적	0000년 계획	0000년 계획	0000년 계획
내 수				
수 출				
계				

5. 손익계산서

(단위 : 백만 원)

구 분	직전년도	0000년도	0000년도	0000년도
매 출 액				
매 출 원 가(-)				
판 매 관 리 비(-)				
영업이익				
경상이익				
법 인 세 등(-)				
당기순이익				
(연구개발비)				

6. 투자규모

(단위 : 백만 원)

구분	기투자 금액	향후 투자계획		
		자기자본	투자요청액	계
○ 시설자금				
- 부지·건물				
- 기계·연구·시설				
○ 운전/연구개발자금				
- 운전자금				
- 연구개발자금				
합계				

7. 향후 사업전망 및 비전

8. 투자자금 회수전략

9. 투자자 조건 및 요청사항

[참고자료-3] 보건산업분야 OOOO 사업계획서

○○○○○ 사업 계획서(안)

00. 00. 00

○○○○○ 추진위원회

목 차

Ⅰ. **개업업무추진일정**

Ⅱ. **사업추진 연혁 소개**

Ⅲ. **주요사업내용**

Ⅳ. **인력운용계획**

1. 기구조직도
2. 조직별 인적구성
3. 단계별인원 충원계획
4. 단계별 영업추진전략

Ⅴ. **회사창업(설립)계획**

1. 지분별 자본금 구성계획
2,. 교내교수대상 공모계획
3. 법인명 및 상호
4. 향후 주식 증자계획

Ⅵ. **세부영업방향**

1. 기본방침
2. 패키지상품 개발전략
3. 장례용품 판매전략
4. 회원사 개발전략
5. 웹상 방문고객횟수 확대전략
6. 판촉 및 홍보전략
7. 인력 성력화전략
8. 인센티브제도 도입전략

Ⅶ. **손익 및 자금수지계획**

1. 2001년 손익계획
2. 5개년 손익계획
3. 자금수지계획

Ⅷ. **향후 기업발전 청사진**

Ⅸ. **사업추진을 위한 지원사항**

Ⅰ. 개업업무추진일정

항목	세부추진내용	추진일정 6월 25/31	7월 1/15	7월 16/31	8월 1/15	8월 16/3	9월 11/15	9월 16/30	10월	비고
부문별사업운영 계획수립			↔	↔						각 팀별준비
인력충원	개정전후 인원충원	↔ 1차					↔ 2차			기획관리팀
상품계획 수립 및 시행	용품업체개발 및 선정		↔	↔						영업운영팀
	장례식장조건결정			↔	↔					영업운영팀
	계약서작성 및 체결					↔				기획관리팀
시스템검토 및 개발	운영성검토 및 체크		↔							기술지원팀
	자체개발 및 외주			↔	↔	↔				기술지원팀
	시스템시험 및 가동						↔	↔	본격영업개시	기술지원팀
각종양식	제양식수집	↔	↔	↔						기획관리팀
	제양식인쇄				↔	↔				기획관리팀
제규정	기본적인 규정정리		↔	↔	↔	↔				기획관리팀
인허가 및 법인설립	법인설립준비 및 허가	↔ 설립준비	↔ 설립준비	↔ 인허가	↔ 인허가					창업보육 센터에서 지원
	기타 인허가사항		↔	↔	↔	↔				기획관리팀
카드사협의 및 계약체	사용 시스템구축 협의		↔	↔	↔					결영업운영팀
	사용계약체결 및 구축				↔	↔				영업운영팀
오픈 체크 및 시험가동			↔ 투자사업설명회				↔	↔		각 팀별준비

Ⅱ. 사업추진 연혁소개

일정	주요사업 추진내용
0000. 7월	장례문화개선과 사이버장례시스템 구축 특성화사업으로 웹사이트구축을 포함한 699,500천 원 투자(국고 471,500천 원, 학교자체 238,000천 원
0000. 1.27	선점용 도메인신청 2건(funerl21.net, funerl119.ent, jomoon21.com, funerl21c.co.kr)
0000.11.30	장례법인추진위원회 구성(위원장:000, 위원 총 6명)
0000.4.23	장례정보시스템관련 영업(BM) 특허출원완료(특허출원번호 : 00-00-0000-0000000)
0000.6.19	* 특허출원명 : 인터넷 기반의 0000운영방법 및 운영시스템 ("The managing method and system of Web-based 000000")
0000.6.23	법인상호 도메인신청 3건(funertec.com, funertec.co.kr, 퓨너텍.com)
0000.6월 말	0000 대상공모주 모집 시행(예정)
0000.7.31	장례법인[가칭:000000(주)] 등기완료 및 출범(예정)

Ⅲ. 주요 사업내용

사업구분	주요내용
회원사 관리 및 개발	- 제휴 회원사개발 및 관리(전국만 형성) - 회원사 장례관련패키지상품 판매 (장례식장 예약, 납골당 및 고원묘원 등)
장례용품 판매	- 장례관련 상품개발 및 관리 - 회원사상품 납품업무 (1차적으로 을지병원 장례식장 납품)
장례서비스	- 위생처리 서비스 - 장례관련 행정서비스 - 상담 및 컨설팅서비스
인터넷시스템 운영	- 사이버 추모관 분양 및 관리(동영상 등 이용상 영상 족보) - 장례정보 D/B 구축 및 관리 - 부음 등 서비스시스템 관리

Ⅳ. 인력운용계획

1. 기구조직도

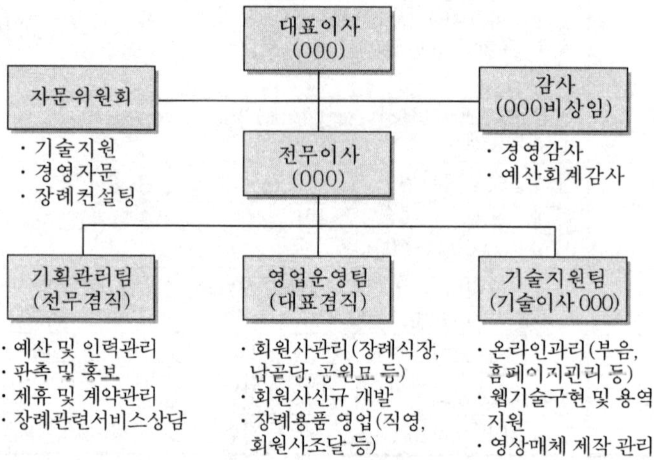

2. 조직별 인적구성

조직		인원	주요업무내용
대표이사	000	1	
전무이사	000	1	
이사	000	1	
감사	000	1	
기획관리팀	팀장 사원	1	
영업운영팀	팀장 대리 사원	1 1 2	
기술자원팀	팀장 대리 사원	1 1 1	
합계		14	

· 임원은 등재이사 기준에 따라 이사 3명, 감사 1명 기준으로 선정

· 별도의 조직상 변화가 없는 한 효율적인 경영을 위하여 경영자문위원회(산학협력기관)를 구성하여 운영함. 경영자문 위원회는 기존 000를 위원장으로 하고, 000,000,000 등 5명으로 함. 단, 회사운영의 원활화를 위하여 000,000 2명 추가함.

3. 단계별 인원충원계획

조직		정원	인원			비고
			1단계 (법인설립전)	2단계 (0000년9월)	3단계 (0000년1월)	
임원		4	4	-	-	비상근 1명 포함(감사)
기획관리팀	팀장	1	-	-1	1	전무이사겸직
	사원	2	1	-	-	대표이사겸직
영업운영팀	팀장	1	-	1	1	
	대리	1	-	-1	-	
	사원	2	-	1	1	
기술자원팀	팀장	1	-	-	-	
	대리	1	1	-	-	
	사원	2	-	1	1	
충원인원계		14	6	4	4	정원계획은 추후 조정

4. 단계적인 영업전략추진

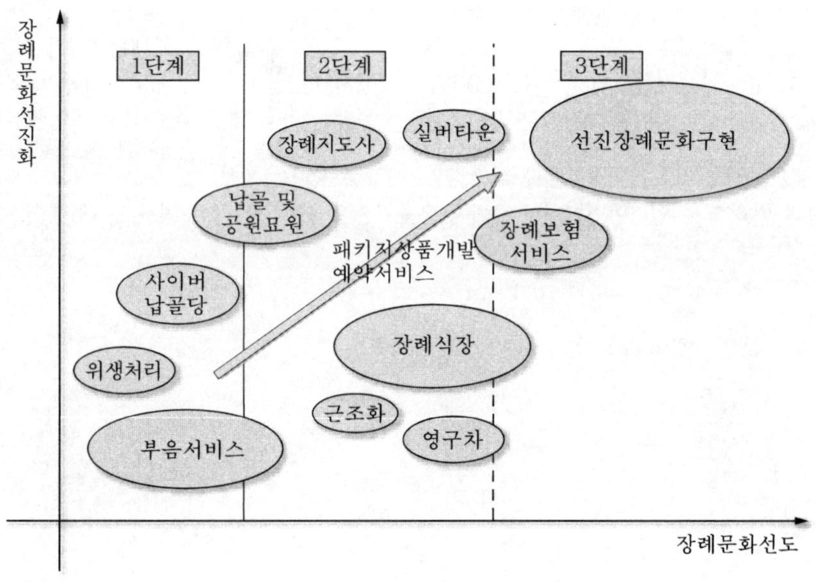

V. 회사창업(설립)계획

1. 지분별 자본금 구성계획

주주구성	주식수(주)	금액(천원)	지분(%)	비고
0000	6,000	30,000	10.0	법인
외부인 A	6,000	30,000	10.0	학교에서 추천한 자
외부인 B	6,000	30,000	10.0	상동
외부인 C	6,000	30,000	10.0	상동
공모분	18,000	90,000	30.0	0000 대상주식공모 사업설명회개최(0000.7.11)
예비지분	18,000	90,000	30.0	삼성SDS, SK, 벤처투자사 등 2개사(20%) 임직원 스톡옵션 운용(10%)
합계	60,000	300,000	100.0	주식단가 5,000원 기준 우호지분 80%(예비지분 중 20% 제외)

단계별 주식공모시 경영권유지를 위해 50% 이상 우호지분 확보

2단계 증자 50% 일반인법인대상 증자시 우호지분이 80%(2.4억 원)에서 53.3%로 변경

2. ○○○○대상 공모방안

항목	주요모집방안
공모대상자	00000 및 0000지원
주식공모금액	90,000,000원(총자본금 3억 원 중 30%) - 1인당 100만 원 이상 신청, 단, 500만 원 이상 신청자우대)
공모방법	e-MAIL고지 및 사업설명회 개최 - 일시 및 장소:0000.7.11 0000 홀 예정 - 세부개요 : 주최 000000(주) 법인설립추진위원회, 후원 : 창업보육센터, 장례문화개선기획센터
공모시기	공고시기:0000.7.11(수)~0000.7.14(4일간) 선정결정:0000.7.20일 한
신청방법	소정의 공모신청서, 금액납입 온라인영수증(사본), 도장제시 신청
공모자특전	외부인 모집 이전에 내부 교수의 이익 선점차원에서 실시 주주로써의 의결권 보유가능 코스닥 등록시 투자차익기대 주식배당

3. 법인명과 상호

<table>
<tr><th colspan="2" rowspan="2">구분</th><th colspan="2">주요내용</th></tr>
<tr><th>제1안</th><th>제2안</th></tr>
<tr><td rowspan="2">법인명</td><td>명칭</td><td>000000(주)</td><td>000000주식회사</td></tr>
<tr><td>내용</td><td>Funerl(장례)+Technology(기술)의 합성어로 Funer-TEC이라는 신조어, Mortuary(영안실)보다는 광범위한 의미 부여가능
법인 등기시 필요하므로 신속한 결정이 필요하고, 추후 코스닥 등록까지 감안할 경우 법인명이 상호 이상으로 중요</td><td>00의 이미지극대화 가능
전문성이나 특성화 부분에 대한 이미지 미흡</td></tr>
<tr><td rowspan="2">상호(Brand)명</td><td>명칭</td><td>국문 : 0000000
영문 : 0000000</td><td>공모를 통한 모집</td></tr>
<tr><td>내용</td><td>Identity 부여가능
웹상 "장례문화 선도기업 000000"으로 홍보</td><td>여론환기 및 적합한 이름 선정에 유리함
법인명과 동일할 필요는 없음</td></tr>
</table>

4. 향후 주식 증자계획

1) 증자기본방침

-기존 주주의 이익 극대화

-회사경영 안정화에 기여

2) 세부증자전략

- 단계별로 주식증자 실시 : 1단계는 0000년 말에 실시하고, 2단계는 코스닥상장하기 직전에 시행

*코스닥 등록기준 : 3년 경과, 5억 이상, 자본잠식 없고, 최근년도 경상이익실현, 동업종평균부채비용 1.5배 미만.

- 1단계증자는 2배수기준 50% 증자를 기준으로 함. 즉 1.5억 원 주식발행하고, 주식공모는 2배수인 3억 원에 주식을 공급함,. 즉 자산가치가 9.99억 원(기투자분 6.99억 원, 자본금 3억 원, 프레미엄 등) 이상인 점을 감안하면 적정할 것으로 여겨짐. 단 증자당시의 증시상황을 감안하여 조정가능.

- 2단계증자는 코스닥 상장의 직전에 경영권방어와 기존 주주를 보호하는 차원에서 무상증자 위중로 실시하며, 이때의 기준은 추후 결정함.

Ⅵ 세부영업전략

1. 기본방침

1) 고객서비스의 편리성 제고를 위한 OPNE-STOP 서비스 구현

2) 고객이 웹이용시 안정성과 신뢰확보

3) 장례관련 웹사이트의 고품격 유지 및 최고의 방문유도

4) 단기적으로 무료 또는 저가정책지향, 장기적으로 적정한 가격 유로화로 수익원 확보

5) 영업이익 발생 전 1차년도 운영의 슬림화 시도

6) 홍보강화 및 판촉지향 정책수립

2. 패키지상품 개발전략

1) 주요상품

- 장례식장 예약서비스

- 납골당 및 공원 요원 예약서비스

- 실버타운 예약서비스

2) 세부운영전략

- 전국의 장례식장, 납골당 및 공원묘원 등 회원사 확보

- 장례식장 : 장례식장 소개 및 각 장례식장별 대관료, 장례용품 판매료, 매점상품, 식당(예 : 기본 100명분 초과시 1식당 약 4천 원) 등 일괄 예약하며, 이에 대한 판매대금을 웹상 신용카드 결제 시스템 등을 통하여 일괄 납부처리

- 납공당 및 공원 묘원 등 : 각 지역별 상품소개 및 일괄 결제처리

3. 패키지상품 개발전략

1) 주요상품부문

- 장례용품 : 수의 등

- 조화 및 생화판매

- 실버 등 건강용품 및 제수용품

2) 세부운영전략

- 초기에는 매입을 지양하고 특정매입(백화점의 거래형태)방식에 의한 저마진의 안정적인 운영시도

- 매출이 확대되기 이전에는 장례용품을 제외한 타 관련 상품의 경우 단순 중개형으로 당사의 웹상에서 판매되는 상품에 한해서 소정의 거래취급 수수료만 취득(향후 유통업형 추구)

4. 회원사 개발전략

1) 주요회원사

- 전국의 장례식장

(1차 대상은 을지병원 장례식장으로 하되 지속적으로 확대)

- 전국의 납골당 및 공원묘원, 실버타운 등

2) 세부운영전략

- 전국의 장례식장, 납골당 및 공원묘원 등 회원사확보를 위한 영업추진

- 회원사 무료등록 및 저가의 매출수수료 메리트부여(수수료 5% 수준)

- 대금결제는 익월 현금결제로 하되 거래계약서에 의한 고객 컴플레인 발생시 철저한 페너티 적용(대형 유통업체와 거래선 거래형태 채택 운용예정)

- 전국망 확대 후 연차적으로 수수료 인상을 통한 수익력 확대

5. 웹상 고객방문 회수 확대전략

1) 주요운영부분

- 부음서비스 등 무료서비스 강화
- 웹상 장례관련 ONE-STOP 서비스 실현
- 풍부한 콘텐츠 구성
- 쾌적한 접속환경 구현(현재 학교 전용회선 증속 필요 2M→10Mm)

2) 세부운영전략

- 전문 부음서비스 등 무료서비스 및 상담 전담요원 확보를 통한 전국 신문 등 매스컴상 부음 등 장례 관련 부문의 신속한 웹상 게제서비스
- 회원사 확보를 통한 매일 정보수집 가능토록 전국 채널화 시도
- 1단계로 을지병원 관련 자매업체 등부터 우선 시행하고 단계적으로 확대시행

6. 판촉 및 홍보전략

1) 주요운영부분

- E-mail Promotion
- 배너광고
- 회사소개 등 적극적인 홍보

2) 세부운영전략

- 이벤트의 지속적인 개발(예 : 추천인에게 "매출순수익금의

10%를 돌려드립니다")

- 전담요원에 의한 지속적인 E-mail Promotion 시행

- 상호간에 배너광고 활용을 지향하고 유료배너 광고는 당분간 지양

- 전사원의 홍보요원화로 매체 등 매스컴 등 활용(예 : 단체나 학회 등 성공사례소개 주제발표 등 강연 적극 활용)

7. 인력성력화전략

1) 주요운영부분

- 인력의 최소화

- 비용절감을 위한 노력

-2) 세부운영전략

- 최소인력 유영 및 비용 절감을 위한 견지제도 적극활용

- 안정적인 영업이익 발생 전인 1~2차년도 임원 임금 전액 반납

- 직영사원 축소를 위한 소개수수료 등 고객 매출 유인책강화 및 임직원 대상 임금절감을 극대화하기 위해 스톡옵션제도 적극 활용 모색(예 : 사원기준 1년에 500만 원 스톡옵션부여 등)

- 주력부문을 제외한 제반업무의 철저한 아웃소싱 지향)(예 : 위생처리 등(0000000), 제수용품 등 장례부문 외 상품(해당업체)

8. 인센티브제도 도입전략

1) 주요제도적용

- 외부의뢰서비스

- 다수의 고객 단기간 확보

- 기타 매출과 관련되는 수입

2) 세부운영전략

- 직영사원(특히 영업사원)은 철저하게 인센티브제도를 도입하여 실적에 따른 성과급제 적용(미국의 노드스트롬 영업사원 적용 방법 등)

- 외부직원 외 교수나 직원 등이 소개한 경우 일정한 수수료를 설정 지급인건비 등 경비절감 차원에서의 직영사원 채용효과 기대

- 회원모집시 추천인(본인 자신도 가능)란을 만들어서 "매출발생분 중 순수익금의 10%를 추천인에게 돌려드립니다"라는 캐키프레이즈로 고객확보(벤치마킹 사례 : 골드뱅크의 "광고를 보면 돈을 돌려드립니다')

Ⅶ. 손익 및 자금수지계획

1. 0000년 손익계획

항목		매출액(천원)		세부내역
		0000	월평균	
매출액	장례용품판매	90,000	30,000	월 30건×1,000원×3개월
	패키지상품	15,000	5,000	월 5건×1,000원×3개월
	기타 수수료 등	18,000	6,000	월 6,000원××3개월
	계(A)	123,000	41,000	9월 테스트영업 후 10월부터 본격영업기준
매출원가(B)		114,000	38,050	
매출이익	장례용품판매	6,300	2,100	7%적용, 도매기능 포함
	패키지상품	750	250	5%적용
	기타	1,800	600	아웃소싱 처리 10%적용,
	계(A-B)	8,850	2,950	카드수수료 제외
판관비	인건비	18,000	6,000	4명(6,000원)×3개월×3개월, 임원제외
	임차관리비	1,200	300	사무실 전기, 가스료
	용역수수료	442	147	특허 및 프로그램이용료 매출이익의 5%
	프로그램유지	6,000	2,000	월정료 기준 2,000원
	기타	7,400	2,700	
	계	36,442	12,147	
영업이익		-27,592	-9,197	

2. 개업 5년간 손익계획

항목		매출액(천원)				
		0000년	0000년	0000년	0000년	0000년
매출액	장례용품 판매	90,000	540,000	702,000	912,600	1,186,380
	패키지상품	15,000	180,000	540,000	1,620,000	4,860,000
	기타 수수료 등	18,000	86,400	103,680	124,416	149,299
	계(A)	123,000	806,400	1,345,680	2,657,016	6,195,679
매출원가		114,150	750,960	1,259,172	2,499,693	5,854,699
매출이익	장례용품 판매	6,300	37,800	49,140	63,882	83,050
	패키지상품	750	9,000	27,000	81,000	243,000
	기타	1,800	8,640	10,368	12,441	14,930
	계(A-B)	8,850	55,440	86,508	157,323	340,980
판관비	인건비	18,000	76,800	92,160	110,592	121,165
	임차관리비	1,200	6,000	9,600	13,560	15,738
	용역수수료	442	2,772	4,325	7,866	17,049
	프로그램 유지	6,000	24,000	28,800	31,680	34,848
	기타	7,400	42000	44,400	47,280	50,736
	계	36,442	151,572	179,285	210,978	239,536
영업이익		-27,592	-96,132	-92,777	-53,655	101,444

3. 자금수지계획

항목		자금소요 및 조달(천원)			세부내역
		0000년	0000년	0000년	
자금수요	집기비품	10,000	5,000	5,000	책상, 컴퓨터, 집기류 등
	서버증설 등	20,000	25,000	125,000	유지 및 증설
	창업비	5,000	10,000	-	0000년은 1단계 증자공모 광고비
	영업손실	27,592	96,132	92,777	영업손실분 등
	계(B)	62,592	150,000	229,777	
자금조달	자기자금	300,000	150,000	-	자본금, 0000년 1단계 외부인 대상증자
	증자특별이익	-	237,408	-	증자에 따른 프리미엄
	기타	-	537,408	401,276	이월금 등, 이자수입 0% 계상
	계(A)	300,000	537,408	401,276	
잉여자금(A-B)		237,408	401,276	171,499	감가삼각, 충당금 등 미계상

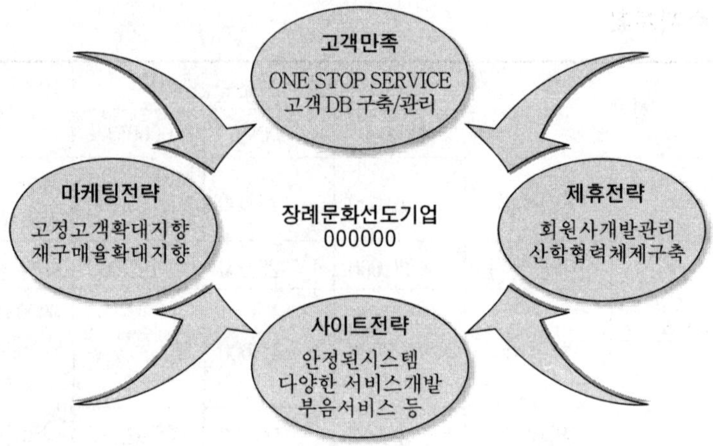

Ⅷ. 기업목표 및 전략(Objective & Strategy)

Ⅸ. 향후 기업발전 청사진

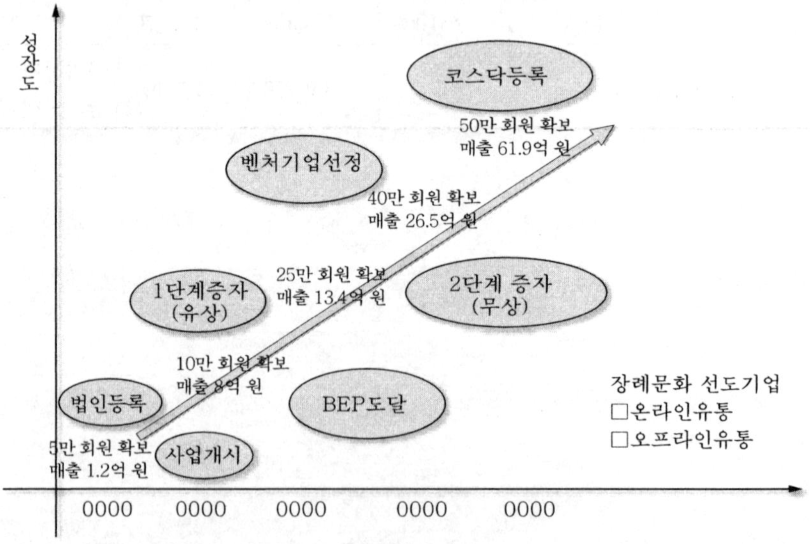

【연습문제 및 과제】

1. 사업계획서의 종류에 대하여 설명하라
2. 창업할 때 필히 사업계획서를 작성해야 하는데 그 이유는?
3. 가상의 점포 출점지역을 가정하고 사업계획서를 작성하라.

참 고 문 헌

김배한(1989), 『상권조사와 전략』, 명지출판사

김미현 · 박철주(2003), 『유통창업실무』, 도서출판 두남. 12월.

윤명길(2002), 『유통 및 벤처창업실무』, 청목출판사

제 6 장

유통업의 창업

창업을 하고자 한다면 기본적인 실무절차에 대하여 사전에 파악할 필요가 있다. 따라서 본 장에서는 쉽게 창업을 하기 위한 절차를 밟을 수 있는 지름길을 찾고자 한다. 이를 설명하면 다음과 같다.

제 1 절 유통업 개관

1. 유통 창업의 필요성

유통업의 범위는 광의의 측면에서 창업과 연계하여 설명한다면, 거의 모든 분야를 포함한다. 상품 또는 서비스와 관련된 모든 분야에 걸쳐서 이루어지는 것이 유통이다.

최근에 등장한 인터넷의 보급에 따라 급성장하는 전자상거래도 엄밀히 따져서 오프라인에서 발생하는 상거래 즉, 전통상거래와 대비한 온라인분야의 상거래 즉, 전자상거래임을 생각할 때, 유통창업의 중요성이 더더욱 커진다.

한편, 협의의 측면에서 볼 때, 유통 창업은 대개는 물류분야를 제외한 도·소매분야를 얘기할 수 있다. 그런데 이 분야를 면밀히 검토한다면, 두 가지로 대별하여 설명할 수 있다.

먼저, 상품 및 운영시스템특면에서 볼 때, 업종과 업태로 나눠서 살펴볼 수 있고, 또 다른 방면에서 본다면, 규모 측면에서 소자본 창업과 대자본 창업으로 나눌 수 있다. 특히 대자본창업이라 함은 유통 창업분야에서 대개는 대형 유통업체의 점포출점에 대한 논의가 주류를 이룬다.

따라서 본서에서도 유통 창업 중에서, 규모로 구분은 안했지만, 일반적인 프랜차이즈 창업은 소자본 창업에 포커스를 맞추고, 유통업 창업은 대자본, 즉, 대형점 출점을 중심으로 논의 한다. 다시 말해서, 2개 분야로 대분류하여 창업에 대한 논의가 이루어야 효과적인 창업에 대한 논의가 될 것이다. 이것이 유통창업의 필요성이기도 하나.

2. 유통업의 개념[1)]

1) 유통산업이란

유통산업은 재화나 서비스가 생산자로 부터 소비자 또는 최종 사용자에게 이전되어 가는 과정에서 나타나는 제산업활동으로 정의할 수 있으며, 좁은 의미로의 유통산업이란 상적유통을 영업으로 삼는 기업집단을 의미한다. 이보다 넓은 의미로는 통상 도·소매업(상적유통)과 운수·창고업(물적유통)을 지칭한다.

그러나 광의의 유통산업은 위의 2분류법에서 덧붙여서 정보처리업 및 광고통신업(정보유통)과 각종 금융업(금융유통)을 포함한다. 그런데 본 문에서는 유통업이라 함은 좁은 의미로의 도·소매업을 의미한다.[2)]

1) 윤명길·고창룡(2003), 『할인점 경영과 실무』, 두남, pp33-38 발췌요약
2) 윤명길(1995), 『유통개방시대 소매유통 어떻게 할 것인가』, 동인, p16.

2) 업종과 업태 비교

유통업에 있어서 영업 형태를 세분하면 업태(types of operation)와 업종(types of business)으로 나눌 수 있다.

첫째, 업종이란 소매업에서 비즈니스의 타입 내지는 소매업의 종류라는 의미로 '무엇을 판매하고 있는가(What to sell)'를 의미한다. 즉 컴퓨터판매점, 가전판매점, 채소가게, 생선가게, 정육점, 의류점, 가구점, 완구점등 상품의 종류에 의한 분류 방법이다. 그래서 업종은 생산과 밀접한 관련을 맺고 있다.

반면에 업태는 상기에서 말한바와 같이 "소매업의 형태"라는 의미로 '어떠한 방법으로 판매하나(How to sell)'를 의미한다. 즉 백화점, 편의점, 전문점, 슈퍼마켓, 드럭스토어 등 상품의 종류보다는 소비자의 구매행동과 관련된 판매시스템과 밀접한 관계를 맺고 있다.

〈표 6-1〉 업종과 업태 비교

구분	업종(types of business)	업태(types of operation)
의미	무엇을 판매하고 있는가 (What to sell)	어떠한 방법으로 판매하나 (How to sell)
종류	컴퓨터판매점, 가전판매점, 채소가게, 생선가게, 정육점, 의류점, 가구점, 완구점 등	백화점, 편의점, 전문점, 슈퍼마켓, 드럭스토어 등
관점	생산자적인 측면의 관점	소비자구매행동과 관련된 판매시스템

2) 업종점에서 업태점으로 진화

처음에 전통적인 업종점(業種店)이 근대화됨에 따라 전략적으로 접근하면서 업태점(業態店)이 출현한 것이다. 따라서 업태는 소매점이 근대화와 더불어 시작된다 해도 과언이 아니다. 즉, 국내에서도 업태라는 용어가 근대적인 슈퍼마켓이나 백화점이 등장하면서 종종 사용되었으나, 본격적인 업태라는 용어의 사용은 1990년대 초반부터이다. 법에 등장한 것은 유통산업발전법을 제정하면서 1997년부터 처음 업태라는 용어를 사용하였다. 종전법인 도·소매업진흥법상에는 업태라는 용어의 사용이 없었다. 다만, 업태라는 용어 대신 대규모소매점의 종류로 표기하였다.

일본의 경우도 1960년대 이전에는 업태를 업종에 포함된 개념으로 해석했었다. 그러나 이후에 업태라는 개념을 사용하기 시작했고, 소매환경이 급변하면서 1970년대부터 1980년대에 걸쳐서 그 개념이 분화, 발전하여 지금에 이른 것이다. 일본의 공정거래 위원회의 정의를 보면 "업태란 영업 형태화로 지적하고 점포의 형태, 거래상품의 종류, 판매정책, 일반소비자의 구매의식의 차이"라고 정의하고 있다. 또한 일본 소매업협회의 정의에 의하면 "업태란 소비자의 구매관습의 변화에 대응한 소매업자의 영업형태이고, 업종과는 다르게 소비자 지향적인 분류"라고 했다.

결국 근대화된 소매업의 등장이 업태라는 용어의 출현을 가져오게 된 동기라 볼 수 있다. 근대화 이전에는 업태라는 용어가 중요하지 않았다. 업종점으로 소매업이 구성되었기 때문이다. 그러나 근대화 되면서 최계화된 업태점이 등장하게 된다. 이를 통하여 업태의 전략이 중요성을 더해지고 있다.

소매 업태는 소매환경에 크게 의존하기 때문에 그 환경이 어떠한 방향으로 흘러가느냐에 따라 계속적으로 소매 업태의 다양화는 이루어진다. 또한 소비자행동의 변화, 특히 소비자 구매행동의 변화에 의해서 소매 업태의 변화가 심화될 것이다.

결국, 시대의 변화에 따라 변화하고, 계속 진화하는 유통업의 특징을 살펴볼 때, 새로운 업태의 등장과 더불어 살아 남기위한 기존 업태의 진화는 계속될 수밖에 없을 것이다.

4) 관점에 따른 소매 업태 유형

소매 업태(業態)의 유형은 상기에서도 언급했듯이 보는 관점에 따라 많은 차이를 보이고 있다. 일반적으로 상품 계열별, 취급상품의 가격대별, 판매방법별, 시스템 통제 방법별로 구분할 수 있다. 이를 구체적으로 살펴보면 아래와 같다.

첫째 상품 계열별로 보면 다수의 상품을 종합적으로 취급하는 백화점, 종합슈퍼마켓, 하나의 상품계열을 특화시킨 전문점, 셀프 서비스방식에 의한 식품이나 잡화류의 상품을 취급하는 슈퍼마켓, 장시간에 거쳐서 인근고객의 편의성을 최대한 살린 편의점 및 드럭스토어(Drug store), 마지막으로 은행, 항공회사, 극장, 병원 등 상품이 아닌 용역을 판매하는 서비스 판매점 등으로 나눌 수 있다.

둘째 취급상품의 가격대별로 보면 박리다매를 원칙으로 일반 소매 업태에 비하여 저가격 전략으로 상품을 취급하는 카테고리킬러 등 할인 업태 등과 중가격대의 슈퍼마켓 등과 마지막으로 고 가격대의 편의점(CVS), 고급백화점 등으로 구분할 수 있다.

셋째 판매방법에 의한 분류 방법으로는 고객과 직접 대면해서 매장에서 판매하는 대면 판매(Face to Face Sale)방식과 고객이 직접 상품을 선택하고 구매하는 셀프판매(Self Sale)방식이 대표적이다.

〈표 6-2〉 소매 업태 분류 유형

<table>
<tr><th colspan="2">구분</th><th>분류내용</th></tr>
<tr><td colspan="2">상품의 계열별</td><td>종합소매점, 한정구색소매점, 식생활용품소매점, 일상편의소매점, 서비스 소매점</td></tr>
<tr><td colspan="2">가격대별</td><td>저가소매점, 중가소매점, 고가소매점</td></tr>
<tr><td rowspan="2">점포유무별</td><td>무점포 판매</td><td>주문판매업(홈쇼핑, 인터넷 쇼핑몰, 카탈로그), 자동판매기, 방문판매업</td></tr>
<tr><td>유점포 판매</td><td>백화점 등 전통적인 점포형 판매 방식</td></tr>
<tr><td colspan="2">판매방법별</td><td>대면판매(Face to Face Sale), 셀프판매(Self Sale)</td></tr>
<tr><td colspan="2">시스템 통제 방법별</td><td>레귤러 체인(Regular Chain), 볼런터리 체인(Voluntary Chain), 프랜차이즈 체인(Franchise Chain)</td></tr>
</table>

넷째, 시스템 통제 방법에 의한 분류 방법으로는 체인스토어 형태로 볼런터리체인(Voluntary Chain), 레귤러체인(Regular Chain), 프랜차이즈체인(Franchise Chain) 등이 있다.

5) 국내 소매 업태 분류

국내의 주요 소매 업태를 구분한다면, 업태를 어떻게 구분하느냐에 따라 분류된 내용이 달라질 것이다. 아직 제대로 분류방식이 정립되어 있지 않기 때문에 애매한 부분이 없지 않아 있다.

특히, 외국과 달리 국내의 소매 업태는 외국의 소매 업태가 그대로 들어오는 것이 아니라, 국내 실정에 맞게 변형되어 들어와서 성장하였기 때문에 외국의 소매 업태와는 용어가 같아도 실제로 내용은 다른 경우가 많다.

따라서 국내 실정에 맞게 〈표 6-3〉과 같이 분류하고자 한다. 즉, 국내의 주요 소매 업태 중에서도 국내에서 운영 중인 업태를 중심으로 서술하고자 한다. 단, 쇼핑센터, 상점가 대형마트 등은 업태와 다르거나 광범위한 개념이다. 그러나 중요한 개념이므로 별도로 추가하여 설명하고자 한다.

〈표 6-3〉 국내 주요 소매 업태의 분류

구 분			국내 주요 소매 업태
유점포소매업	백 화 점		가격, 입지, 상품으로 백화점을 구분 고급백화점 롯데, 신세계와 할인백화점 세이브존 등
	슈퍼마켓	슈퍼마켓(super market)	체인스토어형, 독립점포형 구분 해태수퍼, 한화수퍼, 일반 재래슈퍼점
		대형슈퍼마켓(Super Super market)	슈퍼마켓의 대형화 롯데 레몬, GS수퍼, 이마트 에브리데이
		종합슈퍼마켓(General Super market)	수퍼센터(하이퍼마켓)형, MWC형 이마트, 월마트, 까르푸 등과 코스트코 등
	전문점	의류	패션매장형과 아울렛매장형 주류로 가격, 상품으로 구분 패션백화점 앤비와 2001아울렛 등

	가전	가전제품 종합매장으로 전자랜드, 하이마트 등
	생활문화	북센터, 문구센터, 기타 카테고리킬러형 매장
	편 의 점	편의품중심 주거밀착형 매장 세븐일레븐, LG, 패밀리, 로손 및 독립편의점
	드럭스토어	주거 밀착으로 편의품과 의약품을 취급하는 매장 CJ올리브영, GS왓슨즈 등
무점포소매업	인터넷쇼핑몰	인터파크, 삼성몰, 옥션
	TV홈쇼핑	CJ홈쇼핑, GS홈쇼핑, 우리홈쇼핑, 농수산TV, 현대홈쇼핑
	기타	카탈로그판매업, 자동판매기, 방문판매업

〈표 6-4〉 업종점 등 기타소매 시설 종류

구 분	주요 소매 시설 현황
쇼핑센터	여러 업태점과 업종점(상점)이 집합해 있는 단순 건물집합체 쇼핑센터 유형을 근린(Neighborhood)형, 지역(Community)형, 광역(Regional)형, 초광역(Super Regional)형 등 4가지로 분류
상점가	여러 업종점(상점)이 밀집한 상가 또는 쇼핑몰 지하상가, 도로변상가, 동대문의류상가, 쇼핑센터내의 쇼핑몰 등
할인점 or 대형마트	광의의 해석으로 기존 소매업태보다 상시 할인된 가격으로 판매하는 소매점 할인백화점(세이브존 등), 대형슈퍼마켓(SSM), 종합슈퍼마켓(이마트 등), 할인전문점(카테고리킬러포함) 등
시장	상품 및 서비스를 판매하는 다양한 업종점의 집합체 현대식 또는 재래시장(상설시장, 정기시장) 등

제 2 절 유통업 창업 절차

본 절에서의 유통업이라 함은 일반적인 유통업으로 물류업을 제외한 도매업과 소매업에 대한 것이다. 여기에서는 유통창업을 위한 준비에서 창업에 이르기까지의 과정을 자세하게 언급하고 있다. 이를 통하여 실질적으로 어떠한 과정을 거쳐서 창업을 하는가를 살펴본다.

1. 사업규모 및 업종의 선정

처음 창업할 때 업종선정이 창업의 성패에 많은 영향을 준다. 업종선정은 서두르지 말고 신중한 자세로 다양한 정보와 자료를 분석하며, 실제 상황확인 즉 시장조사 과정을 거쳐 결정하여야 한다. 가능하다면 해외시장까지 살펴보면 좋다.

사업규모는 얼마정도로 하며, 사업업종 및 사업유형에 따라 결정하되 그 내용이 자기자금 조달능력의 범위 내에서 소요자금의 용도 및 필요시기 등을 고려하여야 한다. 창업 초기의 소요자금은 주로 점포구입비(또는 임대료), 점포권리금, 시설비(필요시), 내・외부 장식 및 레이아웃, 상품구입비, 상품 또는 대리점 보증금 등에 차질없이 지출되어야 하고 직원임금, 점포유지비, 물류비, 각종 공과세금, 조달자금이자 등 6개월 내지 1년까지의 씨앗자금(seed money) 즉, 운영자금을 확보하고 있어야 한다. 성공적인 창업을 위해서는 동종업종의 점포를 지속적으로 방문하여 벤치마킹(benchmarking)[3] 할 필요가 있다.

---

3) 조연상・윤명길(1998), 『혁신유통의 벤치마킹』에서는 벤치마킹을 아래와 같이 설명하였다. 원래 벤치마킹(benchmarking)은 벤치마크(benchmark)에서 유래한 용어로 경제학(經濟學)에서는 기업들이 동종 및 타업종 기업의 우수한 상품이나 기술을 선정, 자사의 생산방식이나 판매방식 등에 합법적으로 응용하는 것을 말한다. 미국의 경우 제록스사가 1979년 일본의 저가(低價) 복사기를 생산 가능성을 연구한 것이 본격적인 벤치마킹의 효시가 되었다.

2. 인 · 허가 등 법적 요인 검토

유통업에 있어서는 창업 업종이 인 · 허가가 매우 중요하다. 따라서 인 · 허가를 받아야 하는 업종은 인 · 허가 처리기관 및 처리절차, 소요기간 및 경비, 시설기준 및 자격요건과 구비서류를 정확히 파악하여 소정의 절차에 따라 취득하여야 한다.(〈표 3-4〉 창업시 인 · 허가 절차 참조).

창업자는 점포입지를 선정하는데 있어서 점포용도를 확인하여 창업업종의 영업활동이 가능한 점포를 선정하여야 한다. 유통업은 업종의 특성상 인 · 허가사항이 적으며, 창업절차가 간단하기 때문에 일반적으로 점포를 확보하고 사업자등록을 하면 영업을 할 수 있지만 담배, 양곡과 같이 유통질서 확립이 필요한 제품과 의약품과 같이 전문지식을 필요로 하는 업종 등에 대하여는 개별법에서 시설기준 및 자격요건 등을 규정하고 있다. 따라서 창업자는 업종을 선정하고자 할 때 자신이 창업하려는 업종이 관련법에 의해 허가, 등록 또는 신고가 필요한 업종인지 여부를 파악하여 창업준비를 하여야 한다.

3. 상권 및 시장분석

유통업의 창업자는 자신에게 적합한 업종을 선정할 때 그 업종에 맞는 상권을 설정하여야 한다. 상권이란 상점 또는 집단에 관계된 고객이 분포하고 있는 지리적 범위로서 구체적으로는 당해 상점가 고객 흡인력이 있고, 취급하는 상품에 대해 상시로 당해 상점가에서 구입하는 고객이 분포하고 있는 지역을 말한다. 창업자는 신설점포의 입지 선정과 기존 상권을 선택할 것인가 아니면 스스로 독자적인 상권을 개발할 것인가의 문제에 봉착하는데 그 결심 여하에 따라 경영전략이 근본적으로 달라진다.

상권의 차별성에 따른 경영전략을 수립하는데, 독자적 상권을 개척하기로 결심하게 되면 점포 신설지역에서 창업하고자 하는 품목이나 업종에 대해 새로운 경영환경을 창조하고, 고객층을 새로 형성시키기 위한 마케팅 전략을 수립하여 확장위주의 경영계획을 추진하여야 한다.

기존상권에 진입하는 경우는 이미 형성되어 있는 상권의 분위기에 적절히 대응하고 고객의 기호와 요구에 적응하기 위한 마케팅을 통해 기존 고객을 신설점포로 유인할 수 있는 전략이 중심이 되어야 하므로 신설 점포의 차별성을 부각시키기 위한 점포의 면적, 점포간 거리는 물론, 광고, 홍보전략도 다른 각도에서 정립하여야 한다.

4. 입지선정

1) 점포의 입지선정

유통업의 기본적인 특성은 고객과 직접적으로 대면 판매해야 하므로 입지선정이 사업성공의 대부분을 점한다고 해도 과언이 아니다. 점포의 입지는 상권내에 소비 대상인구가 많고 장래에도 인구가 증가할 것이 예상되며 소득수준 및 소비성향이 높고 구매력이 왕성한 연령층의 거주자, 즉 계획업종 및 업태에 적합한 소비자가 다수 존재하는 곳을 선택하여야 한다.

또한 도로, 지하철, 버스, 노선 등 교통체계를 비롯하여 다수의 소비자를 유인할 수 있는 시설이 주변에 존재하고 기존 상권이 형성되어 있는 곳이 경험이 적은 창업자에게는 유리하다. 특히 소매업도 업종에 따라 차이가 나지만, 도매업인 경우 유사업종 상권이 형성된 곳을 선정하는 것이 바람직하다. 최근에 급속히 성장하고 있는 전자상거래와 같은 경우는 별도의 점포를 갖추지 않아도 될 것이다.

2) 입지 선정시 고려할 사항

점포의 입지를 선정할 때는 계획하고 있는 입지가 창업할 업종 및 업태와의 적합성 여부를 먼저 확인하고 다음의 내용을 충분히 검토하여야 한다.

먼저, 후보지의 환경에 대한 조사가 필요하다. 즉 해당 상권의 인구수, 인구구성, 세대수 소비수준, 목표소비자의 수 등을 전문기관에 의뢰하거나(프랜차이즈 창업은 본부에서 대행해 줌), 창업자가 직접 현장에서 반복적으로 관찰함으로써 심층적으로 조사한다.

둘째, 점포 후보지의 장래성에 대한 조사가 필요하다. 즉 시가지 형성상황, 주변도시의 인구증가 속도, 신도시 계획 및 도시개발 계획의 유무, 도로의 신설, 변경 등과 함께 강력한 경쟁업체 또는 대형판매점의 출점계획이 있는지에 대해서도 확실히 알아두지 않으면 안 된다.

셋째, 새로운 점포가 창업자 자신의 능력에 적합한가를 사전에 확인하여야 한다. 즉 점포 보증금 및 권리금, 점포 임대기간 연장 가능성과 임대료 인상률, 창업자의 거주지와의 통근거리 등이 확인의 대상이다.

넷째, 점포규모의 적정성과 기존 점포들과의 경쟁요소를 면밀히 조사한다. 일반적으로 인접한 경쟁업체보다는 규모가 조금이라도 큰 것이 신설점포에 대한 소비자의 관심을 끌기에 유리[4]하고, 취급 상품을 눈에 잘 보이는 곳에 보기 좋게 진열하고, 판매할 수 있는 정도의 적정규모로서, 주변의 여타 점포에 비해 규모면에서 경쟁력이 있어야 한다.

---

4) 윤명길(1997)의 『유통산업 맥잡기』(한수협출판부)를 참조하면, 유통업에서는 가장 유효한 전략 중에 '지역 일번점 전략'이 있다. 동일 상권내에 경쟁업체에 비하여 상대적으로 규모가 크면 가장 매출액도 높아질 수 있다는 것이다.

3) 점포계약시 유의할 사항

대형유통업 뿐만 아니라 중소유통업에 있어서도, 창업하고자 하는 사람은 점포 임대차 계약을 위해서 주변 후보지를 선택하여서 모든 정보를 활용하여야 한다. 즉 신문, 잡지, 방송매체, 주위의 경험자 등으로부터 가능한 모든 정보를 수집하여 점포를 구하고 자신이 직접 꼼꼼하게 권리금 문제, 점포의 하자여부, 임대차 계약의 조건, 점포의 소유권 등 법률상 문제, 임차인의 의무사항 등을 살펴보고 난 후 계약을 하여야 한다.

특히, 계약할 점포의 등기부 등본, 토지대장, 건축물 대장 등 법률관계의 확인한다. 그리고 도시개발 계획을 확인하고, 계약은 실제 소유주인가 확인하고 계약을 체결한다. 임대 기간은 여건에 따라 결정하며, 계약서상에 반드시 기재해야 한다.

특히, 기존점포의 경우는 다음 사항을 유의해야 한다. 즉, 기존의 점포를 인수하여 새로 개업할 경우 신규 창업(개업)에서 오는 시행착오를 줄일 수 있겠지만, 권리금 문제가 발생하고, 투자자금에 비해 경제성이 떨어질 우려가 있다. 기존의 점포를 인수할 때 주의할 사항들을 정리하면 다음과 같다.

- 기존점포의 경영상태가 어떠하였는가?
- 인근의 경쟁업체의 상태는 어떠한가?
  개축이나 신축 계획은 없는 건물인가?
- 권리금이 적정하고, 안전장치를 만들 수 있나

마지막으로 상기에서도 언급했지만, 권리금 문제를 유의해야 한다. 권리금이란 점포 영업권의 포괄적인 개념으로 하나는 주로 시설개선비, 인테리어 설치비에 대한 보상액을 의미하고, 다른 하나는 일정기간동안 한 장소와 점포에서 특정 간판 상호 등으로 영업을 해온 덕택에 고정적인 수입 보장에 대한 금전적 보상이다. 따라서 권리금은 법적으로 확실히 보장받을 수 있는 것은 아니다. 그러나 대개의 건물 주인은 권리금을 묵시적으로 인정하는 것이 보통이다. 만약 건물 주인이 직접 점포를 운영하려 할 때 또는 새로 건물을 짓기 위해 세든 사람을 내보내려 할 때 권리금 분쟁이 발생하게 된다. 법원의 판례 경향은 주인이 동종 업종을 하려고 내쫓을 때를 제외하고는 세입자가 승소하는 경우는 거의 없다. 따라서 권리금을 주고 인수할 경우는 권리금 규모를 건물주에게 알리고 가능한 한 인간적인 좋은 관계를 유지하는 것이 중요하다.

그리고 점포를 넘길 때를 대비하여 생길 수 있는 권리금 양도차익에 대해서 과세가 되기 때문에 점포 권리금 수수증서를 꼭 챙겨야 하며, 이는 필요시 제시될 수 있도록 보관해야 한다.

〈표 6-5 〉 점포 계약시 유의사항

항목	주요 유의사항
점포계약 (신규 및 기존)	- 건물의 법적인 문제는 없는가? - 도시계획을 확인하였는가? - 실제 건물주와 계약하는가? - 기존 점포(종전)의 경영상태가 어떠하였는가? - 인근의 경쟁업체의 상태는 어떠한가? - 개축이나 신축 계획은 없는 건물인가? - 권리금이 적정하고, 안전장치를 만들 수 있는가?

5. 개업준비절차

1) 직원채용

유통업은 특성상 고용의 정착성이 낮아 직원의 이직률이 매우 높다. 그러나 시간제근무가 가능하며, 행사기간 중에는 임시직을 파트타임으로 활용할 수 있다는 장점도 있다. 따라서 창업점포는 가급적 직원의 수를 최소화하고 경우에 따라 가족경영형태를 취한다. 한편 시간제 파트타임 직원을 최대한 활용하는 것도 경비절감에 매우 중요하다. 그리고 특별히 경험이 있는 종업원이 필요하다고 판단될 때는 사전에 채용조건을 결정하여 확보토록 하는 것이 중요하다.

유통업에서는 특히 종업원의 의식구조와 능력은 판매액에 직접적인 영향을 끼치므로 신뢰를 바탕으로 인간적인 유대관계가 형성, 유지되도록 해야 한다.

2) 상품 조달

상품을 거래처(또는 메이커)에서 약정된 품질수준으로 적정가격에 안정적인 공급을 받으려면, 다수의 거래처를 물색하여 볼 필요가 있다. 이 중에 선택된 거래처가 있다면 거래하기 전에 문서화가 매우 필요하다. 계약사항[5]에는 납품방법, 가격, 발주 후 입고까지의 시간, 하차 및 진열유무, 선수금, 하자 반품조건, 결제방법, 재고품의 반품방법, 유사상품을 취급할 때의 계약조건, 계약기간, 해약조건, 위약금 등을 계약서에 명시하여 책임소재를 명확히 하여야 한다. 또한 자금조달 범위 내에서 적정한 상품종류와 적정구매량을 발주한다.

또한, 판매계획을 수립하여 이에 따라 투자액과 예상목표 이익액을 비교하여 판매목표액을 결정하고 판매액 달성을 위한 상품구색 또는 상품구성을 결정한다. 특히 상품구색에 힘써야 한다. 상품의 계열구성, 상품의 품목구성 등에 주력해야 한다.

3) 매장 인테리어공사 및 내부 장식

창업을 통하여 매장을 개점하기에 앞서, 매장 시설공사와 실내 인테리어 및 내부 장식은 투자계획에 따라 예상투자비가 초과하지 않는 범위 내에서 추진하여야 한다. 또 매장시설은 사전에 복수의 여러 업체를 조사할 필요가 있으며, 동업종에 관한 인테리어 전문업체

5) 계약서 양식이나 거래절차는 윤명길(1996)의 『백화점유통 쉽게 알기』를 참조하면 자세히 설명되어 있으므로 참조바람. 또는 인터넷상에서 "윤명길의 유통교실(www.yutong.pe.kr)"을 참조바람.

와 일괄계약이 유리(허가관련 처리가 용이)하다. 그리고 체인점이나 대리점인 경우는 본사에 직접 의뢰하거나 본사에서 제공하는 설계에 따라 진행하면 된다. 점포의 외관 디자인은 고객이 노력하지 않고도 쉽게 발견할 수 있게 구성하고, 충동구매가 필요한 업종의 점포는 고객이 외부에서 점포 내의 분위기를 느낄 수 있도록 설계하여 고객흡인기능을 중시하여야 한다. 반면에 목적구매가 필요한 업종인 점포는 목표고객만이 점포 내로 들어오도록 점포 성격을 알릴 수 있는 외관설계에 치중하여야 한다.

점포의 내부디자인은 고객의 구매욕구를 높이기 위해 점포내의 분위기를 상품의 특성에 맞추어야 한다. 또한 밝고 즐겁게, 상품을 보다 매력적으로 느낄 수 있도록 설계하며, 내부면적의 배분은 매장 및 후방시설(비매장) 면적의 비율과 매장면적을 상품구색별로 구분하여 가장 효율적인 비율로 구성하는 것에 신경 써야 한다. 이를 위해서는 신중한 동선계획이 필요하다.

점포의 바깥조명은 고객을 흡인하고 인도하며 영업시간외에도 점포의 존재를 기억시키는 역할을 할 수 있도록 하는 것이 매우 중요하다. 또한 점포 안의 조명은 고객으로 하여금 상품에 시선을 끌게 하여 품질과 가격 검토에 도움을 주어 구매욕구를 불러일으키게 설계하는 등 상품을 돋보이게 하는 색채 배합과 상품의 분위기에 맞는 상점 색채를 선정하여 고객의 구매심리를 적극적으로 유발시키는 것이 중요하다.

4) 상품 매입과 진열

초도상품의 매입은 매출계획에 따라 진행되어야 한다. 또한 고객을 만족시킬 수 있는 상품을 구매하는 것으로 고객이 원하는 상품을 위주로 하는 상품구색과 재고수량을 감안하여 상품매입을 결정하여야 한다. 또한 관련품목을 중점 취급하는 상품 거래선(매입처)을 다수 확보하되, 상품 매입처는 상품과 판매자세 및 기업자체의 경영적 배경을 검토하여 평가한다.

첫째, 상품을 레이아웃(layout)을 할 경우 점포를 하나의 종합시스템으로 보고 모든 기능이 매끄럽게 연결되도록 배치하여야 한다. 특히 동선과의 연계성을 중요시해야 한다.

둘째, 상품의 디스플레이(display)는 고객의 눈에 구매하고자 하는 상품이 가장 잘 보이도록 진열하는 것이 원칙이다. 따라서 상품진열의 구성요소인 상품(무엇을), 진열량과 수(얼마만큼), 진열면, 진열의 위치, 진열의 형태를 신중히 검토하여 선택하여야 한다.

셋째, 재고관리는 고객이 원하는 상품의 구색을 충분히 갖추고 적정 수준의 재고를 유지하기 위해서는 재고관리를 계획하지 않으면 아니 된다. 특히 기초재고, 상품구색재고, 신규재고를 적정선에서 유지하려면 매장과 창고에 있는 상품수량, 상품별 판매빈도, 주문해야 할 상품의 유형과 수량에 대한 정확한 데이터가 확보되어야 한다. 또한 재고부족의 원인이 되는 부정확한 판매예측, 거래선(매입처)로부터의 상품공급 지연, 매입자금의 부족, 예상치 못한 고객수요 등에 대한 대응책도 아울러 마련되어야 한다. 특히 체화재고가 발생치 않도록 신경을 써야 한다.

5) 판촉 · 홍보전략

점포의 성공적인 창업을 위하여 개업을 전후하여 다음과 같이 광고, 홍보, 인적판매 등 판매 및 홍보활동을 추진하여야 할 필요가 있다.

첫째, 홍보활동측면에서는 비교적 손쉽고 비용이 저렴하고, 꾸준한 효과를 볼 수 있는 전단을 활용하는 것이 좋다. 만들 수 있도록 해야 한다. 또한 적절한 시기에 광고타이밍을 가지는 소비자를 직접 관리하는 DM(개인에게 직접우편물 발송하는 방식)에 의한 광고를 하고, 지역잡지광고(지역성, 한정된 소비층, 단기적인 광고효과) 및 월간잡지, 전문지 광고(기록성, 동종업계 홍보효과, 장기적인 전달효과), 대중성, 기록성, 신문의 권위에 의한 설득력 있는 신문광고, 체인점이나 대리점 본사 차원에서의 TV광고에 참여하는 것이 필요하다.

둘째, 광고마케팅전략 실행한다. 즉, 광고매체의 이용하고, 또한 전화광고, 정리, 정돈, 청소, 청결, 종업원의 마음가짐(친절, 예절)의 영업전략, 스마일 접객, 소문난 영업방식 등의 전략을 실행한다.

셋째, 소비자에 의한 구전광고(입소문)가 매우 중요하다. 철저한 고객중심에 의한 개점초기의 소비자 입을 통한 소문광고는 매우 중요하다. 오피니언 리더계층을 확보하여 지속적인 홍보가 필요하다. 예를 들어 윤명길(1997)의 유통산업 맥잡기에 서술한 바와 같이, 초기 그랜드백화점이 성공한 이유가 강남지역 아파트 부녀회를 십분 활용했다는 점을 벤치마킹 할 필요가 있다.

넷째, 개업판촉과 지속적인 프리미엄 판촉활동이 매우 필요하다. 즉, 개업축하 판촉물 증정에 의한 광고, 고객사은 행사광고, 끊임없는 아이디어 창출에 의한 이벤트 행사형 광고활동 등이 필요하다.

6) 개업준비 최종검토

개업 전 인·허가는 잘되어 있는지, 개업시 제대로 상품진열이나 시설 집기류는 갖추어져 있는지 등등 여러 가지 준비사항을 체크리스트를 만들어서 최종적으로 체크한다. 개점 전에 최종검토를 해도 체크사항에서 빠지기 쉽다.

〈표 6-6〉 창업시 인허가절차(음식점 기준)

항 목	주요내용	비 고
1. 영업허가	- 식품접객업소: 일반음식점, 휴게음식점, 빵, 떡 등 제조.판매하는 과자점), 단란주점, 유흥주점 등 4부문으로 구분 - 영업허가: 식품영업허가신청서, 영업설비개요, 건축물관리대장등본, 위생교육필증, 건강진단증(대표자), 도시계획확인원	
2. 소방검열	- 일정규모 이상의 식당 소화기 설치	
3. 사업자등록	- 점포 관활세무서에 신청 및 허가 - 구비서류 : 사업자등록허가신청서, 영업허가증 사본, 주민등록등본, 임대차계약서 사본, 주민등록증사본, 도장 등	
4. 보건증	- 식품위생법에서 영업자와 종사자에게 보건증(건강진단수첩) 요구 - 보건증은 점포 관할 보건소에서 사진2매와 주민등록증을 제시하여 발급	
5. 금전등설치 허가	- 해당세무서에 신고 - 간이과세자와 과세특례자는 설치안해도 무방	
6. 신용카드	- 신용카드 사용신청 및 카드조회기 신청 - 카드회사에 문의 안내 및 대행	
7. 간판허가	- 돌출간판은 점포관할 건축과, 벽면간판은 동사무소 소관 - 간판설치 허가시 영업허가증사본 제출	
8. 기타	- 인테리어 공사 및 평면확대시 필요 가건물사용신청을 받아야 함	

【연습문제 및 과제】

1. 유통업 창업절차에 대하여 개략적으로 설명하시오.
2. 외식업 창업을 할 경우 보건증이 왜 필요한가?
3. 가상의 점포 출점지역을 가정하고 전체 비용과 수입을 산출해 보자.

참 고 문 헌

윤명길(1995), 『유통개방시대 소매유통 어떻게 할 것인가』, 동인
윤명길(1996), 『백화점유통 쉽게 알기』, 동인, 167쪽.
윤명길(1997), 『유통산업 맥잡기』, 한수협출판부, 140쪽.
윤명길 · 고창룡(2003), 『할인점 경영과 실무』, 두남, pp33-38
이수동(1987), 한국소매업의 상권분석 및 입지선정에 관한 실증적 연구, 고려대박사학위논문, 20쪽.
KODISA(2006), 소매업태 용어 통일화에 대한 소고, 한국유통과학회 유통학정의위원회, 12월.

제 7 장

프랜차이즈 창업

제 1 절 프랜차이즈의 정의

프랜차이즈(Franchise)의 어원을 살펴보면, "Freedom From Servitude(노예상태로부터 해방)"에서 찾을 수 있다. 또 프랑스어의 경우는 "fanc"와 "francher(자유를 준다)"에서 그 어원을 찾을 수 있다. 즉, 프랜차이즈(Franchise)라는 영어 단어의 어원은 권리 또는 자유를 뜻하는 불어단어이다.

원래, 중세기 경에 프랜차이즈(Franchise)라는 단어는 특권 또는 단순히 권리를 뜻하는 단어였다. 그 당시에는 그 지역의 군주 또는 성주가 시장이 서도록 허락하거나, 그 지역의 나루터 운영, 또는 자신들의 땅에서 사냥을 할 수 있도록 허락해 주는 것이 프랜차이즈라는 단어로 설명될 수 있었다.

프랜차이즈(Franchise)의 개념이 조금 더 넓어지면서 길을 새로 닦는 일이나 술을 만들 수 있는 일과 같은 사업들은 국왕에 의해 그 권리가 주어졌으며, 이 역시 프랜차이즈(Franchise)의 시작이라 할 수 있다. 즉, 국왕이 누군가에게 어떠한 사업을 독점할 수 있는 권리를 부여하는 것이었다. 그래서 이러한 프랜차이즈(Franchise)를 관리하는 법 조항들은 모두 유럽일반법(European Common Law)에 채택되었다.

몇 세기가 지나면서 각 국의 경제발전과 함께 프랜차이즈(Franchise)의 개념도 바뀌었다. 1840년 독일에서 유명한 양조장들은 몇몇 술집들만이 자신들의 술을 팔 수 있도록 권리를 주었다. 이것이 바로 우리가 알고 있는 현재 프랜차이즈(Franchise)의 시작이라 할 수 있다.

1881년 싱거사(Singer Sewing Company)는 자신들의 재봉틀 유통을 위해 프랜차이즈(Franchise)를 주기 시작했다. 이 싱거사(Singer Sewing Company)에서 작성한 프랜차이즈 계약서가 근대 프랜차이즈 역사에 있어서 최초의 계약서라 할 수 있고, 효시이기도 하나.

프랜차이즈 시스템이란 상호, 특허 상표, 노하우(Know-How)를 가진 자가 계약을 통해 다른 사람에게 상표의 사용권, 제품의 판매권, 기술 등을 제공하고 그 대가로 가맹금, 보증금, 로열티 등을 받는 시스템을 말한다. 여기서 상호, 상표, 노하우 등을 가진 자를 프랜차이저(franchisor)라고 하는데 우리말로는 본부, 본사로 표현된다. 프랜차이저(franchisor)로부터 상호의 사용권, 제품의 판매권, 기술, 상권분석, 점포 디스플레이, 관계자훈련 및 교육지도 등을 제공받는 자를 프랜차이지(franchisee)라고 하는데 가맹점(加盟店)으로 표현된다.

참고로 공정거래위원회 표준약관을 보면 제1조 목적에는 "이 표준약관은 가맹사업자와 가맹계약자 간의 공정한 가맹사업(프랜차이즈) 계약체결을 위해 그 계약조건을 제시함을 목적으로 한다."라고 설명하였다.

또 제2조 용어의 정의에서는 1항의 경우 "가맹사업자(franchisor)라 함은 가맹계약자(franchisee)에게 자기의 상호, 상표, 서비스표, 휘장 등을 사용하여 자기와 동일한 이미지로 상품판매의 영업활동을 하도록 허용하고 그 영업을 위하여 교육 지원 통제를 하며, 이에 대한 대가로 가입비(franchise fee), 정기납입경비(royalty) 등을 수령하는 자를 말한다"라고 하였다. 2항에서는 "가맹계약자(franchisee)라 함은 가맹사업자로부터 그의 상호, 상표, 서비스표, 휘장 등을 사용하여 그와 동일한 이미지로 상품판매의 영업활동을 하도록 허용 받고 그 영업을 위하여 교육 지원 통제를 받으며, 이에 대한 대가로 가입비(franchise fee), 정기납입경비(royalty) 등을 지급하는 자를 말한다" 라고 하였다. 기타 세부사항은 표준약관을 참고하기 바란다.

제2절 프랜차이즈의 종류

프랜차이즈(Franchise)는 원래 체인 및 가맹사업을 말한다. 그러나, 엄격한 의미로는 체인점이란 두 곳 이상의 장소에서 똑 같은 브랜드와 상품과 이미지를 파는 점포형태, 즉 연쇄점(連鎖店)을 포괄적으로 이야기하는 것으로서 다음과 같이 세 종류로 나눌 수 있다.

1. 레귤러 체인(Regular Chain)

체인본부가 직접 점포마다 투자를 하고 직원들을 파견하여 관리해 나감으로써 브랜드의 이미지를 보다 강력하고 일관되게 통제하여 소비자에게 좋은 이미지를 심어주면서 경영하는 다점포 방식이다. 자본이 너무 많이 든다는 단점이 있으나, 전국 어디서나 같은 색깔을 확실하게 낼 수 있다는 장점을 가지고 있어 주로 대기업에서 많이 활용하고 있다. 그러나 봉급생활자인 종업원들에 의해 모든 것이 이루어진다는 측면에서 볼 때 100% 이상의 효과를 올리기는 어렵다는 한계를 가지고 있다.

이러한 형태는 주로 외국의 기업과 체인 계약을 맺은 국내의 대기업이 패스트푸드, 패밀리 레스토랑에 많이 적용하고 있다. 예를 들자면 피자헛, 버거킹, 맥도널드, KFC 등이 있다. 이런 브랜드의 경우 개인이 자기만의 장사를 해볼 수 있는 기회는 주어지지 않는다.

2. 프랜차이즈 체인(Franchise Chain)

일반적인 프랜차이즈 체인점이다.[1] 프랜차이즈(Franchise)란 특허, 특권을 지칭하는 말로서 우리나라에서는 일본에서처럼 가맹사업이라고 풀이하고 있다. 이 형태는 개인에게 사업의 기회를 주는 방식을 채용하여 정확히 정의하자면 사업지원형 가맹사업이다. 이 프랜차이즈 가맹사업은 가맹본부가 우선 개점 및 경영에 관한 노하우를 구축해 놓고 계약을 맺은 가맹점주에게 여러 가지 노하우와 상호, 상품 공급권, 지역 독점권 등을 주고 영업을 지원하는 시스템으로 운영된다. 그러므로 개인은 가맹본부와 가맹계약서(Franchise Agreement)를 작성함으로써 여러 가지 지원을 받아 손쉽게 자기 사업을 할 수 있다. 체인 본부는 가맹점주를 지원한다는 명분으로 개점시에 대가를 받으며 개점 이후에는 로열티(royalty) 등을 받아 수입을 올린다.

또한 최종적으로 자기자본을 들이지 않은 다점포에서 상품을 대량 소비하여 점주는 소매마진을, 본부는 도매마진을 지속적으로 확보한다. 즉, 획기적인 본부투자 절약형 유통사업 전개 방식이라 할 수 있다. 그러나 이 프랜차이즈 체인방식은 계약에 따라 개인을 교육시킴으로써 전국적으로 통일화 작업을 해야 한다는 단점이 있다.

다시 말해, 한 점포에서 실수를 하게 되면 한순간에 같은 브랜드

1) 본 장에서는 레귤러체인이나 볼런터리체인은 참고적으로 서술한 것이고, 프랜차이즈 창업에 관한 내용은 프랜차이즈 체인을 중심으로 한다.

를 사용하고 있는 점포들 전체의 이미지가 흔들릴 수도 있는 것이다. 때문에 체인본부에서는 강력한 통제와 관리를 한다. 점주는 본부에 절대적으로 순응하는 것이 매우 중요하다. 반면, 이 방식은 개인이 직접 투자하여 자기만의 사업을 하는 것이므로 점주들이 자신의 역량을 100~200% 이상을 발휘할 수 있다는 장점도 갖고 있다. 그래서 선진국에서는 프랜차이즈 사업이 유통의 꽃으로써 소매업 매출액의 반 이상을 점유하고 있을 만큼 주요한 사업으로 급속히 발전하고 있다.

3. 볼런터리 체인(voluntary chain)

이것은 단독점포와 프랜차이즈(Franchise)의 중간 형태로써 특히 공동 브랜드나 동일 업종을 조합하여 전개해 나가는 체인방식이다. 체인 본부는 최소한의 기능만 하고 점포주가 자기만의 특성을 살려 융통성 있게 경영해 나갈 수 있다. 그래서 지역형 점포 이미지를 만들어 갈 수 있고, 가격고정이나 상품취급 등의 한계를 극복할 수 있다. 하지만, 자율은 있으나 체인본부의 강력한 통제 아래 브랜드 이미지를 만들어 갈 수 없다는 단점이 있고 실제 성공한 사례도 찾아보기 힘들다.

결론적으로 볼런터리 체인(voluntary chain)은 도매업자가 중심이 되어서 소매점을 조직화하는 것과 소매점이 중심이 되어서 집단화해 가는 두 가지 방법이 있는데, 현재로서는 소매점 중심의 조직이 많은 것이 특징이다. 본부가 행하는 주요사업으로서는 판매촉진활동, 가맹점에 대한 지도교육사업이 있다.

제 3 절 프랜차이즈의 특징

프랜차이즈 방식은 유통업이 주를 이루고 있다. 따라서 프랜차이즈 시스템은 경영효율을 높이기 위해 본사의 관리 통제아래 운영되고 있으며, 상품도 본사에 의해 통일적, 정형적으로 기획되는 등 프랜차이즈시스템 특유의 경영 특질을 갖고 있다. 이를 구체적으로 살펴보면 다음과 같다.

1. 본사의 관리통제

각 가맹점은 본사의 통일적 경영 방침에 따라 관리, 운영되므로 경영 관리 기능으로 하고 있다. 이와 같이 통일된 경영방침에 따라 판매기능을 분산하는 관리 기능은 프랜차이즈(Franchise) 본사에 집중되어 있으며, 각 가맹점은 판매기능을 주요기능으로 하고 있다. 이와 같이 통일된 경영방침에 따라 판매기능을 분산하는 것은 프랜차이즈사업의 조직 운영에 있어서 매우 중요한 요소이다.

2. 상품매입의 통일성

가맹점에 제공되고 있는 상품은 정형화, 표준화되어 있는 상품이기 때문에 제공 방법도 획일화, 표준화되어 있어야 한다. 또한 상품에 있어서 매입의 집중화와 동질화를 전제로 하기 때문에 각 가맹점에서 제공되는 상품은 각 가맹점에서 기획한 것이 아니라 프랜차이즈(Franchise) 본사에서 통일적, 정형적으로 기획된 것이어야 한다.

3. 다점포 원칙

프랜차이즈(Franchise)사업으로서의 역할을 다하기 위해서는 최소한의 점포수가 확보되어야 한다. 종전에는 점포수 6개 이상을 국제기준으로 정한 때도 있었으나 지금은 최저 11개 이상의 점포가 있어야 국제기준에 합당한 프랜차이즈 시스템이 가동될 수 있다. 따라서 프랜차이즈사업을 한마디로 정의하면 동일 상품을 취급하며, 11개 이상의 점포를 본사가 통제하는 고도의 획일화, 표준화를 달성한 시스템을 가지고 전체의 판매력과 시장점유율을 강화해 나가는 소매조직이라고 할 수 있다.

결국 프랜차이즈사업은 프랜차이즈 본사에 경영관리기능이 집중되어 있고, 판매기능은 가맹점으로 분산되는 특수한 성격을 가진 조직이라는 점에서 독창적인 특질을 가지고 있다고 할 수 있다.

4. 표준화가 사업의 원천

프랜차이즈(Franchise) 사업의 성공은 코스트 다운을 위한 매뉴얼화에 있다. 가맹점이 많이 확보되어 프랜차이즈 사업의 매력을 느꼈다 하더라도 비용절감이 이루어지지 않은 상태에서 무계획적으로 참여한다는 것은 문제가 있다. 계획도 없이, 표준화되지도 않은 상태에서 가맹점만 개설하게 되면 본사로서는 그 기능을 제대로 발휘될 수가 없으며, 오히려 인원과 경비만 늘어 결국 다점포의 장점은 없어지고, 본래의 프랜차이즈 사업 경영자체도 곤란해진다.

제4절 프랜차이즈 시스템의 장단점

1. 프랜차이즈 시스템의 장점

먼저 초보자도 노하우를 전수 받을 수 있으므로 손쉽게 창업할 수 있다. 점포 입지선정에서부터 인테리어, 품목선택, 상품공급은 물론 홍보전략, 점포운영전략에 대한 지도 및 지원을 해주기 때문에 장사를 처음 시작하는 초보자들도 창업하기가 쉽다.

둘째, 단독 점포에 비해 실패 확률이 적다. 프랜차이즈(Franchise)의 경우 본사에서 사업가능성을 다각도로 검토하여 사업을 시작하기 때문에 개인이 주먹구구식으로 시작하는 것도 훨씬 성공률이 높다.

셋째, 비교적 적은 비용으로 창업이 가능하다. 본사 차원의 정형화된 상품구성과 통일된 인테리어 및 홍보전략으로 창업비용을 최소화할 수 있어 단독점포에 비해 투자비용이 적게 들어간다.

넷째, 본사의 브랜드인지도 효과를 볼 수 있으며 홍보하기가 쉽다. 체인본사의 브랜드 인지도가 높은 경우, 높은 인지도를 바탕으로 고객의 확보가 쉬워서 초기에 장사가 안정될 수 있다. 또한 인지도가 낮더라도 본사 차원의 전국적인 홍보가 가능해 조기에 시장진입을 할 수 있다. 지속적인 정보입수로 경영전략 수립이 용이하다. 본사를 통해 시장현황과 신상품에 대한 정보를 지속적으로 받아볼 수 있기 때문에 주변의 경쟁점포를 앞서 나갈 수 있는 차별화 된 마케팅 전략을 세워서 실행할 수 있다.

2. 프랜차이즈 시스템의 단점

먼저 부실 체인본사를 선택할 경우 큰 손해를 볼 수 있다. 프랜차이즈 사업이 날로 확대되면서 노하우도 없이 가맹비(Franchise Fee)와 시설비를 노리고 생겨나는 부실 체인 본사들이 있다. 이런 부실 체인 본사의 과대선전에 현혹되어 가맹점 계약을 하게 되면 장사도 제대로 하지 못하고 큰 손해를 볼 수 있다.

둘째, 본사와 가맹점간 계약이 기본적으로 가맹점에게 불리하게 맺어져 있다. 프랜차이즈 가맹점 계약은 대체로 본사의 의무는 축소시키며 개별 가맹점의 권리를 제한하고 종속화 시키는 경우가 많다.

셋째, 가맹비(Franchise Fee)와 로열티 지불에 따른 경제적 부담이 생긴다. 프랜차이즈의 가맹점에 가입하기 위해서는 가맹비(Franchise Fee)와 보증금을 지불해야 하며 업체에 따라서는 매출액에서 일정한 로열티를 지불하는 곳도 있다.

넷째, 본사의 이미지가 나쁘면 가맹점 매출도 떨어질 수 있다. 아무리 가맹점이 노력해도 본사의 이미지가 나빠지거나 본사가 파산하게 되면 가맹점도 동반 부실화되기 쉽다. 이것은 본사의 이미지가 좋을 때는 장점이지만 잘못되었을 때는 오히려 짐이 된다.

다섯째, 시장변화나 소비자의 기호변화에 탄력적으로 대응할 수 없다. 프랜차이즈의 경우 본사에서 매뉴얼에 의해 각 지역의 평균적인 제품이나 서비스를 각 가맹점에게 제공하기 때문에 개별 가맹점

〈표 7-1〉 프랜차이즈 시스템의 장단점 비교

장 점	단 점
- 초보자도 노하우 전수가 쉬워 손쉽게 창업가능 - 단독 점포에 비해 실패 확률 적음 - 비교적 적은 비용으로 창업 가능 - 본사 브랜드인지도 효과 및 홍보의 용이성	- 부실 체인본사 선택시 손실우려 - 본사와 계약상 종속화 우려 - 가맹비와 로열티지불의 부담 - 본사 이미지 저하시 동반 매출 저하 - 장변화, 고객 변화에 탄력적인 대응 어려움

제5절 우량체인본부 선별기준

지역별로 산재한 중기청 산하 소상공인지원센터에 가면 전문가의 도움 없이도 스스로 체인본부의 기능을 판단하고 선택할 수 있는 기준[2]이 있다. 이를 살펴보면 다음과 같다.

1. 사업 아이템의 미래 보장성

체인본부가 어떤 기능을 하는지, 우수한지를 판단하기에 앞서 본부가 채택한 사업 아이템이 과연 지속적으로 안정될 수 있겠는지를 알아보아야 한다. 여러 사람에게 자문을 받아 그 업종이 장래성이 있다고 판단이 선다면 체인본부가 채택한 사업도 안정적일 것이라고 여겨도 좋다.

2. 본부 재정의 양호 상태

체인본부가 재정문제로 인해 도산에 직면하게 되면 더 이상 체인점으로서의 혜택은 받을 수 없다. 결국 그 사업을 지속할 수도 없어 경제적으로 큰 손실을 입게 된다. 여러 상황을 판단하여 체인본부의 재정상태에 대한 의혹이 전혀 없을 때 계약을 해야 한다.

2) 소상공인지원센터 내부 자료를 발췌 정리 요약한 내용임.

3. 브랜드의 경쟁력 유무

체인점을 선택하는 까닭은 체인본부에서 개점이나 경영 노하우를 지원받기 위해서 이지만, 그 브랜드(상호)의 브랜드 가치로 인해 개인 브랜드로 출점하는 것보다는 훨씬 많은 고객을 자연스럽게 받아들이기 위한 것도 있다. 소비자가 그 상호를 얼마나 인지하고 있는냐 하는 문제는 앞으로의 매출확대와 직결되는 문제이므로 반드시 짚고 넘어가야 한다. 또한 가맹비(Franchise Fee)가 브랜드의 인지도에 적합한지도 잘 살펴보아야 한다.

4. 본부의 투자여부

상호명에서부터 여러 가지 인쇄물의 디자인, 홍보물 제작에 이르기까지 시장에서 경쟁력을 얻기 위해서는 전문가 집단의 참여가 필요하다. 이러한 투자를 하여 만든 디자인이나 광고는 반드시 세련됨에서 차이가 나게 되어 있다. 좋은 체인본부는 홍보물 제작에 전문가를 투입하는 것은 물론, 광고도 체인점 모집에만 국한하지 않고 이미 문을 연 체인점의 매출을 확대시키기 위한 브랜드의 이미지 광고 역시 게을리 하지 않는다.

5. 상품개발, 제조, 물류의 구축여부

체인점에서 판매할 상품의 질이 좋지 않거나 시대적으로 뒤떨어진데다 가격이 비싸다면 체인점이나 체인본부의 미래는 없다고 보아도 좋다. 그러므로 체인본부는 늘 신제품을 개발하고 제조하여 좋은 가격, 적절한 시기에 상품을 잘 공급해주어야 한다. 그래야만 체인점도 살아나고 이와 더불어 체인본부도 살게 되는 것이다.

6. 개점 등 기본적인 지원 사항

체인본부는 아무 것도 모르는 점주들을 사업 전문가로 만들기 위해 여러 가지 교육도 시키고 꾸준히 지원도 해주어야 한다. 특히, 개점시 고객을 빠른 시간 내에 점포 내로 끌어들이기 위한 판촉활동을 반드시 해주어야 한다. 그러므로 체인본부가 항상 가동할 수 있는 판촉 프로그램을 갖고 있는지를 잘 살펴보아야 한다.

7. 본부의 주요 수입원 여부

체인본부도 사업체이므로 지속적으로 수입을 얻을 수 없다면 경영을 해나갈 수 없다. 체인본부의 주 수입원을 살펴보면 사업이 안정되었는지, 부실하지 않은지를 점쳐 볼 수 있다. 우선 체인본부의 주 수입원은 가맹비(Franchise Fee)와 로열티이다. 그런데 체인본부가 인테리어나 설비, 초도상품, 공급상품의 도매마진에만 급급하다면 진정한 후견자로서의 역할을 다하지 못할 것은 자명한 이치이다. 이와 같이 각 항목을 체크해 나간다면 조금은 구체적으로 본부를 판단해 볼 수 있을 것이다.

[참고자료-4] 점포출점타당성분석자료

패스트푸드 업체 선정 분석

00. 00. 00

○○○○○

1. 단계별 업무추진 계획

구분	업무 FLOW	세부내용
1 단 계	브랜드별 타당성 분석 ↓ 브랜드별 회사내역 및 체인점 출점을 위한 구제적인 방안 협의	· 당사와 패스트푸드점 브랜드와 상호입장 및 수용성여부 판단 · 브랜드별 사업현황 및 전망비교 · 브랜드별 체인점 출점절차 조사
2 단 계	↓ 점포입지 선정작업 ↓ 점포출점	· 부동산 임대조사 (생활정보지, 부동산, 현장답사등)를 통한 출점점포 물색 · 사업 타당성 분석 및 브랜드선정 단, 우선 브랜드로 맥도날드로 진행하되 입지여건등 고려 거래조건이 미흡할경우 롯데리아로 교체 · 패스트푸드 회사와 체인점 계약 체결 · 점포 출점

2. 점포출점 예상 가능 회사별 현황 및 조건

브랜드명 구 분	M사	L사	비 고
취급상품	햄버거, 커피, 패스트푸드, 쉐이크	햄버거 8종, 치킨, 음료 00 여종	
업 체 명	(주)00000	(주)0000	
주 소	000 구 000 동 198~42 000 B/D 14F	000 구 0000동 6	
전화번호	(02) 0000~0000 000 00	(02) 0000~000 000 개발담당 000000	
FAX	(02) 000~0000~2	(02) 000~0000	
자 본 금	0000	0000000	
대표자명	000	000	
창설연도	1992	1979	
회사형태	법 인	법 인	
직영점수	000개	00개	
체인점수	0	000개	
모집대상	개 인	개인, 법인	
모집지역	최고 좋은 입지	인구 10만 명 이상시	
점포면적	실평수 50평	1층 기준 실평수 50평, 2층은 각각 30평 이상, 별도창고5평	
희망입지조건	좌동	젊은 층의 유동인구 많은 곳	
마 진 율	입지에 따라 변동	50%	
가 맹 비	협의에 의해 진행	1,500만 원	
보 증 금	〃	무	
인테리어비	0억 (기타 일체포함)	평당 000만 원~000만 원 (인테리어, 주방기기, 집기비품 등)	
기 타	담 보 무	부동산담보 0,000만 원 이상	
총소요자금	0억	0억 0천	

3. 브랜드별 장단점 비교

구분	M사	L사
장 점	· 브랜드 이미지제고 및 희소성 (대전 3개 점포 전체 직영으로 운영 중) · 점포 희소성으로 당사의 출점시 지역적 제약이 롯데리아 보다 적음. 따라서 당사의 사업확장을 감안 할 때 상대적으로 유리함.	· 상대적으로 초도 자금투입이 적음. · 국내브랜드로 마진율에서 유리 (로열티 지급 등이 없음) · 입지여건이 다소 불리해도 출점 용이 · 사업주의 의무교육 이수에 대한 강제조건이 없음.
단 점	· 개인운영만 가능하고 법인은 운영 못함. · 사업주가 9~12개월 의무교육 이수 조건이 있음. · 초도 자금투입이 과다함.	· 브랜드 이미지가 상대적으로 떨어짐. · 대전지역에 17개소 운영 중으로 주요입지에 거의 출점한 상태임

4. 브랜드별 특성 및 출점방법

구분	M사	L사
점포개설자 교육이수	9개월~1년간 의무적으로 이수를 필해야 함.	이수가 필요 없음.
운영 주체	개인이어야 함.	개인 또는 법인도 가능
평수 및 임대차 기간	50평 기준 20년 임대차계약이 되어야 함.	50평 기준, 20년 임대차계약 조건 없음.
마 진 율	현재는 직영밖에 없으며 체인사업은 시작단계임. 따라서 마진은 최소한의 범위(50%미만)이고 경영 지원제인 경우는 본사 직원파견 및 로열티 별도 징수함.	50% 수준

5. 계약시 준비사항

구분	M 사	L사
계약금	- 협의에 의해 진행 - 입지에 따라 변동됨. (아직 기준이 없는 상태이며 가맹점은 시작단계임.)	계약금 : 69,800천원 - 가맹료 15,000천원 - 교육비 3,000천원 - 주방기기 선수금 50,000천원 - 기 타 1,800천원
구비서류	· 신상명세서(소정양식) 1부 · 점포 임대차계약서 1부 · 주민등록등본 1부 · 반명함 사진 1매 · 인감증명원 1부 · 인감도장 · 맥도날드 교육이수증(1년) 1부	· 신상명세서(소정양식) 1부 · 점포 임대차계약서 1부 · 주민등록등본 1부 · 반명함 사진 1매 · 인감증명원 1부 · 인감도장
가맹절차	· 약 6개월 소요 가맹점 희망자 신청 ⇨ 시장조사 및 분석 · 출점 타당성 분석 · 최종협의 결정 · 가맹점 체결	· 약 3개월 소요됨. 가맹점 희망자 신청 ⇨ 시장조사 및 분석 · 출점 타당성 분석 · 최종협의 결정 · 가맹점 체결

〈브랜드별 대전지역 출점현황〉

상호	전화번호	소재지
1) M사 000	226-0894~96	문화동 1-16
2) M사 000 점	254-4094~96	은행동 40-23
3) M사 000 점		삼천동 991 한신코아
1) L사 000 점	256-696	
	(FAX 226-1189)	중동 26-4 역전 대훈서적 맞은편
2) L사 000점	254-6070,	
	256-3993	용두 14-5 서대전4거리 병무청 앞
3) L사 000점	256-2800	중구 은행동 55 (대우당약국 맞은편)
	252-9305	
4) L사 00	823-8384	봉명동 469-11
	822-9358	(리베라호텔→시외버스방면 국민은행 옆)
5) L시 000	535-8491	태평동 408-11 (삼부스포렉스 1층)
6) L사 000점	861-2756~57	전민동 464-1 (엑스포 상가 1층)
7) L사 00점	222-0608~0606	은행동 33-7 (성심당 옆)
분점(00에서 운영)	256-1358	선화동 483 (삼성생명아래 신지하)
8) L사 000점		동양백화점 둔산점 2F
9) L사 00점	489-1171	월평동 233 (한아름아파트 앞)
10) L사 00점	822-3924~25	궁 동 1-2 (충대 농대입구)
11) L사 00동부 000지점	673-0042~43	용전동 68-2 (동부터미널 옆)
12) L사 00점	626-8300~1	법동 192-1
13) L사 00점	624-2900	중리동 368-1
14) L사 00점	535-7942	도마동 4거리 142-38
15) L사 00점	527-2330~31	도마동 50-14 (배재대학 앞)
16) L사 0 0 점	257-3592	대흥동 1-3-27
17) L사 000점	253-8229	대전역전 앞 3F건물 (직영점)

[참고자료-5] 점포출점타당성분석자료

○○지역 점포출점 타당성분석

0000. 00.00

○○○○○

목　차

1. 임대가능 후보점포에 대한 현황

2. 임대조건비교

3. 근저당권 등 분석

4. 손익추정(매출액은 롯데리아 추정액 기준)

5. 손익분기점분석

6. 일정별 자금 소요계획(0000.00.00 오픈기준)

7. 임대차계약 체결시 사전 검토사항

〈첨부자료〉

1) 등기부 등본 1부

2) L사 00지역 시장보고서 1부

1. 임대가능 후보점포에 대한 현황

1) 후보지역 검토

가. 0000가전

- 소개자 없이 직접 상담하였으며, 전에 00상호신용금고를 운영하고, 00상호신용조합회장을 했었다고 함. 지금은 자식 등의 문제로 서울로 이사하려고 계획 중이라 함. 특히 당사 회장님과도 잘 아는 사이라고 함.

- 현소재지 건물을 작년에 00억 원에 팔려고도 했으나 L사를 운영코자 미루다가 지금은 00억 원에 사고자 하는 사람이 있어서 얘기중임.

- 00억 원의 근저당은 친동생이 설정한 것, 연체 없이 제대로 갚아 나가는 중이라 문제가 없고, 가처분이 들어와 있는 것은 000천만 원이면 해결되는 것으로 계약시 처리해 주겠다고 함.

- 전세권설정은 별도로 다른 곳에는 불가능하고 15억 원 다음의 후순위로 해주겠다고 함.

- 00억 원 근저당 설정은 추후 경매절차를 밟는다면 당사의 임대보증금 5억 원 회수가 어려울 수가 있음. 따라서 매각 후 새 주인과 협의하여 진행하는 방법이 가장 안전한 방법일 것으로 보임.

- 특히 000씨는 건물을 파는 것을 선호하고 팔아서 빚 갚고 편하게 살고 싶다고 함. 안 팔리면 전세를 놓아서 나중에 팔겠다고 함.

- 소문(00사장)에 의하면 곧 경매가 된다고 소문이 났으며 자금난에 허덕이고 있다고 함.

나. 0000000

- 소개자가 000(00 사진관건물주인)이며, 주인은 식당업을 하는 사람(000)으로 그 지역에 부동산을 많이 갖고 있으며 아들이 직접 부동산을 관리하고 있고, 자금에 대한 어려움은 전혀 없는 것으로

소문남.

- 000과 000은 000씨의 친척이며 현재 장사가 안 된다고 함.

- 집주인은 완전히 000씨에게 업무를 위임시켜 놓은 상태로 2년 계약으로 두 번 계약갱신(갱신시 7%정도 인상)은 가능하고 권리금은 법적으로 인정하지 않는다고 함.

- 권리금을 0천만 원을 인하하여 1억 원으로 조정가능하다고 함.

다. 000000000

- L사에서 후보지 추천으로 직접 접촉한 곳으로 현재 매물을 8억 원에 내놓고 있으며, 어려워서 임대만 놔서는 어렵다고 소문이 났으며, 매매가 이루어 지지 않으면 추후 경매까지 갈수가 있다고 함.

- 가압류 2건은 계약시점에서 000씨에 의하면 친구보증을 해준 것으로 바로 해결할 수 있다고 함.

- 권리금은 0억 원에서 00전만 원으로 인하가능하다고 함(임보 0억 원, 권리금 0천, 월세 000만원)

라. 기타

- 000씨 건물인 00.00000 매장은 지상 2층(각 30평 총 60평)과 무허가 3층을 0억이면 판다고 함(바로 앞까지 도로확장예정).

- L사 출점에 대한 기대심리가 팽배하며, 이는 높은 임대가로 유치 가능하겠다는 생각에서 비롯된 것으로 보임. 따라서 역 맞은편이 배후 상권이 형성되어 있기 때문에 오히려 임대가가 타업종은 높음에도 불구하고 타업종의 임대가가 낮은 4거리 에서 역주변 사이의 점포(배후에는 상권이 없고 선로로 형성)가 L사 매장 임대 상담시 높은 임대가(임대보증금 및 권리금등)를 요구함.

2) 임대조건개요

가. 주소지: 00시 00구 000동 144-24번지

나. 소유자: 000(현재 아들이 직접관리 중)

다. 건물규모

대지면적	층수	구 조	준공일	연면적	용도
약 75평(23번지 31평, 30번지 44평)	지하1~지상 3층	철근콘크리트슬래브지붕	1993. 6. 11	262.33평(각층 67.1평. 단, 지하는 61.0평)	1층 점포, 2층 사무실, 3층 유흥음식점, 지하 다방

2. 임대조건비교

(단위 : 천원)

구 분	임보금	월임료	권리금	임대조건	실면적	계약기간	비 고
0000000 (역주변)	400,000	0	0	000,000	68평 (1층,2층)	5년	대전 00구 00동 145-7번지
00000000 (역맞은편)	100,000	1,200	100,000	000,000 (10000)	40평 (1층)	2년 (5년보장)	대전 00구 00동 144-30번지
000000000 (역주변)	300,000	1,000	70,000	000,000 (월0,000)	60평 (1,2층)	2년 (5년보장)	대전 00구 00동 145-6번지

주 : 1) L사 적정 임대가 기준: 임보 0억, 권리금 1억, 월임대료 0백만 원 수준(월임대료 2부이자로 계산한 금액 - 대우가전수준)

2) 대우가전과 하이트광장은 중층으로 사용하기 위해서는 별도 추가공사필요

3) 당 통행량조사에서 역 맞은편이 1.5배 가까이 많으나 L사는 역 주변선호

3. 근저당 등 분석

구분	세부내역	비고
0000000	- 가처분 : 신용보증기금(00.10.31) - 근저당설정:0,000백만 원(최고)	
000000	- 근저당설정:000백만 원	
000000	- 가압류2건:00000백만 원 - 지상권설정000000:0000.3.24까지 - 저당설정:000.0백만 원(최고)	

4. 손익 추정(매출액은 L사 추정액 기준)

후보지역		쉐인·로엠 기준	비 고
손익분석	자금소요	- 임대보증금 100,000천원 - 인테리어비 230,000천원 (인테리어비 80,000천원, 주방기 110,000천원, 집기비 품40,000천원) - L사 가입가맹금 15,000천원 - 개점 위탁 교육비 3,000천원 - 권리금 100,000천원 - 투자계 448,000천원	해지시 반환가능
	매출액	월 52,000천원	- 본사 추정액 기준
	월수입	27,352천원	- 이익률 52.6% 기준
	월지출	- 판매비 및 관리비 13,805천원 - 인테리어 감가상각비(5년) 3,833천원 - 교육비상각(3년) 83천원 - 권리금상각(5년) 1,667천원 - 월임차료 1,200천원 - 임대보증금이자 1,725천원 - 지출계 22,313천원	- 000본사 산출기준 적용 - 230,000천원/60개월 - 3,000천원/36개월 - 100,000천원/60개월 -(115,000천원×연18%)/12개월
	월수입	5,039천원	

5. 손익분기점분석

(단위 : 천원)

구분	손익분기점매출	산출내역
0000매장	월 42,420천원	- 월지출액 22,313천원/0.526(이익률) - 매출차 : 본사 추정액 52,000천원-42,420천원=9,578천원

6. 일정별 자금 소요계획(00. 00.00 오픈기준)

구분	소요금액	주요내용	비고
계약금	78,000천원	- 계약금 10,000천원(100,000천원×10%) - L사 68,000천원 (가맹금 15,000천원, 교육비3,000천원, 주방기기 선수금50,000천원) - 합계 78,000천원	00. 0. 0계약체결
중도금(계약 후 1개월 이내)	110,000천원	- 중도금 50,000천원 - 인테리어시공비 60,000천원(계약시 50%) - 합계 110,000천원	00.00. 0
잔금(계약 후 3개월 이내)	260,000천원	- 잔금 40,000천원 - L사 60,000천원(주방기기잔금) - 인테리어잔금 60,000천원 - 권리금 100,000천원 - 합계 260,000천원	00.00. 0오픈
합계	448,000천원		

7. 임대차계약 체결시 사전 검토사항

- 가처분 및 가압류 건에 대한 처리
- 기 근저당된 물건에 대한 전세권설정시 안정성 확인
- 임대건물의 제3자 양도시 당사의 사전 동의여부(또는 통보)사항 계약서상 삽입문제

8. 00지역 매각대상 부동산 건물가 비교표

구분	주요내용	비고
1.0000	- 매각 요구액:00억 원 - 건물 연면적:약 600평(E/V설치) - 대지면적:약 135평 - 층수:지하 1층~지상 5층 (옥상은 가정집 약 35평) - 전용면적:1층(00) 68평, 지하 1층(00)30평,(주차 6대 별도) 지상 2층(00서1/2) 80평 3층(레스토랑) 80평 4층(00 철수예정) 80평 5층(빈사무실) 80평 옥상(집주인 주택) 35평 - 현재임대현황: 지하 1층 임보 1천3백만 원, 월 50만 원 지상 1층 임보 6억3천만 원 2층 임보 5천만 원, 월 75만 원 3층 임보 3천만 원, 월 250만 원 4층 철수예정 5층 빈사무실 계:임보 723,000천원, 3,750천원	토지기준평당가=14,815천원 (20억원/135평) 건물기준평당가=3,3333천원 (20억원/600평)
2.0000	- 매각 요구액:8억 원 - 건물연면적:136.77평 - 대지면적:42.5평 - 건축면적:지하 1층(노래방) 35평 지상 1층(00) 34평 2층(000) 34평 3층(주택) 34평 - 현재임대현황 지하 1층 임보 3천5백만 원, 월 100만 원 지상 1층 임보 2억 원, 월100만 원 계:임보 235,000천원, 월100만 원	토지기준평당가:18,823천 원 (8억 원/42.5평) 건물기준평당가:5,849천 원 (8억 원/136.77평)
부동산주 변시세	1. 00부동산 000씨 - 000지역 평당 지가가 15,000천 원 정도로 형성되어 있으며 부르는 것이 값인 형편임. 2. 00씨 건물 - 0억에 매각가능 평수00평(1-2층) 및 옥상층 주택(단, 옥상주택은 무허가)	

9. 후보대상점포 근저당 설정현황표

건물명	세부내용	비고
000가 전 (00동 000번지	1. 근저당권 설정 접수:0000년 8월 30일 채권최고액:1,575,000,000원 근저당권자:00은행 2. 기타 · 소유권이전:0000년 7월 18일 매매 소유자:000 · 가처분:0000년 10월 31일 채권자:000 보증기금	
0000 (00동 000번지)	1. 근저당권 설정 · 접수:0000년 3월 26일 채권최고액:15,000,000원 근저당권자:000단위농협 · 접수:0000년 4월 1일 채권최고액:45,000,000원 근저당권자:000농협 · 접수 : 0000년 12월 21일 채권최고액:15,000,000원 근저당권자:000농협 · 접수:0000년 11월 28일 채권최고액:34,900,000원 근저당권자:00농협 · 접수:0000년 9월 1일 채권최고액:84,000,000원 근저당권자:00새마을금고 · 접수:0000년 11월 1일 채권최고액:48,000,000원 근저당권자:00새마을금고 * 소계:241,900,000원 2. 기타 · 가압류:접수 1998년 2월 6일 청구금액:10,346,575원 채권자:00은행 · 가압류:접수 1998년 4월 15일 청구금액:7,835,390원 채권자:00제일교회 신협 · 지상권설정:접수 1986년 3월 26일 존속기간:1986년 3월 25일~2001년 3월 24일까지 지상권자:00단위농협 * 소계:18,181,965원 * 합계:260,081,965원	
0000 (00동 000번지)	1. 근저당권 설정 · 접수:0000년 2월 22일 채권최고액:120,000,000원 근저당권자:000생명보험(주) · 접수:0000년 3월 13일 채권최고액:108,000,000원 근저당권자:000 생명보험(주) * 합계:228,000,000원	

【연습문제 및 과제】
1. 프랜차이즈창업의 장단점을 서술하라. 2. 프랜차이즈 종류에 대하여 설명하라. 3. 가상의 점포 출점지역을 가정하고 전체 비용과 수입을 산출해 보라.

참 고 문 헌

윤명길(1995), 『유통개방시대 소매유통 어떻게 할 것인가}』. 동인
윤명길(1996), 『백화점유통 쉽게 알기』, 동인, 167쪽.
윤명길(1997), 『유통산업 맥잡기』, 한수협출판부, 140쪽.
윤명길 · 고창룡(2003), 『할인점 경영과 실무』, 두남, pp. 33~38

제 8 장

기타 벤처 창업

제1절 벤처기업과 창업

1. 벤처기업의 정의

원래 미국에서는 다른 기업보다 상대적으로 사업의 위험성은 높으나 성공하면 높은 수익이 보장되는 기업을 벤처기업이라 하였다. 벤처기업(venture company)의 용어는 벤처(venture)와 기업(company)의 합성어이다. 아직 학술적으로 명확히 정리된 개념은 없으며, 국가에 따라 정책수립의 특성에 따라 다양하게 사용되고 있다. 일반적으로 모험자본(Venture Capital)으로부터 투자를 받은 기업을 의미하나, 다른 나라에서는 이와는 다른 개념으로 "신사업" "기술집약기업" "첨단기술기업" 등을 의미하는 것으로 사용된다.

1) 국내 벤처기업

국내는 현재 벤처기업을 다음과 같이 정의한다. 즉, 다른 기업에 비해 기술성이나 성장성이 상대적으로 높아, 정부에서 우선 지원할 필요가 있다고 인정하는 기업으로서 다음과 같은 4가지 기준 중에 한 가지를 만족하는 기업을 벤처기업이라 하였다.

첫째, 창업 후 7년 이내에 창업투자회사(조합), 한국벤처투자조합, 신기술사업금융업자(조합), 다산벤처(주)로부터 투자를 받아 그 투자총액이 자본금의 20% 이상 투자받은 기업이다. 단, 신주(주식)일 경우에는 10% 이상도 가능하다.

둘째, 직전 사업연도의 연구개발비가 총 매출액의 5% 이상인 기업이다.

셋째, 특허권·실용신안권(출원중인 경우 특허청장의 증명서)을 이용한 제품의 매출액이 직전 사업연도의 총매출액 대비 50% 이상이거나 수출액이 총매출액 대비 25% 이상인 기업으로 각 중앙행정기관에서 시행하는 신기술사업에 의해 생산된 제품의 직전 사업연도 매출액이 총 매출액의 50% 이상이거나 수출액이 총 매출액의 25% 이상인 기업이다.

넷째, 창업 중인 기업으로서 평가기관의 기술성 또는 사업화 능력이 우수하다고 평가된 기업으로 자체 개발한 기술을 사업화하는 기업으로서 평가기관의 기술성 또는 사업화 능력이 우수하다고 평가된 기업이다.

이와 같이 국내는 미국의 전통적인 개념과는 다르게 다른 기업에 비해 기술성이나 성장성이 상대적으로 높아, 정부에서 지원할 필요가 있다고 인정하는 기업으로서 벤처기업육성에 관한 특별조치법의 4가지 기준 중 1가지를 만족하는 기업을 의미한다.

국내의 벤처기업은 "성공한 결과"로서의 기업이라는 의미를 가진 미국과는 달리, 정책이라는 수단을 통해 세계적인 일류기술기업으로 육성하기 위한 "지원대상으로서의 기업"이라는 성격이 강하다. 즉, 자생적인 의미가 아니라 육성기업으로서의 의미가 강하다.

〈표 8-1〉 우리나라의 벤처기업 기준

구분	확인기준
벤처캐피탈 투자기업	창업 후 7년 이내에 창업투자회사(조합), 한국벤처투자조합, 신기술사업금융업자(조합), 다산벤처(주)로부터 투자를 받아 그 투자총액이 자본금의 20% 이상[주식(신주에 한함)에 한정되는 경우에는 10% 이상] 투자 받은 기업
연구개발 투자기업	직전 사업연도의 연구개발비가 총 매출액의 5% 이상인 기업으로 직전 사업연도 또는 당해 사업연도 중에 창업된 기업은 벤처기업 확인을 요청한 날이 속하는 분기의 직전 2분기 이상의 매출액 또는 연구개발비를 직전 사업연도의 매출액 또는 연구개발비로 산정
신기술(특허기술) 개발기업	- 특허권·실용신안권(출원중인 경우 특허청장의 증명서)을 이용한 제품의 매출액이 직전 사업연도의 총매출액 대비 50% 이상이거나 수출액이 총매출액 대비 25% 이상인 기업 - 각 중앙행정기관에서 시행하는 신기술사업에 의해 생산된 제품의 직전사업연도 매출액이 총 매출액의 50% 이상이거나 수출액이 총 매출액의 25% 이상인 기업
기술평가기업	- 창업 중인 기업으로서 평가기관의 기술성 또는 사업화 능력이 우수하다고 평가된 기업 - 자체 개발한 기술을 사업화하는 기업으로서 평가기관의 기술성 또는 사업화 능력이 우수하다고 평가된 기업 - 신기술개발기업의 기준에 미달하는 기업 또는 의장권 보유기업 - 평가기관의 기술성 또는 사업화 능력이 우수하다고 평가된 기업

자료 : 벤처기업 육성에 관한 특별조치법에서 발췌 요약 함.

2) 외국의 벤처기업

벤처기업은 상기와 같이 국가별로 정책목적에 따라 다르다. 그러나 광의의 의미로는 거의 대동소이하나, 협의의 의미로 들어가면 국가 간 차이점을 다소 보이고 있다. 그러한 사항을 세부적으로 나타내면 다음과 같다.

먼저 미국은 중소기업투자법에서 "위험성이 크나 성공할 경우 높은 기대 수익이 예상되는 신기술 또는 아이디어를 독립기반 위에서 영위하는 신생기업(New business with high risk-high return)"으로 규정하고 있다. 첨단 기술(전자, 컴퓨터, 유전공학, 자동화 기기 등)에 약 80%가 집중되어 있다.

〈표 8-2〉 벤처기업의 일반적 개념

국명	주요내용
한국	『벤처기업 육성에 관한 특별 조치법』 4가지 기준 중 1가지를 만족하는 기업을 의미
미국	「중소기업 투자법」에서 "위험성이 크나 성공할 경우 높은 기대 수익이 예상되는 신기술 또는 아이디어를 독립기반 위에서 영위하는 신생기업(New business with high risk - high return)"으로 규정
일본	『중소기업의 창조적 사업활동촉진에 관한 임시조치법』에서 "중소기업으로서 R&D투자 비율이 총매출액의 3% 이상인 기업, 창업 후 5년 미만인 기업"을 규정
OECD 국가	"R&D 집중도가 높은 기업" 또는 "기술혁신이나 기술적 우월성이 성공의 주요 요인인 기업"을 규정

두 번째로 일본은 중소기업의 창조적 사업활동촉진에 관한 임시조치법에서 "중소기업으로서 R&D투자 비율이 총매출액의 3% 이상인 기업, 창업 후 5년 미만인 기업"으로 규정하고 있다. 첨단기술에 집중도가 24%에 불과하며, 유통부문과 서비스업이 상대적으로 크다. 이러한 사실은 정책의 시각이 많은 차이가 있다하더라도 국내의 실정과 벤처기업 환경이 유사하다는 점을 감안할 때 시사하는 바가 크다.

마지막으로 유럽 등 선진국은 "R&D 집중도가 높은 기업" 또는 "기술혁신이나 기술적 우월성이 성공의 주요 요인인 기업"으로 규정한다.

2. 벤처기업의 선정조건

벤처기업 등록은 다음의 기관에서 확인 받을 수 있다. 즉, 다음의 요건 중 하나의 요건을 구비한 기업은 증명기관(한국캐피탈협회, 특허청장, 중앙행정기관장 등)의 증명을 거쳐 확인기관인 전국 11개 지방중소기업청에 신청하면 확인기관에서 신청일로부터 15일 이내에 벤처기업 확인서를 발급하고 있다. 단, 연구개발비 및 신기술 매출 증명은 확인기관에서 증명기관에 의뢰한다. 창업 중인 기업이 벤처기업으로 지정받는 절차는 먼저 벤처기업 평가기관으로부터 벤처평가를 받은 후에 창업하고자 하는 소재지의 관할 지방 중소기업청으로부터 다음 절차에 따라 예비벤처기업 확인을 받아 기업을 설립하면 된다.

먼저 예비창업자는 벤처기업평가신청서를 작성한 후, 벤처기업평가기관에 벤처기업평가를 신청하여야 한다. 동 평가기관으로부터 사업성 또는 기술성이 우수하다고 평가를 받은 경우에는 관할 지방중소기업청에 벤처기업확인서 발급신청서를 제출하여야 한다. 이 경우 지방중소기업청에서는 유효기간 6개월의 "예비벤처기업 확인서"를 발급한다.

둘째, 예비창업자는 예비 벤처기업 확인서를 발급받은 날로부터 6개월 이내에 관할 지방세무서에 법인설립신고 또는 사업자등록을 하면 벤처기업 창업이 된다.

셋째, 창업자는 기업설립 후 예비벤처기업확인서 원본 및 창업을 증빙하는 서류(사업자등록 증명원, 법인등기부등본, 개시대차대조표), 기업현황 및 실태조사표 등을 첨부하여 지방중소기업청에 벤처기업확인서 재발급을 신청한다. 이 경우 지방중소기업청에서는 창업일로부터 2년간 유효한 벤처기업 확인서를 발급한다.

벤처기업으로 지정 후 지원의 종류는 몇 가지의 우선 지원사항이 있다. 이러한 일반 중소기업과 벤처기업의 지원제도에 관한 자세한 사항은 벤처넷(http://venture.smba.go.kr)나 중소기업청 홈페이지(http://www.smba.go.kr)에서 찾을 수 있다.

〈그림 8-1〉 중소기업청 홈페이지

〈그림 8-2〉 벤처넷 홈페이지

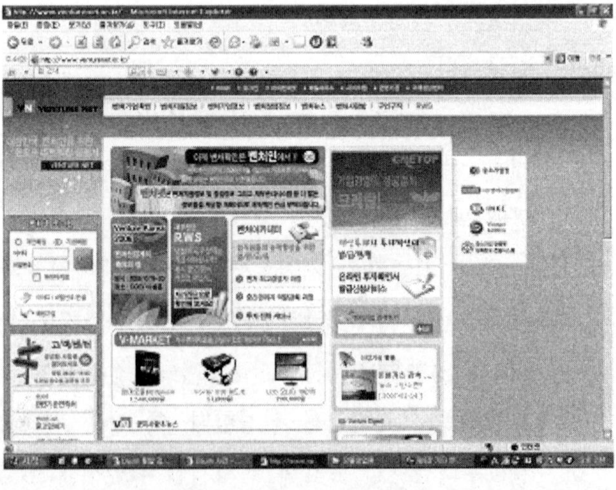

3. 창업 자금지원의 특례

벤처기업에 대한 국내 창업자금(start-up financing)의 지원에 대한 특례를 살펴보면 다음과 같다.

먼저 신용보증상 우선 지원(신용보증기금)으로 담보력이 부족하나 기술력이 우수한 벤처기업이 자금지원신청을 하는 경우 "지식기반기업"으로 분류하여 지식관련 특별보증으로 같은 기업당 100억 원까지 지원이 가능하며, 보증한도도 매출액의 1/3까지 우대한다. 벤처기업으로 지정된 기업이 기술관련 특허 또는 NT마크, KT마크, ISO품질인증 등을 획득하여 우대기업으로 분류되는 경우에는 신용보증료를 0.1% 차감하여 우대하고 있다.

둘째, 기술 우대 보증(기술신용 보증기금)으로 벤처기업은 다른 일반 중소기업에 비해 기술력이 상대적으로 우수하므로 기술력 위주로 심사하여 우대를 받고 있다. 운전자금 10억 원(부분보증의 경우 12억 원)까지 간이 심사의 적용을 받으며, 정식심사의 경우 재무상태가 취약하더라도 기술력을 총 배점의 70%를 적용하여 사업성(시장성, 수익성 등)이 양호한 경우 보증 지원하고 있다.

셋째, 주식회사 설립 규모에 대한 특례는 기업의 경우 자금의 조달에 유리한 형태의 회사를 설립하는 것이 매우 중요하다. 따라서 자금 조달에 가장 유리한 주식회사의 형태는 기업의 자금 조달 편의를 위해 매우 유용한 제도로서 일반 중소기업은 주식회사를 설립할 경우 자본금이 5,000만 원 이상이어야 하나 벤처기업에 대해서는 2,000만 원 이상이면 주식회사 형태로 회사를 설립할 수 있어 대규모의 자금조달에 유리한 측면이 있다(벤처법 제10조의2).

넷째, 산업재산권 등 출자에 대한 특례로 벤처기업의 경우 기술력은 있으나 경영능력이 부족한 경우가 많아 창업을 하려고 해도 어려움을 겪는 경우가 많으나 창업기업에 기술과 그 사용에 관한 권리 등을 출자할 수 있도록 특례를 인정하여 벤처기업의 창업과 성공률을 증가시키는 효과가 있다. 벤처기업에 대한 출자시 특허권, 실용신안권, 기타 이에 준하는 기술과 그 사용에 관한 권리(산업 재산권)를 출자할 수 있으며(상법에 비해 범위가 다소 넓어 탄력성을 부여하고 있음) 출자기술의 가치평가(Valuation)시 '벤처법시행령'이 정하는 기술평가기관이 가치를 평가한 경우 상법 제299의2에 의해 공인된 감정인에 의해 감정된 것으로 볼 수 있는 특례가 인정된다.

〈표 8-3〉 우리나라 벤처캐피털회사의 비교

구 분	창업투자회사	신기술사업 금융회사	한국종합기술 금융회사
1. 설립법	중소기업창업지원법	신기술사업지원에 관한 법률	한국종합금융회사법
2. 정부부서	중소기업청	재정경제부	과학기술처
3. 설립과정	등록사항	인가사항	특수법인
4. 자본금	100억 원 이상	50억 원 이상	요건 없음
5. 회사성격	민간 벤처캐피털	민간 벤처캐피털	공적 벤처캐피털
6. 지원대상	창업중소·벤처기업 14년 미만 기업	신기술기업 중소기업은 종업원 1,000인 이하	제한 없음 자금 90%는 벤처기업
7. 자금조달	창업지원기금 조합자금사채발행	각종 기금, 금융기관 해외차입, 조합자금 사채발행	정부의 저리융자복권, 금융채발행, 자체예수금
8. 자금운용	투자, 투자기업의 자금대여, 약정투자	투자, 융자, 리스, 팩토링	투자, 융자, 조건부융자, 리스, 팩토링

자료 : 김형길 외(2001), 『벤처기업의 창업과 경영』, 두남.

특허 우선 심사 대상 포함의 경우가 있다. 즉, 특허를 출연한 경우 국방, 환경, 수출 등 국가에 지대한 기여를 할 수 있는 특허에 대해서는 '우선 심사를 신청할 수 있는 자격'이 주어지고 있어 특허와 관련된 재산권의 침해를 방지하고 우수한 기술의 사업화를 조기에 추진하려는 제도를 시행하고 있다. 벤처기업으로 확인받기 위해 특허를 출연했을 경우 "특허출연 우선 심사 신청 관리규정" 제4조에 의해 우선 심사 신청기회를 부여하는 특례가 인정된다.

한편 벤처기업의 인력지원에 대한 특례를 살펴보면 다음과 같이 여러 가지가 있다.

먼저, 교원의 휴직제도로 고급 인력이 모여 있는 대학 및 연구소의 인력을 벤처기업으로 유도하기 위해 교육공무원법, 공무원법 등의 규정에도 불구하고 "벤처법 제16조"에 벤처기업을 창업하거나 벤처기업의 임원으로 근무하기 위하여 휴직을 할 수 있는 특례제도가 있다.

둘째, 교육공무원 등 겸임·겸직제도로 교육공무원 및 정부출연연구기관의 연구원 등 '벤처법 시행령'에 규정하고 있는 자는 소속 기관장의 허가를 받아 벤처기업의 대표자, 임·직원을 겸임·겸직할 수 있다(벤처법 제16조의 2).

셋째, 스톡옵션에 대한 특례로 우수한 인력의 유치와 경영에 관여한 자에게 경영성과에 대한 인센티브를 부여하기 위해 스톡옵션에 대한 특례를 인정하고 있다. 벤처기업(상장법인, 협회등록법인 제외)은 상법규정(발행주식 총수의 100분의 10)에도 불구하고 발행주식 총수의 100분의 50까지 스톡옵션을 부여할 수 있으며(벤처법 제16조의 3) 스톡옵션부여 대상도 상법의 규정에도 불구하고 벤처기업 설립 및 기술 경영에 지대한 기여를 하는 외부인과 외부 연구기관에 부여할 수 있는 특례 인정하고 있다.

넷째, 병역특례 지원 우대로 병무청에서는 엄격한 조건하에 우수한 인력을 기업에 일정기간 근무토록 함으로서 병역의무를 대신하는 제도를 운영하고 있다. 벤처기업부설 연구소의 경우 병역특례 연구기관으로 지정 신청시 신청기회를 일반기업에 비해 1회 더 부여받아 1년에 2회를 신청할 수 있는 특례가 인정되며(병역법시행령 제73조) 전문연구요원이 벤처기업부설 연구소로 옮겨서 근무할 경우 의무종사기간 2년을 적용받지 않고 옮길 수 있는 특례가 인정된다(병역법 시행령 제85조).

벤처기업의 입지지원에 대한 특례를 보면 다음과 같다.

첫째, 실험실공장에 대한 특례로 연구기관, 대학, 대덕단지 등에는 "건축법 및 대덕단지관리법"에 정하는 바에 의하여 공장을 설립할 수 없도록 규정하고 있으나 벤처기업의 경우 우수한 인력이 몰려 있는 연구소, 대학의 실험실에서 연구와 창업을 동시에 가능토록 지원하기 위해 "실험실 공장"을 등록할 수 있는 특례를 인정하고 있다(벤처법 제18조의 2).

둘째, 도시형 공장 등록에 대한 특례로 창업보육센터(Business Incubator)에 입주한 벤처기업은 '건축법 제14조, 대덕단지관리법 제6조'의 규정에도 불구하고 "공업배치 및 공장 등록에 관한 법률 제28조"의 규정에 의해 "도시형 공장"을 설치할 수 있는 특례 인정(벤처법 제18조의 3)한다.

셋째, 벤처기업 집적시설에 대한 특례로 벤처기업 집적시설로 지정 받으면 건물주에게 조세감면의 혜택을 주어 자연히 임대료가 저렴해지는 효과를 거두어 벤처기업에게 주위의 건축물보다 저렴한 가격에 입주공간을 제공할 수 있도록 지원(조세 특례 제한법, 벤처법 제18조)한다.

넷째, 벤처기업 전용단지 등에 대한 특례로 벤처기업전용단지, 벤처기업집적시설을 설치하거나 운영하기 위해 필요하다고 인정할 경우 수의계약에 의하여 국·공유재산을 매각 또는 대여할 수 있는 특례 인정(벤처법 제19조)한다. 건축법 등에 건축물의 건축을 제한하는 규정에도 불구하고 벤처기업전용단지 내에서는 건축물을 건축할 수 있는 특례가 인정(벤처법 제21조)한다.

다섯째, 벤처기업육성 촉진지구 지정 특례로 일정한 지역을 벤처기업육성촉진지구로 지정하여 벤처기업의 집적을 실현함과 동시에 "벤처기업육성촉진지구"를 시행하는 지방자치단체에게는 정부의 우선 지원을 받도록 하는 특례가 인정되고 있다.

한편 벤처기업으로 확인 받을 수 없는 업종은 다음 〈표 8-4〉와 같이 총 43개 업종이다. 이외에는 확인 받아서 벤처기업으로 운영할 수 있음을 의미한다.

〈표 8-4〉 벤처기업으로 확인받을 수 없는 업종

업종분류	업종	
숙박 및 음식점업 (19개 업종)	55112 55113 55119 55199 55211 55212 55213 55214 55215 55219 55221 55222 55223 55229 55231 55232 55233 55241 55242	여관업 휴양콘도 운영업 기타 관광숙박시설운영업 그 외, 기타 숙박시설운영업 한식점업 중국 음식점업 일본 음식점업 서양 음식점업 기관구내식당업 기타 일반음식점업 피자, 햄버거 및 치킨전문점 분식 및 김밥전문점 이동음식점업 그 외, 기타 음식점업 일반유흥주점업 무도유흥주점업 간이주점업 제과점업 찻집
부동산업 및 임대업 (7개 업종)	70111 70112 70119 70121 70122 70129 70221	주거용 건물 임대업 비주거용 건물 임대업 기타 부동산 임대업 주거용 건물 공급업 비주거용 건물 공급업 기타 부동산 공급업 부동산 중개업
오락업 및 문화업 (4개 업종)	88331 88913 88991 88995	골프장 운영업 노래방 운영업 무도장 운영업 도박장 운영업

〈표 8-4〉 (계속)

업종분류	업종	
공공, 수리 및 기타 서비스업 (13개 업종)	93111	이용업
	93112	미용업
	93121	욕탕업
	93122	마사지업
	93129	기타 미용관련 서비스업
	93912	가정용세탁업
	93913	세탁물공급업
	93921	장례식장 및 장의업
	93922	묘지 및 화장업
	93991	예식장업
	93992	점술업
	93993	개인간병인 및 유사서비스업
	93999	그 외, 기타 분류 안 된 모든 서비스업

4. 벤처캐피탈 투자기업의 범위

벤처캐피탈 투자기업의 범위로는 창업 후 7년 이내에 창업투자회사(조합), 한국벤처투자조합, 신기술사업금융업자(조합), 다산벤처(주)로부터 투자를 받아 그 투자총액이 자본금의 20% 이상인 기업(신주, 무담보전환사채, 무담보 신주인수권부사채 포함)이나 주식(신주에 한함)에 한정되는 경우에는 자본금의 10% 이상인 기업이 이에 속한다.

신청서류로는 벤처기업확인서 발급 신청서, 한국벤처캐피탈협회(창업투자회사(조합)에 한함), 신기술사업금융업자, 한국벤처투자조합, (주)다산벤처가 증명한 서류, 법인등기부등본, 대차대조표 및 손익계산서, 기업의 현황 및 실태조사표, 투자계약서 사본 등이 필요하다.

벤처캐피탈이 투자하여 벤처기업으로 확인받고자 하는 경우 “창업 후 7년 이내”의 적용시점은 투자한 시점을 말한다. 따라서 투자한 시점이 창업 후 7년 이내인 기업이 현재 업력이 7년을 초과하였을지라도 벤처기업으로 확인이 가능하다.

〈표 8-5〉 벤처기업 성장단계별 벤처캐피털 지원자금

단 계	종 류	내 역
초기단계 자금지원 (early-stage financing)	1. 창업준비자금지원 (seed financing)	제품개발, 시장조사, 사업계획자금
	2. 연구개발자금지원 (R&D financing)	신기술과 신제품의 연구개발자금
	3. 창업자금지원 (start-up financing)	창업 중이거나 창업 후 1년 이내의 기업으로 제품을 시판하지 않는 기업의 지원자금
	4. 시작단계자금지원 (firat-stage financing)	초기단계의 제조 및 판매활동에 필요한 자금
확장단계 자금지원 (expansion financing)	5. 2단계 자금지원 (second-stage financing)	제품을 생산·출하하고 있으며, 재고가 증가하고 있는 기업의 초기 확장을 위한 운전자금
	6. 3단계 메자닌단계 자금지원(3rd-stage or mezanine financing)	매출액 및 이익이 증가하는 기업의 시장확대, 마케팅, 운전자금 등
	7. 연결자금지원 (bridge financing)	기업상장 6개월 내지 1년 전 기업확장자금 또는 자본금구성을 조정하기 위하여 주식매입자금으로 지원되었다가 주식공개시 증자자금으로 상환되는 자금
기업매수·인수자금지원 (acquisition buyout financing)	8. 기업매수자금지원 (acquisition financing)	다른 기업의 전체 또는 일부를 매수시 필요한 자금
	9. 기업인수자금지원 (management leveraged buyout)	고용된 전문경영인이 미공개기업 또는 가족소유형태의 기업을 인수하거나 기존기업의 사업의 일부를 인수받아 사업의 활성화를 추진하는 경우

자료 : 홍성도(1998), 『벤처기업 창업 경영론』, 학문사, pp. 254~255.

5. 연구개발비 범위

창업기업의 경우 연구개발비의 인정범위는 기술개발과 인력개발로 나눠서 설명할 수 있다. 세부적인 사항은 〈표 8-6〉을 참조한다.

1) 기술개발 부문

먼저, 자체 기술개발을 살펴보면 다음과 같이 세 가지 경우로 나누어서 설명할 수 있다.

① 기업부설연구소에서 근무하는 직원으로서 재정경제부령이 정하는 자의 인건비

② 기업부설연구소에서 연구용으로 사용하는 견본품 부품 원재료와 시약류 구입비(시범제작에 소요되는 외주가공비를 포함)

③ 기업부설연구소에서 직접 사용하기 위한 연구 시험용 시설(조세특례제한 법시행령 제10조제1항의 규정에 의한 시설을 말한다. 이하 같다)의 임차 또는 나목①에 규정된 기관의 연구 시험용시설의 이용에 필요한 비용 등이 있다.

둘째, 위탁 및 공동기술개발을 살펴보면, 크게 두 가지로 설명할 수 있다.

① 다음의 기관에게 기술개발용역을 위탁함에 따른 비용 및 이들 기관과의 공동기술개발을 수행함에 따른 비용

㉮ 고등교육법에 의한 대학 또는 전문대학

㉯ 국·공립 연구기관

㉰ 정부출연 연구기관

㉱ 과학기술분야를 연구하는 국내외의 비영리법인(비영리법인에 부설된 연구기관을 포함한다)

㉲ 국내외 기업의 연구기관(과학기술분야를 연구하는 경우에 한한다) 또는 기업부설연구소

㉳ 산업기술연구조합육성법에 의한 산업기술연구조합

㉴ 산업디자인진흥법에 의한 한국산업디자인진흥원 등이 있다.

② 고등교육법에 의한 대학 또는 전문대학에 소속된 개인(조교수 이상 한함)에게 기술개발용역을 위탁함에 따른 비용이 있다.

셋째, 내국인으로부터 특허권을 획득하거나 국내의 연구기관이 개

발한 기술을 획득하기 위하여 지출한 금액이 있다.

넷째, 당해 기업이 그 종업원에게 직무발명보상금으로 지출한 금액이 있다.

다섯째, 기술개발촉진법시행령에 의한 기술정보비(기술자문비를 포함한다) 또는 도입기술의 소화개량비로서 재정경제부령이 정하는 것 등이 있다.

여섯째, 중소기업이 중소기업진흥 및 제품구매촉진에 관한 법률에 의한 기술지도 및 공업 및 에너지 기술기반 조성에 관한 법률에 의하여 설립된 생산기술연구원 및 민간생산기술연구소의 기술지도를 받고 지출한 비용이 있다.

일곱째, 고유상표(공동상표를 포함한다) 및 고유디자인의 개발을 위한 비용이 있다.

여덟째, 중소기업이 품질경영촉진법에 의한 품질보증체제 인증을 획득하기 위하여 지출한 비용으로서 재정경제부령이 정하는 것이 있다.

아홉째, 중소기업(조세특례제한법 제10조제1항의 사업을 영위하는 자에 한한다. 이하 같다)에 대한 품질 경영촉진법에 의한 품질보증체제 인증 획득지도를 위하여 지출한 비용이 있다.

열 번째, 중소기업에 대한 공업 및 상품디자인 개발지도를 위하여 지출한 비용이 있다.

열한 번째, 중소기업에 대한 환경친화적 산업구조로의 전환촉진에 관한 법률에 의한 환경경영체제 인증획득지도를 위하여 지출한 비용이 있다.

열두 번째, 중소기업이 환경친화적 산업구조로의 전환촉진에 관한 법률에 의한 환경경영체제인증을 획득하기 위하여 지출한 비용으로서 재정경제부령이 정하는 것이 있다.

2) 인력개발 부문

먼저 위탁훈련비로 ① 국내외의 전문연구기관 또는 대학에의 위탁교육훈련비(다만, 이공계에 한한다), ② 근로자고용훈련촉진법에 의한 직업훈련기관에 위탁훈련비, ③ 근로자고용훈련촉진법에 의하여 노동부장관의 승인을 얻어 위탁훈련하는 경우의 위탁훈련비, ④ 중소기업진흥 및 제품구매촉진에 관한 법률에 의한 기술연수를 받기 위하여 중소기업이 지출한 비용, ⑤ 기타 자체기술능력향상을 목적으로 한 국내외 위탁훈련비로서 재정 경제부령이 정하는 것 등이 있다.

둘째, 근로자고용훈련촉진법 또는 고용보험법에 의한 사내직업훈련실시 및 직업훈련관련사업실시에 소요되는 비용으로서 재정경제부령이 정하는 것이다.

셋째, 국가기술자격법에 의한 국가기술자격검정응시 경비이다.

넷째, 중소기업에 대한 인력개발 및 기술지도를 위하여 지출하는 비용으로서 재정경제부령이 정하는 것이 있다.

다섯째, 생산성향상을 위한 인력개발비로서 재정경제부령이 정하는 비용이다.

여섯째, 재정경제부령이 정하는 사내기술대학(대학원을 포함한다)의 운영에 필요한 비용으로서 재정경제부령이 정하는 것 등이 있다.

6. 벤처기업 유효기간

단일 특허나 실용신안 또는 신기술개발사업으로 벤처기업 확인을 받는 경우 벤처기업확인서의 유효기간은 존속(유효)기간까지만 인정하고 있으며, 존속(유효)기간이 서로 다른 2가지 이상의 특허나 실용신안 또는 신기술 사업으로 벤처기업 확인을 받는 경우 확인서의 유효기간은 2년의 범위 내에서 특허나 실용신안 또는 신기술개발제품 매출이 총 매출액과 대비하여 50% 이상을 유지하는 기간까지만 인정하고 있다.

즉, 특허 · 실용신안 · 신기술개발의 존속(유효)기간과 매출액을 감안하여 벤처기업확인서의 유효기간을 산정한다. 단, 특허나 실용신안, 신기술개발사업별로 매출 구분이 가능한 경우에 한한다.

〈표 8-6〉 벤처기업 육성에 관한 특별조치법 시행규칙의 연구개발비 산정기준

구 분	비 용
1. 개술개발비	(1) 자체기술개발 기술개발촉진법 시행규칙 제5조에 규정된 기업의 연구개발 전담부서(이하 '전담부서'라 한다.)에서 자체기술개발을 위한 다음의 비용 ① 전담부서에서 근무하는 직원으로서 과학기술분야의 연구업무에 종사하는 연구요원 및 이들의 연구업무를 직접적으로 지원하는 자의 인건비 ② 전담부서에서 연구용으로 사용하는 견본품 · 부품 · 원재료와 시약류구입비(시범제작에 소요되는 외주가공비 포함) ③ 전담부서에서 직접 사용하기 위한 연구 · 시험용 시설(조세특례제한법 시행령 제10조 제2항의 규정에 의한 시설을 말한다. 이하 같다.)의 임차 또는 (2)의 ①에서 규정된 기관의 연구 · 시험용 시설의 이용에 필요한 비용 (2) 위탁 및 공동기술개발 ① 다음의 기관에게 기술개발용역을 위탁함에 따른 비용 및 이들 기관과 공동기술개발을 수행함에 따른 비용. (가) 교육법에 의한 대학 또는 전문대학, (나) 국 · 공립 연구기관, (다) 정부출연 연구기관, (라) 과학기술분야를 연구하는 국내외의 비영리법인(비영리법인에 부설된 연구기관 포함), (마) 국내외기업의 연구기관(과학기술분야를 연구하는 경우에 한한다.) 또는 전담부서, (바) 산업기술연구조합육성법에 의한 산업기술연구조합, (사) 산업디자인 · 포장진흥법에 의한 산업디자인포장개발원 ② 교육법에 의한 대학 또는 전문대학에 소속된 개인(조교수 이상에 한한다.)에게 기술개발용역을 위탁함에 따른 비용
2. 기술정보비	(1) 조세특례제한법시행규칙 제7조 제5항에서 정한 과학기술자로부터 기술자문을 받음에 따른 비용 (2) 과학기술 관련도서 및 간행물 구입비 (3) 정보단계 가입비 및 그 회비 (4) 과학기술관련 국내외 학술회의(세미나, 워크숍, 심포지엄을 포함한다.) 참석비 (5) 기타 국내외 과학기술정보획득을 위한 경비

〈표 8-6〉 (계속)

구 분	비 용
3. 기술훈련비	(1) 자체훈련비 ① 직업훈련기본법 또는 고용보험비에 의한 사내 직업훈련 및 직업훈련 관련 사업실시에 소요되는 다음의 비용. (가) 직업훈련기본법 제2조 제4호의 사업 내 직업훈련을 위한 실습재료비(당해 기업이 생산 또는 제조하는 물품의 제조원가중 직접재료비를 구성하지 아니하는 것에 한한다.), (나) 직업훈련기본법 제2조 제4호의 사업 내 직업훈련을 실시하는 사업주가 노동부장관의 승인을 얻어 직업훈련생에게 지급하는 수당·식비 및 직업훈련용품, (다) 직업훈련기본법 제15조의 규정에 의한 직업훈련교재비, (라) 직업훈련기본법 제16조의 규정에 의한 기술자격검정에 필요한 비용, (마) 직업훈련기본법 제41조의 규정에 의한 면허를 받은 직업훈련교사의 급여, (바) 직업훈련기본법 제24조의 규정에 의한 직업훈련과 관련된 사업을 실시하기 위하여 지출하는 비용(직업훈련용 시설의 설치·구입비용 제외)으로서 노동부장관이 인정하는 비용 ② 과학기술분야의 교육훈련을 위한 전용교육시설 및 교과과정 등을 갖춘 사내교육 훈련기관으로서 과학기술부장관이 재정경제부장관과 협의하여 정하는 기준에 해당하는 사내교육훈련기관(이하 '사내기술대학'이라 한다.)의 운영에 필요한 다음의 비용. (가) 교육훈련용 교재비·실험실습비 및 교육용품비, (나) 강사에게 지급하는 강사료, (다) 사내기술대학에서 직접 사용하기 위한 실험실습용 물품·자재·장비 또는 시설의 임차비, (라) 사내기술대학의 교육훈련생에게 교육훈련기간 중 지급한 교육훈련수당 및 식비 (2) 위탁훈련비 ① 국내외의 전문연구기관 또는 대학에의 위탁교육훈련비(이공계에 한한다.) ② 직업훈련기본법에 의한 직업훈련기관에의 위탁훈련비 ③ 직업훈련기본법에 의하여 노동부장관의 승인을 얻어 위탁·훈련하는 경우의 위탁훈련비 ④ 중소기업진흥 및 제품구매촉진에 관한 법률에 의한 기술연수를 받기 위하여 지출한 비용 ⑤ 국내외 기업(국내기업의 경우에는 전담부서를 보유한 기업에 한한다.)에의 위탁훈련비 ⑥ 공업발전법에 의하여 설립된 한국생산성본부에의 위탁훈련비 (3) 생산성 향상을 위한 인력개발비로서 조세감면규제법 시행규칙 제7조 제9항에서 정한 비용 (4) 기술개발에 관한 세미나 개최 및 참석비

〈표 8-6〉 (계속)

구 분	비 용
4. 연구시설 또는 직업훈련용 시설	(1) 전담부서건물(구축물 포함)의 건축·증축·설치 및 구입에 따른 금액 (2) 전담부서에서 직접 사용하기 위한 연구·시험용 시설의 설치 및 구입에 따른 금액 (3) 종업원의 기술훈련을 위한 직업훈련용 시설(조세특례제한법 시행령 제10조 제3항의 규정에 의한 시설을 말한다. 이하 같다.)의 설치 및 구입에 따른 금액
5. 기술지도비	공업 및 에너지기술기반조성에 관한 법률에 의하여 설립된 생산기술연구원 및 민간생산기술연구소의 기술지도 또는 중소기업 및 제품구매촉진에 관한 법률에 의한 기술지도를 받고 지출한 비용
6. 기술개발 활용비	(1) 국내외 공업소유권 획득을 위한 출원료 또는 특허료로 지급되는 경비 (2) 국내개발기술의 획득을 위하여 지출한 금액
7. 상표 및 디자인 개발비	고유상표(공동상표 포함) 및 고유디자인의 개발을 위한 비용

제 2 절 창업지원제도

기술신용보증기금의 신용보증을 통한 지원, 중소기업진흥공단을 통한 지원, 지방중소기업육성자금 중 창업자금(start-up financing)의 융자지원, 투·융자 지원, 입지자금 융자지원, 소상공인 창업 및 경영개선 자금지원 등 여러 가지의 창업자 지원제도가 있다. 따라서 이를 잘 이용하면 의외로 자금원 확보를 손쉽게 해결할 수도 있다.

1. 창업자금 지원

1) 기술신용보증기금의 신용보증을 통한 지원

기술신용보증기금이 기술력과 사업성이 있는 예비창업자 및 초기

창업자를 발굴하여 보증서를 발급하고, 보증서를 담보로 중소기업진흥공단을 통해 창업 지원자금을 융자하고 있다. 이들 지원 대상자로는 예비창업자 또는 창업 후 7년 이내 중소 및 벤처기업이 이에 속한다.

이러한 자금지원은 기술신용보증기금 전국 지점 등에서 취급한다. 그러나 금리 등 조건이 완화되는 추세이므로 상세한 사항은 별도로 조사가 필요하다.

2) 중소기업진흥공단을 통한 지원

중소·벤처기업 창업자금(start-up financing)으로 중소기업 진흥공단을 통한 지원은 예비창업자 및 초기창업자에게 신제품개발 및 연구개발자금을 융자 지원(담보 또는 보증부 대출)하는 것이다. 자금지원 대상으로는 예비창업자 또는 창업 후 7년 이내 중소 및 벤처기업이다.

한편 대학(대학원)생, 연구원 등에 대한 창업자금(start-up financing)의 융자지원제도도 있다. 이는 대학생 및 대학원생, 연구기관 연구원 등의 창업촉진을 위해 기술과 아이디어로 창업할 경우 창업자금(start-up financing)을 지원하는 제도이다. 대상자로는 기술력이 우수한 대학(원)생 및 연구원, 3년 이내 창업자 등이다.

세 번째로 공공투자조합(국민벤처펀드)을 통한 투자지원제도가 있다. 이는 유망한 중소·벤처기업을 발굴하여 초기단계부터 투자를 통한 육성을 위해 창업 지원자금에서 일부를 출자한 공공투자재원을 조성하여 창업기업에 투자지원제도이다.

3) 지방중소기업육성자금 중 창업자금 융자지원

지방 중소기업 육성자금 중 창업자금(start-up financing)의 융자지원금이 있는데, 지원대상으로는 창업중소기업으로서 공장설립 인·허가(건축 허가)를 받은 기업과 창업중소기업으로서 법원(또는 성업공사)의 경매, 은행유입물건 매각을 통해 유휴공장을 매입하려는 기업(융자신청서 제출일 기준으로 경락대금 완불 후 6개월이 경과되지 않은 기업 포함)이 이에 해당된다.

또한, 제조업 관련 지식서비스산업을 창업하는 기업으로 제조업 관련 지식서비스산업의 범위(한국표준산업분류상)로 컴퓨터설비 자문업(72100), 소프트웨어 자문·개발 및 공급업(72200), 데이터 베이스업(72400, 다만 제조업 지원목적의 데이터 베이스업만 포함), 연구 및 개발업(73), 시장조사업(74130, 여론조사업 제외), 달리 분류되지 않은 사업 및 경영상담업(74149), 산업시스템 관련 엔지니어링 서비스업(74214), 기계관련 엔지니어링 및 공업디자인 서비스업(74215), 환경관련 엔지니어링 서비스업(74217), 기술시험, 검사 및 분석업(74220), 패션 디자인업(74991), 통신판매업(52510, 다만 인터넷 웹사이트 개설을 통한 통신판매업만 포함), 영화제작업(9211, 영화배급업 제외), 방송프로그램제작업(92134) 등에 포함된 기업이다. 단, 창업중소기업은 중소기업창업지원법에 의한 창업중소기업으로써 사업 개시일로부터 3년 이내의 기업이어야 한다.

자금지원절차는 다음과 같다. 시·도에서는 당해 연도 창업자금(start-up financing) 등의 지원을 위해 매년 초에 계획을 수립, 신문 등을 통해 공고를 한 후, 자금지원 신청을 접수(중소기업과, 기타 중소기업 지원 관련과)한다. 자금지원을 받고자 하는 창업자는 자금지원 신청서 등 관련 서류를 구비, 시·도에 신청한 후, 시·도에서 지정한 은행에 관련서류를 제출(저당권 설정용 등)하여 자금을 융자 지원을 받는다.

4) 투·융자 지원

(1) 창업투자회사

창업투자회사는 중소기업창업지원법에 의거하여 설립된 상법상 주식회사이다. 창업투자회사는 사업성은 있으나 자금력과 담보력이

미흡한 창업 중소기업에 대해 지분참여 형태로 자금을 지원하는 금융회사이다. 지원방식으로는 주식인수, 신주인수권부사채 인수, 전환사채 인수, 확정수익(금리)에 의하지 아니한 자금지원 등이 있다. 단, 기 투자업체에 대해서는 후속지원 차원에서 단기자금대여, 경영 및 기술지원 등을 지속적으로 지원한다. 창업투자회사의 투자대상으로 회사의 영업경력 기준은 다음과 같다. 즉, 법인은 법인설립 등기일부터 14년 이내의 중소기업, 개인사업자는 사업자등록증 교부일로부터 10년 이내의 중소기업 등이다. 창업투자회사의 투자지원 제외대상 기업으로는 다음의 다섯 가지의 경우가 이에 해당된다.

① 창업지원법에 의거 등록된 창업투자회사

② 투자회사와 동일한 기업집단의 소속 계열기업
(창업지원 관련규정에 의한 투자이외의 사유로 형성된 경우에 한함)

③ 대규모기업집단의 소속 계열기업

④ 유가증권시장 및 협회중개시장에 상장 또는 등록된 기업

㉮ 숙박 및 음식점업(한국표준산업분류 H, 단 55101중 관광진흥법에 의한 관광호텔업은 투자대상에 포함)

㉯ 부동산업(한국표준산업분류 70)

㉰ 무도장운영업(한국표준산업분류 92191)

㉱ 골프장운영업(한국표준산업분류 92434)

㉲ 도박장운영업(한국표준산업분류 92496)

㉳ 미용업, 점술업, 욕탕업 등 기타서비스업(한국표준산업분류 930)

투자방식의 경우 주식인수는 원칙적으로 의결권주의 50% 이내(폐지예정)이다. 확정수익(금리)에 의하지 아니한 자금지원은 투자회사 및 투자업체간 계약에 의해 투자조건을 결정하는 투자방법으로 투자원금에 대한 확정이자(이율)를 정하지 않은 경우로서, 원칙적으로 개인사업자인 경우에 한한다. 단, 법인기업에 대하여는 주식투자금액의 범위 내에서 지원한다.

투자회사의 투자심사 일반절차는 다음과 같다. 즉, 상담→사업계획서(Business Plan)검토→사전심사→실사 및 면담→사업설명회→본심사→투자승인→투자 등이다.

상담시에 준비할 자료는 다음과 같다. 즉, 사업계획서(최근 타 금융기관 제출분도 가능), 회사소개자료(안내책자, 법인등기부등본, 사업자등록증사본, 주주명부, 최근 재무제표 등), 제품소개 등이다. 이때에 사업계획서(Business Plan)는 가장 중요한 자료로서 회사의 일반개요, 연혁, 주주현황, 경영진 구성 및 이력사항, 기술인력 현황 등과 사업내용으로 구분하고 현실성 있는 자료를 근거로 작성한다. 사업내용에는 기술, 시장현황 및 전망, 생산 및 판매계획, 총소요자금 및 조달계획 등을 기술한다. 향후 5년 정도의 사업계획 및 추정재무제표작성은 투자를 받고자 하는 회사의 사업의지 및 비전, 기획력을 판단하는데 중요한 요소가 된다.

(2) 신기술금융회사

신기술금융회사는 신기술을 개발 또는 응용하여 사업화하려는 중소기업에 투자 및 융자를 해주는 기관으로 재정경제부와 과학기술처에 소속되어 있다. 이들 기관에서 투자 또는 융자를 받을 수 있는 중소기업 대상은 신제품·신공정개발 또는 제품개선을 위한 사업이나 연구개발성과의 기업화·제품화 사업, 그리고 기술도입, 도입기술의 소화·개량을 하는 중소기업이 이에 속한다.

구체적인 취급기관으로는 한국종합기술금융, 한국기술금융, 한국개발투자, 한국기술진흥금융 등이 있다. 지원방식으로는 투자방식으로 주식취득, 회사채, 전환사채 및 신주인수권부사채 인수, 융자방식으로 일반융자, 조건부 융자가 있고, 기타 리스 또는 팩토링 업무 지원 등이 있다.

(3) 엔젤투자시장

지역별로 엔젤투자시장을 개설하고, 미등록 벤처기업의 신주 및 구주거래를 주선하기도 한다. 엔젤투자자금에 대한 조세지원을 확대하여 민간자본의 투자여건 조성한다. 엔젤투자조합에 출자하거나 벤처기업에 투자한 금액의 20%를 소득 공제한다. 엔젤1)이 벤처기업에 직접 투자하여 취득한 주식 양도시 양도소득세는 비과세한다.

〈표 8-7〉 엔젤과 엔젤투자조합의 비교

구 분	엔젤조합	엔 젤	
		엔 젤	엔젤클럽
성격	2인 이상의 개인이 벤처기업 투자를 목적으로 금전을 출자한 일시적 계약	개인투자가	개인투자가들로 구성된 임의적인 모임
근거	민법 제13절, 벤처기업 육성에 관한 특별조치법 제14조	벤처기업육성에 관한 특별조치법 제14조	-
결성요건	출자총액 1천만 원 이상	-	클럽별 정관에서 규정
조세감면	- 투자금액의 30% 종합 소득 공제 - 양도차익 비과세	- 투자금액의 30% 종합소득 공제 - 양도차익 비과세	좌동의 엔젤과 동일한 세제혜택
조세감면요건	- 창업/전환 후 3년 이내의 벤처기업에 투자하여 5년 이상 주식보유/지분유지 - 출자 후 다음 과세년도까지 투자	- 창업/전환 후 3년 이내의 벤처기업에 투자하여 5년 이상 주식보유/지분유지	좌동의 엔젤과 동일한 세제 혜택

자료 : 중소기업청 소상공인지원중앙센터(2005), 내부자료 중에서 발췌.

1) 엔젤(Angel)이란 창업초기단계(early stage)의 기업에 자금을 공급하는 개인투자가를 지칭한다. 외국의 경우, 엔젤은 자금지원 이외에도 투자기업에게 자신의 노하우를 바탕으로 경영에 관한 자문도 수행한다. 우리나라는 1997년 "벤처기업육성에 관한 특별조치법"을 제정하여 엔젤의 개념을 다음과 같이 규정하고 있다. 즉, 창업초기 벤처기업에 투자하는 개인과 개인들로 구성된 조합을 의미한다. 엔젤로 활동하는 방법의 경우 우리나라에서 엔젤로 활동하는 경로는 다음의 방법들이 있다. 즉, 개인이 직접 벤처기업을 발굴, 엔젤클럽에 가입, 엔젤투자조합 결성, 중소기업청에서 운영하는 벤처넷에 엔젤로 등록하는 방법 등이 있다. 참여방법의 경우 엔젤클럽은 각 엔젤클럽을 방문하거나 클럽별 홈페이지에서 회원으로 가입할 수 있다. 엔젤투자조합은 49인 이하 개인들의 출자로 조합을 결성할 수 있다.

5) 중소기업자금 융자지원

중소기업자금융자는 중소기업진흥공단과 지방자치단체에서 시행하는데 이에 대한 설명은 다음과 같다.

(1) 중소기업 창업 및 진흥기금에 의한 자금 지원

중소기업진흥공단에서는 중소기업 창업 및 진흥기금에 대한 자금을 지원하고 있다. 이에 대한 자세한 내용은 다음과 같다. 먼저, 중소기업전용공단 및 아파트형공장 입주지원을 보면, 지원대상으로는 중소기업진흥공단 조성공단 및 건립 아파트형 공장 입주기업이다. 지원범위로는 전용공단의 경우 입주자의 용지 매입비, 건축비 및 부대시설비, 아파트형 공장의 경우 입주자의 분양대금 등이다.

둘째, 협동화사업 지원을 보면, 지원요건으로는 제조업, 정보처리업 또는 도·소매업종 분야의 5개 이상 중소기업이 공동으로 공장, 설비, 창고, 전시판매장 설립을 추진하는 경우이다. 이들 참가업체 요건은 다음과 같다. 즉, 독립채산으로 운영되는 법인 또는 개인기업, 일정비율의 자금조달능력 보유, 진단 신청일 현재 1년 이상 가동 중일 것 등이다.

상기의 지원대상 외에 지원대상에서 제외되는 대상회사나 개인도 있다. 이들을 열거한다면 다음과 같다. 즉,

- 금융기관으로부터 불량거래자로 규제중인 자.
- 대규모기업집단 소속회사.
- 협동화사업 취소 후 1년이 경과되지 아니한 자, 휴·폐업 중인 자 등이다.

(2) 지방중소기업육성자금에 의한 자금 지원

지방중소기업육성자금에 의한 입지자금 지원은 지방자치단체에 의하여 지원되는데 다음과 같다.

먼저 입주자금 우선지원 대상으로 사업전환기업, 창업기업, 창업

보육센터(Business Incubator)를 졸업한 기업, 무등록 공장 등이다. 또한, 저소득층 밀집지역으로 기초자치단체장이 인정하는 곳에서 사업을 하고자 하는 기업, 사업장내에 탁아시설을 설치한 기업 등이다. 단, 이때에 중복지원 방지를 위한 지원은 배제한다.

아파트형 공장 입주기업에 대한 입주자금지원은 관련 사업자가 지방중소기업육성 입지지원자금을 받은 경우 지원대상에서 배제한다. 또한, "벤처기업육성에 관한 특별 조치법"상의 벤처기업전용단지와 벤처기업집적시설, "소프트웨어개발촉진법"상의 소프트웨어 진흥 구역 내 입주하는 벤처기업에 대한 입주자금은 관련 사업자가 지방중소기업육성 입지지원자금을 받은 경우 지원대상에서 배제한다.

〈표 8-8〉 지방 중소기업 육성자금에 의한 자금 지원

지원대상 사업유형	입주기업 공장용지매입 및 건축비 지원	아파트형 공장 입주자금 지원	벤처기업입주자금
지원내용	용지매입비 및 건축비	입주자금	입주자금
지원대상 기업	산업단지 관리기관과 입주계약을 체결한 중소기업	아파트형공장 입주기업	벤처기업전용단지,벤처기업집적시설,소프트웨어 진흥구역에 입주하는 벤처기업
융자비율	용지매입비의 50% 이내 건축비의 50% 이내	입주자금의 70% 이내	입주자금의 70% 이내
융자기간	8년 이내(거치기간 3년 포함)		

6) 소상공인 창업 및 경영개선 자금지원

(1) 지원대상

지원대상으로는 다음 각 호의 1에 해당하는 소상공업을 창업하고자 하는 자 및 창업한지 6개월이 경과되지 않은 자를 말한다. 즉, ① 제조업, 광업, 건설업, 운송업으로 상시종업원 10인 이하, ② 전

기·가스 및 수도사업, 도·소매업 및 소비자용품 수리업, 숙박 및 음식점업, 운수· 창고 및 통신업, 부동산 임대 및 사업서비스업, 교육서비스업, 개인서비스업으로 상시종업원 5인 이하 등이다.

또한, 상기 항의 소상공업을 영위하는 사업자로서 다음 각호의 1에 해당하는 경영 개선을 하고자 하는 경우도 해당된다. 즉, ① 기존 사업체 인수, ② 이전·확장, ③ 업종, 업태 변경, ④ 사업장 시설개선 또는 설비구입 등이다.

다만, 상시 종업원수는 창업자인 경우 자금추천신청서 등 관계서류를 근거로 판단하고 기존 사업자는 필요할 경우 세무서의 원천징수 이행상황신고서 확인원, 업체가 작성하는 임금대장 등으로 확인해야 한다.

지원대상에서 제외하는 경우가 있는데, 이는 다음과 같다. 즉, ① 사치성향적 소비나 투기를 조장하는 업종, ② 금융기관의 불량거래자 또는 불량거래처로 규제중인 자이다.

(2) 지원 절차

창업 또는 경영상담의 경우 상담기관은 소상공인지원센터이고, 상담기간은 연중 수시 가능하다. 특히, 지역센터에서는 창업·경영 상담 결과 자금지원이 필요하다고 인정된 경우에 신청토록 하고 있다.

자금지원(추천) 신청의 경우 신청기관은 소상공인 지원센터이고, 신청기간은 매년 지역별 배정된 자금이 소진할 때까지로 한다. 구비서류로는 자금추천 신청서, 사업계획서(Business Plan), 사업자등록증 사본(사업자등록증을 발급받은 자) 등이 필요하다.

추천절차의 경우 추천 처리기간은 자금지원 신청서 접수일로부터 7일 이내이다. 추천심사의 경우 신청인의 경영능력, 사업계획의 실현가능성, 자금조달능력, 신청금액의 적정성 등을 평가 등의 심사를 거친다. 특히, 필요시 현장 방문하여 확인하기도 한다.

지역센터장은 심사결과 종합평점이 55점 이상인 경우에 대출취급 금융기관에 추천서 발송한다. 이때 추천장의 유효기간은 발급일로부터 3개월이다. 추천심사시 우대조건으로는 여성창업자 또는 여성 소상공인에게 가점 5점 부여한다. 이 때에 지역 센터장은 추천현황을 지방청장과 중앙센터에 주 1회 보고해야 한다.

(3) 대출 취급금융기관

소상공인 창업 및 경영개선자금을 지원하는 취급금융기관은 국민은행, 기업은행, 한미은행, 부산은행, 대구은행, 광주은행, 경남은행, 제주은행, 농협, 상호신용금고 등이 있다. 단, 취급금융기관은 연도별로 변동될 수 있다.

2. 세제 지원제도

창업을 하는 중소기업에 대한 세제지원제도는 지방세와 국세로 나눠서 설명한다. 자세한 내용은 다음과 같다.

1) 지방세

(1) 등록세 및 취득세 감면

등록세는 창업일로부터 2년 이내에 취득하는 사업용 재산에 대해 등록세 75% 감면(조세특례제한법 제119조 ; 구 조세감면규제법)한다. 취득세는 창업일로부터 2년 이내에 취득한 사업용 재산에 대해서는 취득세의 75% 감면(조세특례제한법 제120조)한다.

한편, 제2공장 취득 관련한 지방세감면의 경우 창업중소기업이 창업일로부터 2년 이내에 취득하는 사업용 재산에 대하여는 취득당시 당해 기업이 조세제한특례법 제6조(창업중소기업에 대한 세액감면)의 규정에 해당하는 경우 취득세 및 등록세를 감면해 준다.

다만, 창업자라 하더라도 국가공업단지, 지방공업단지, 농공단지에서 공장을 설립하는 경우에는 관련 규정에서 정한 내용에 따라 조세지원을 한다. 취득세와 등록세는 전액면제(지방세법 제276조)하고,

농어촌특별세는 감면세액의 20%만 과세(조세제한특례법 적용시 : 비과세)한다.

특히 지방세인 등록세, 취득세감면과 관련하여 부도난 공장을 법원 등의 경매절차를 통하여 취득하는 경우의 지방세 감면은 토지부분에 대해서는 지방세 감면을 받을 수 있으나, 건물에 대해서는 감면을 받을 수 없다(지방세법에서 배제).

(2) 재산세 및 종합토지세 감면

사업을 영위하기 위하여 소유하는 사업용 재산에 대해서는 창업일로부터 5년간 재산세 및 종합토지세 50% 감면(조세특례제한법 제121조)한다. 산업단지에 공장을 신·증축시에는 50%를 감면한다.

2) 국 세

"농어촌지역의 중소기업 창업자[2]" 및 "농어촌지역 외의 지역에서 기술집약형 중소기업을 창업하는 자[3](과밀억제권역과 성장관리권역 중 일부지역 제외)"에 대하여는 최초 소득발생 과세연도와 그 다음 과세연도 개시일부터 5년 내에 종료하는 과세연도의 소득세 또는 법인세의 50%를 감면(조세특례제한법 제6조)해준다. 한편, 벤처기업 육성에 관한 특별 조치법에 의한 벤처기업전용단지 및 벤처기업

2) 조세감면대상 농어촌지역은 다음과 같다.

1) 군은 전지역 2) 지방자치법 제2조제1항 제2호의 규정에 의한 시의 지역 중 읍·면지역은 전지역 3) 지방자치법 제2조제1항 제2호의 규정에 의한 시의 지역 중 동은 도시계획법 제17조제1항의 규정에 따라 지정된 주거·상업·공업지역을 제외한 지역	—	1) 서울특별시 2) 인천광역시(강화군, 옹진군 제외) 3) 수원시, 성남시, 의정부시, 부천시, 안양시, 광명시, 안산시, 과천시, 남양주시, 고양시, 구리시, 오산시, 군포시, 의왕시, 시흥시, 하남시, 용인시(기흥읍, 구성면, 수지면, 남서면에 한한다), 평택시(진위면, 서탄면에 한한다) 4) 양주군 주내면·백석면·장흥면, 포천군 소흘읍, 김포군 김포읍·고촌면, 화성군 태안읍·반월면·매송면·봉담면·정남면·동탄면

집적시설에서 창업하는 벤처기업도 5년간 소득세 또는 법인세의

[대도시권의 지역]

구분	지역
ㅇ 수도권	ㅇ 서울특별시 ㅇ 인천광역시(강화군, 옹진군 제외) ㅇ 수원시, 성남시, 의정부시, 부천시, 안양시, 광명시, 안산시, 과천시, 남양주시, 고양시, 구리시, 오산시, 군포시, 의왕시, 시흥시, 하남시, 용인시(기흥읍, 구성면, 수지면, 남서면에 한한다), 평택시(진위면, 서탄면에 한한다) ㅇ 양주군 주내면·백석면·장흥면, 포천군 소흘읍, 김포군 김포읍·고촌면, 화성군 태안읍·반월면·매송면·봉담면·정남면·동탄면
ㅇ 부산·대구 광역시	ㅇ 그 관할구역(기장군, 달성군 제외)
ㅇ 광주·대전 광역시	ㅇ 그 관할구역

※대도시권에서 제외되는 지역

ㅇ 수도권 : 반월특수지역, 인천주물지방산업단지, 인천남동유치지역, 서울남부철도 화물기지 중 재경부령이 정하는 지역

ㅇ 부산, 대구 : 신평·장림지방산업단지, 대구성서지방산업단지 중 제2차단지 제2지구 및 제3차 단지, 녹산국가산업단지

ㅇ 광주, 대전 : 하남지방산업단지, 대전 3,4지방산업단지, 광주첨단국가산업단지, 평동지방산업단지

[수도권지역 중 조세감면이 배제되는 지역의 범위]

구 분	지 역
1. 과밀억제권역	ㅇ 서울특별시 ㅇ 인천광역시(강화군, 옹진군, 서구 검단동 및 남동유치지역 제외) ㅇ 의정부시, 구리시, 남양주시(호평동, 평내동, 금곡동, 양정동, 지금동, 도농동), 하남시, 고양시, 수원시, 성남시, 안양시, 부천시, 광명시, 과천시, 의왕시, 군포시, 시흥시(반월특수지역 제외)
2. 성장관리권역	ㅇ 남양주시(와부읍, 진접읍, 별내면, 퇴계원면, 진건면, 오남면) ㅇ 양주군(주내면, 백석면, 장흥면) ㅇ 포천군(소흘읍)

※ 제1호 지역 중 도시계획법상 도시계획시설로 결정된 공항 제외

3) 기술집약형 중소기업 해당사업자의 범위는 다음과 같다.

1. 산업발전법 제13조의 규정에 의한 산업기반기술개발사업의 성과를 기업화하는 사업
2. 중소기업의 사업영역보호 및 기업 간 협력증진에 관한 법률 제12조의 규정에 의하여 지정된 계열화품목의 사업

50%를 감면한다.

3. 보육센터 지원

1) 창업보육센터 설립지원

창업보육센터(Business Incubator)의 설립지원의 목적은 기술과 사업성은 있으나 자금력이 미흡한 창업자 또는 창업 예비자에게 개인 또는 공동작업장 등의 시설을 저렴하게 제공하는 것이다. 전문인력의 경영, 세무, 기술지도 등의 지원을 통해 창업의 성공가능성을 높여 주고자 한다. 입주대상으로는 기술집약형업종의 창업자(창업일로부터 1년 이내) 및 예비창업자이다. 입주제외자는 금융기관 불량거래자, 대기업자가 발행주식 총수 또는 출자총액의 50%이상을 소유하고 있는 자. 또는 휴·폐업중인 자, 공해다발업종 영위자는 입주가 불가능하다. 입주기간은 6개월 이상 2년 이내(사업주와 계약에 의해 연장 가능)로 정한다.

---

3. 기술개발촉진법 제2조제4호의 규정에 의하여 과학기술부장관이 인정하는 신기술의 사업 및 기술개발촉진법시행령 제21조의 규정에 의하여 과학기술부장관이 고시한 국내개발이 필요하다고 인정되는 기술의 사업
4. 실용신안법에 의하여 등록된 신규의 고안을 기업화하는 사업
5. 외국인투자촉진법에 의한 기술도입계약에 의하여 도입된 기술의 사업
6. 특정연구기관육성법에 의한 특정연구기관, 기술개발촉진법에 의한 기업부설연구소, 산업기술연구조합육성법에 의한 산업기술연구조합, 비영리법인의 연구기관 및 고등교육법에 의한 대학 또는 전문대학에서 개발한 기술의 성과 또는 연구성과를 기업화하는 사업
7. 조세제한특례법시행령 별표 4(기술집약적인 산업의 범위)의 사업
8. 특허를 받은 국내기술의 개발성과를 기업화하는 사업
9. 중소기업창업투자회사 또는 중소기업창업투자조합으로부터 출자받은 창업자(당해 출자의 지분이 창업개시일로부터 중소기업창업지원법에 의한 창업심의회가 정하는 일정기간동안 당해 창업자의 총발행주식 또는 출자지분의 100분의 10 이상인 경우에 한함)가 영위하는 사업
10. 중소기업청장이 기술개발촉진과 부품 및 소재의 수입대체를 위하여 중소기업 창업지원법에 의한 창업심의회의 심의를 거쳐 고시하는 품목의 사업

2) 인터넷 보육센터 운영

인터넷 보육센터의 주요기능을 살펴보면 다음과 같다. 즉, 참신한 아이디어(Idea), 콘텐츠(Contents)를 가지고 있으나 이에 대한 사업화기반이 부족한 창업희망자에게 전산 및 통신시설이 완비된 입주공간을 제공하고 전문교육, 컨설팅 및 네트워크(network)구축을 지원함으로써 자생력을 확보토록 지원하는 역할을 담당하는 것이다. 특히, 인터넷 보육센터의 보육기능강화를 위해 수시로 자문이 가능한 사이버(Cyber)보육 센터를 구축하고 있다.

이 보육센터가 기존 창업보육센터(Business Incubator)와의 차이점은 인터넷을 대상으로 한다는 점에서 참신한 아이디어를 더 중요시한다.

지원내용을 보면 다음과 같다. 즉, 컴퓨터, 통신설비, 주변기기 등 사업화 초기에 필요한 모든 장비를 제공한다. 또한 보육센터 입주를 위한 교육 및 컨설팅 제공 등을 제공한다. 교육은 4개월 정도 시행한다. 특히, 사업화 컨설팅은 2개월간 해준다. 입주자에 대하여는 홈페이지 제작지원, 전자상거래시스템 구축지원, 네트워크(network)구축지원 등의 혜택이 부여된다. 설치는 대학 또는 연구소 등에 부설하여 설치한다. 세부적인 사항은 개별적으로 대학이나 연구소로 확인할 필요가 있다.

〈표 8-9〉 기존 창업보육센터와의 차이점

형태 / 구분	인터넷보육센터	기존창업보육센터
입주대상	참신한 Idea나 Contents를 보유한 창업희망자	우수한 기술을 보유한 창업희망자
보육기간	단기(6개월 이내)	중기(2년 내외)
정보집적도	유사업종 밀집으로 정보의 공유 및 집적도가 높음.	입주업체의 업종에 따라 집적도가 차별화 됨.

3) 인터넷을 이용한 창업정보제공

창업보육센터(Business Incubator) 및 인터넷 보육센터 설립 지원 이외에 인터넷을 이용한 창업정보를 제공하고 있다. 세부적인 내용으로는 창업절차, 자금기술, 입지 등 각종 창업지원정보를 종합적으로 제공하는데, 창업지원정보센터라는 명칭으로 운용하고 있다.

주요내용은 제도 외에 업종별 창업 인허가 절차, 모의창업, 질의답변 코너를 수록하여 창업자의 의문을 해소할 수 있는 체제로 운용중이다. 검색방법은 http://www.smba.go.kr → 분야별정보망 → 창업넷으로 들어가면 확인할 수 있다.

4. 창업사업계획 승인제도

1) 제도의 개요

창업 사업계획승인제도란 창업자가 제조업종을 영위하기 위해 계획입지(국가, 지방, 농공 단지)가 아닌 개별입지에 공장을 설립하고자 하는 경우 농지, 산림, 환경, 토지이용관련법 등에 의해 개별적으로 받아야 할 복잡한 인·허가 사항을 일괄 의제 처리토록 함으로서 인·허가절차의 간소화로 공장설립을 지원하는 입지에 대한 승인제도이다.

따라서 창업자라 하더라도 계획입지인 국가공업단지, 지방공업단지, 농공단지 또는 아파트형 공장에 입주를 위해 관리권자와 분양계약 또는 임대계약을 체결하는 경우에는 창업사업계획승인 대상이 아니다.

2) 신청 대상

신청대상은 창업일로부터 5년이 경과하지 않은 사업자로 자기명의의 공장등록증이 없고, 제조업종을 영위하기 위해 공장을 설립하고자 하는 자의 경우이다.

신청대상에서 제외되는 경우는 창업일로부터 5년 이내인 창업자가 이미 자기명의로 공장등록증을 보유하고 제2공장을 설립하고자 하는 경우, 그리고 타인의 공장을 전부 또는 일부를 임대하여 자기명의로 공장등록을 필하여 사업을 영위한 창업자의 경우에 임대기간의 만료 또는 만료 전에 자기 소유의 공장을 설립하고자 하는 경우, 또 비록 창업자라 하더라도 창업지원법시행령 제2조 제1항의 규정에 의한 "창업"에 해당되지 아니하게 된 사업자의 경우이다.

3) 변경 신청

창업 사업계획승인일로부터 5년 이내의 창업자는 승인권자에게 다음 사유로 인한 변경승인을 신청할 수 있다. 즉, 대표자, 주주, 회사명, 업종변경 또는 업종추가, 부지 면적의 확대 또는 축소 등기 있는 경우이다.

이때 변경승인에 따른 효과 및 조치사항으로는 다음의 경우이다. 즉, 변경승인에 따라 증가된 토지분은 개발·전용부담금 감면대상에서 제외, 변경승인에 따라 감소된 토지는 원래의 지목 및 용도지역으로 환원되므로 훼손된 경우에는 원상회복을 하여야 한다. 다만, 사업계획승인을 득한 후 5년이 경과된 경우에는 공업배치 및 공장설립에 관한 법률, 건축법 등의 적용대상이다.

4) 신청서 작성제출

신청서 작성제출은 사업계획 승인 처리절차에 준하여 시행하면 된다. 신청자가 접수할 경우 접수처에서는 처리기간 30일 이내 처리를 하여야 한다.

창업자는 공장 설치 예정지를 관할하는 시·군·구의 창업 및 공장설립민원실에 다음 서류를 제출하여야 하는데 다음과 같다. 즉, 사업계획승인신청서 1부(시행규칙 별지 제6호 서식), 사업계획서(Business Plan), 공장예정지 지적도, 부동산권리자의 사용동의서 등이다.

한편, 서류를 제출할 경우 첨부서류 및 의제처리를 받고자 하는 인·허가 내용을 기재하지 않는 경우에는 개별법에 의한 인·허가를 별도로 받을 것을 조건으로 하는 조건부 승인을 하게 됨에 유의하여 제출하여야 한다.

창업자가 사업계획서(Business Plan)에 포함하여야 할 내용을 보면, 필수사항에 속하는 내용으로 다음의 〈표 8-10〉과 같은 내용이 포함되어야 한다.

〈표 8-10〉 사업계획서에 포함되어야 할 내용

1) 사업개요
 가) 사업목적
 나) 사업의 기대효과
 다) 투자계획
2) 생산제품 소개
3) 사업계획승인전후 제품별 생산액 비교
4) 용도지역변경 대상품목확인
5) 공장설립 및 시설설치 계획
6) 사업계획승인으로 의제처리되는 인·허가관련 기재사항
 가) 중소기업창업지원법 제22조 제1항 관련기재 사항
 나) 중소기업창업지원법 제22조 제2항 관련기재 사항

5) 제도 이용시 이점 및 사후관리

(1) 행정절차의 간소화

현재 공장설립과 관련된 제도로는 공업배치 및 공장설립에 관한 법률에 의한 "공장설립승인제도"와 중소기업창업지원법에 의한 "창업사업계획승인제도"로 대별되고 있다. "공장설립승인제도"는 공장설립에 관한 일반절차로서 창업자, 중소기업, 대기업 등의 대상과 공장신설, 증설 등의 형태에 대한 제한 없이 적용되는 반면, "창업사업계획승인제도"는 중소기업 창업자의 공장신설을 대상으로 하는

특별절차에 해당된다.

"공장설립승인제도" 및 "창업사업계획승인제도"의 행정절차상의 주요 차이점을 보면, 창업사업계획승인제도에서는 국토이용관리법에 의한 국토이용계획 변경이 의제 처리되고, 개발부담금 및 전용(농지, 산림) 부담금이 감면되나, 공장설립승인제도에 의하는 경우에는 의제처리가 되지 않고 개별법의 절차에 따라 국토이용계획을 변경하여야 하며, 부담금이 감면되지 아니한다.

한편, 창업자가 아닌 일반중소기업자가 공장 신·증설, 이전할 때에는 기업활동 규제완화에 관한 특별조치법에 의거 창업지원법규정에 의한 절차(공장설립사업계획)를 적용받을 수 있으나, 창업사업계획승인제도에 의하여 지원을 받는 개발부담금 및 전용(농지, 산림)부담금을 감면받을 수 없으며, 사후관리(승인일로부터 5년 간) 대상에서 제외된다.

(2) 부담금의 감면

창업사업계획승인을 통한 공장건립에 대해서는 개발이익환수에 관한 법률에 의한 개발부담금 부과대상사업에서 제외됨에 따라 "개발부담금" 100%를 면제받는다. 그러나 농지 및 산림전용을 통해 공장을 설립하는 경우, 농어촌발전특별조치법에 의한 "농지전용부담금" 및 산림법에 의한 "산림전용부담금" 50%를 감면받는다.

대체농지조성비 및 대체조림비는 감면 또는 면제되지 않으며, 창업사업계획승인을 받은 후, 대체농지조성비(대체조림비 포함) 및 농지전용 부담금(산림 전용부담금 포함) 50%를 납입한 후가 아니면 공장건축(공장건축허가)을 위한 토목공사 등을 진행할 수 없으며, 일정기간 경과시 사업계획승인 취소의 사유가 된다.

상시종업원 50인 이하의 제조업을 영위하는 소기업이 500㎡ 미만의 공장을 수도권이외의 지역에서 신축·증축 또는 이전하는 경우, 개발부담금, 농지전용 부담금, 농지조성비, 산림전용부담금, 대체조림비 면제(소기업 지원을 위한 특별조치법 제9조)된다.

(3) 사후 관리

승인권자(시장 · 군수 · 구청장)는 창업 사업계획 승인시 창업자에 대해 창업사업계획승인을 얻은 당해 토지 및 공장건축물을 5년간 매매, 임대(일부임대 포함)를 제한하는 조건으로 승인한다.

먼저 제한조건 해제승인을 신청할 수 있는 경우, 두 번째로 국토이용계획변경, 농지 및 산림전용 등 용도지역변경을 수반하지 아니하고 창업사업계획승인을 얻은 경우, 세 번째로 공장등록증(부분가

〈표 8-11〉 제조업부문의 사업별 인 · 허가 등 목록(허가업종)

사 업 명	근 거 법 령	처리기관
먹는 샘물 제조업(개발)	먹는 물 관리법 제9조, 제18조	시 · 도
식품제조 · 가공업	식품위생법 제22조	식약청
소금제조업(염전)	염관리법 제3조	시 · 도
연탄제조업	석탄사업법 제17조	시 · 도 시 · 군 · 구
유해화학물질제조업 (유해성 심사)	유해화학물질관리법 제7조	지방환경관리청 시 · 도
의약품제조업	약사법 제26조	식약청
의약부외품 제조업	약사법 제26조	식약청
화장품제조업	약사법 제26조	식약청
의료용구 및 위생용품제조업	약사법 제26조	식약청
군복 및 군용장구 제조업	군복 및 군용장구의 단속에 관한 법률 제7조	국방부
가스용품제조업	액화석유가스의 안전 및 사업관리법 제8조	시 · 도
고압가스 및 설비제조업	고압가스안전관리법 제4조	시 · 도
고압가스용기, 냉동기제조업	고압가스안전관리법 제5조	시 · 도
소방용기계기구 등의 제조업	소방법 제50조	한국소방검정공사
보장구 제조 · 수리업	장애인복지법 제50조	시 · 군 · 구
사행기구 제조업	사행행위 등 규제 및 처벌특례법 제13조	지방경찰청
원자로관계시설 및 부품 생산업	원자력법 제37조	과학기술부
오존층파괴물질 중 특정 물질 제조업	오존층보호를 위한 특정물질의 제조규제 등에 관한 법률 제4조	산업자원부

동을 위한 공장등록은 제외)을 교부받은 후 1년 이상 정상적으로 공장을 가동한 경우, 네 번째로 공장등록증(부분가동을 위한 공장등록은 제외)을 교부받은 후 당해 공장을 계속하여 가동한 기간은 1년에 미달되나 토지 및 공장건축물이 법원 등에 경매되었거나, 창업자의 사망으로 사업을 영위할 수 없는 경우가 해당된다.

〈표 8-12〉 제조업부문의 사업별 인·허가 등 목록(지정업종)

사 업 명	근 거 법 령	처리기관
방산물자생산업	방위산업에 관한 특별조치법 제4조	산업자원보

사후관리기간 중 제한조건해제에 대한 승인을 받지 아니하고 전매를 하거나, 임대하는 경우에는 사업계획승인 및 공장건축허가가 취소되고, 당해 토지에 대한 원상회복 명령과 전매에 따른 양도소득세 등이 부과된다.

〈표 8-13 〉 제조업부문의 사업별 인·허가 등 목록(신고업종)

사 업 명	근 거 법 령	처리기관
약국제제의 제조	약사법 제33조	시·군·구
염제조(이온교환식), 가공	염관리법 제3조	시·도
세척제 제조업	공중위생법 제14조의2	시·군·구
장난감 제조업	공중위생법 제39조	시·군·구
항공우주산업	항공우주산업개발촉진법 제4조	산업자원부
기타 위생용품 제조업	공중위생법 제14조의2	시·군·구

〈표 8-14〉 제조업부문의 사업별 인·허가 등 목록(등록업종)

사 업 명	근 거 법 령	처리기관
비료생산업	비료관리법 제11조	시·도
농약 제조업, 원제업, 수입	농약관리법 제3조, 제8조	농촌진흥청
배합·보조사료 제조업	사료관리법 시행령 제9조	시·도
수처리제 제조업	먹는물관리법 제18조	시·군·구
정화조 제조업	오수·분뇨 및 축산폐수의 처리에 관한 법	시·군·구

출판 및 인쇄업	제39조	시·군·구
음반 및 비디오물 제작업	출판사 및 인쇄소의 등록에 관한 법 제3조	문화체육부
계량기 제작·수리업	음반 및 비디오물에 관한 법 제4조	시·도
전기용품제조업	계량기 및 측정에 관한 법 제24조	시·도
공해방지시설업	전기용품안전관리법 제4조 대기환경보전법 제44조 소음진동규제법 제43조 수질환경보전법 제39조	지방환경관리청
승강기 및 부품제조업	승강기제조 및 관리에 관한 법제4조	시·도
유독물 제조, 판매, 보관, 운반, 사용업	유해화학물질관리법 제15조	시·도

〈표 8-15〉 도·소매업부문의 사업별 인·허가 등 목록(허가업종)

사 업 명	근 거 법 령	처리기관
의약품수입업	약사법 제34조	식품의약품 안전청
사행기구판매업	사행행위 등 규제 및 처벌특례법 제13조	지방경찰청
군복 및 군용장구 판매업	군복 및 군용장구의 단속에 관한 법 제4조	국 방 부
문화재 매매업	문화재보호법 제61조	시·군·구
석유 판매업(주유소)	석유사업법 제12조	시·도
의약품 도매상	약사법 제35조	시·군·구
중고자동차 매매업	자동차관리법 제49조	시·군·구
액화석유가스 판매업	액화석유가스의 안전 및 사업관리법 제3조	시·군·구
고압가스저장소	고압가스안전관리법 제4조	시·군·구
고압가스판매업	고압가스안전관리법 제4조	시·군·구

〈표 8-16〉 도·소매업부문의 사업별 인·허가 등 목록(신고업종)

사 업 명	근 거 법 령	처리기관
건설기계 매매업	건설기계관리법 제21조	시·도
무역업, 무역대리업	대외무역법 제10조	한국무역대리점협회 한국무역대리점협회
양곡 매매업	양곡관리법 제18조	시·군·구
종자 판매업	종자산업법 제137조	시·군·구
먹는 샘물·수처리제 및 용기수입업	먹는 샘물관리법 제23조	지방환경관리청

〈표 8-17〉 도 · 소매업부문의 사업별 인 · 허가 등 목록(등록업종)

사 업 명	근 거 법 령	처리기관
농약 수입업	농약관리법 제3조	시 · 도
농약 판매업	농약관리법 제3조	시 · 군 · 구
다단계 판매업	방문판매 등에 관한 법 제28조	시 · 도
비료 판매업	비료관리법 제12조	시 · 군 · 구
음반 판매업	음반 및 비디오물에 관한 법 제7조	시 · 군 · 구
외국간행물 수입업	외국간행물 수입배포에 관한 법 제3조	문화체육부
제조담배 도매업	담배사업법 제13조	시 · 도
종자업	종자사업법 제137조	시 · 도
고압가스수입업	고압가스안전관리법 제5조의 2	시 · 도
먹는 샘물수입판매업	먹는물관리법 제18조	시 · 도

〈표 8-18〉 도 · 소매업부문의 사업별 인 · 허가 등 목록(면허업종)

사 업 명	근 거 법 령	처리기관
주류 판매업	주세법 제8조	세무서

〈표 8-19〉 도 · 소매업부문의 사업별 인 · 허가 등 목록(지정업종)

사 업 명	근 거 법 령	처리기관
제조담배 소매업	담배사업법 제16조	시 · 군 · 구

5. 창업동아리 활용

정부에서는 중소기업청을 통한 젊고 패기 있는 대학생들의 창업 열기를 확산하고 대학 재학 중 창업에 관한 연구 및 조사를 통해 체계적인 창업 준비활동이 이루어지도록 하기 위해 대학 창업동아리 지원사업을 추진해 오고 있다. 따라서 이러한 제도를 적절히 활용하면 창업의 성공 확률을 보다 더 높일 수 있다.

1) 창업동아리 지원대상

전문대, 대학(원)의 총장 또는 학장이 승인한 동아리로써, 학교 내에 독자적인 사무실을 갖추고 있으며, 회원이 20명 이상인 창업동아리는 지원대상이 된다.

2) 지원신청 방법

신청서 교부 및 접수처는 해당대학(각 지방중소기업청), 해당지역(중소기업청 창업지원과)에서 교부 및 접수를 받는다. 신청방법은 소정의 양식에 따라 작성한 지원신청서, 지원내역서 등 신청서류를 갖추어 제출(접수처 참고)하면 된다.

신청서류는 지원신청서(소정양식), 지원내역서(소정양식), 총(학)장 추천서, 재학증명서(대표자에 한함), 동아리 회원명단(인적사항이 기재된 것) 각 1부이다.

3) 창업동아리 사후관리

창업동아리 사후관리가 중요하다. 따라서 창업동아리 활동평가지표를 통해 평가하는데 창업활동, 아이템개발, 경연대회참가, 대외활동, 창업교육참가, 지역연합회 활동 등을 평가한다. 중점지도대상 동아리로 선정시 지방청별로 중점지도 실시한다.

창업동아리의 경우 매년 평가하는데 지정 후에 미달되면 취소되기도 한다. 특히, 현격히 창업활동에 위배될 경우 및 자진 반납시에는 수시로 지정 취소한다. 이때에 지정 취소된 동아리 소속 대학은 취소시점부터 2년 동안 지원 중단 등 불이익을 받는다. 또한 정부주관으로 우수창업동아리를 발굴하여 대외 홍보 강화하고, 창업동아리 우수동아리에 대해 신문 등에 분기별로 홍보 실시하기 때문에 잘만 운영하면 기대이상의 효과를 거둘 수도 있다. 창업동아리에게 지급한 지원금의 경우 정기적으로 사용을 점검한다. 먼저 지원금의 내역을 보면, 신규발굴지원금, 아이템개발비등 지원금이 있는데 사용내역을 점검하기 위하여 매 10월말에 제출해야 한다. 지원금으로 구입한 시설품이 제대로 사용되는지를 지원기관에서 관리하므로 관리에 신경써야 한다. 창업동아리지원의 물품의 경우 관리표를 부착(중기청지원 물품)하여야 하고, 노후, 파손되었거나 사용연한이 지난 시설품의 경우 폐기 처리할 수 있다.

6. 교수 창업 활용

1) 지원 추진배경

대학 및 연구소의 실험실 창업을 확산함으로써 기술력 있는 벤처기업을 양산하고, 산학연계의 실질적 기반 구축하기 위하여 정부주도로 지원하고 있다. 특히, 석·박사급 기술인력의 70%가 집중되어 있는 대학·연구소의 연구결과를 사업화로 연결시켜 벤처기업 창업을 활성화시켜서 산업 전반에 활성화를 불어넣기 위한 동기 부여책의 일환으로 이러한 지원책이 등장했다.

영국의 경우 교수 및 연구원 창업제도가 정착되고 성공한 사례인데, 1990년대 초 10여 명에 불과했던 백만장자 교수가 97년도 말에는 12,000여 명으로 대폭 증가하였다. 이러한 변화는 정부에서의 정책적인 지원이 있었기 때문에 가능하였다. 결국 영국은 벤처기업 창업 및 성공을 통해 교수가 벤처산업 발전을 주도하고 있다. 따라서 이러한 상황을 국내에서도 벤치마킹하여 도입하였다.

2) 교수 및 연구원 벤처창업의 의의

이에 대한 근거는 벤처기업육성에 관한 특별조치법 제16조(교육공무원 등의 창업시 휴직 허용), 제16조의 2(교육공무원 등의 겸임 또는 겸직에 관한 특례)의 적용대상인 교수 또는 연구원이 당해 대학 또는 연구기관의 실험실 등에서 벤처기업을 설립하고, 그가 개발한 연구성과를 사업화 하는 것 등에서 찾을 수 있다.

벤처 창업의 유형으로는 연구형 기업으로 기술개발에 초점을 맞추어 외부기업에 기술을 제공하는 경우이다. 또 하나는 생산형 기업으로 자체 연구개발과 아울러 직접생산을 하며 판매까지도 하는 경우이다. 따라서 전문적인 지식을 활용하여 벤처창업에 대한 노력을 하여 성공하는 사례가 국내에도 급속도로 증가하고 있다. 일부에서는 학교를 그만두고 벤처기업에 뛰어드는 사례까지 생기고 있다.

3) 벤처기업육성에 관한 특별조치법

벤처기업 육성에 관한 특별조치법 중에서 교수 및 연구원의 창업지원부문만을 발췌하면 다음 〈표 8-20〉과 같다.

〈표 8-20〉 교수 및 연구원의 창업지원부문

가. 실험실공장의 정의(법 제2조 5항)

이 법에서 "실험실공장"이라 함은 벤처기업의 창업을 촉진하기 위하여 대학 또는 연구기관이 보유하고 있는 연구시설안에 공업배치 및 공장설립에 관한 법률 제28조의 규정에 의한 도시형 공장에 해당하는 업종의 생산시설을 갖춘 사업장

나. 교육공무원등의 창업시 휴직허용(법 제16조)

다음 각 호의 1에 해당하는 자(이하 "교육공무원등"이라 한다)는 교육공무원법 제44조 제1항, 국가공무원법 제71조 제2항, 지방공무원법 제63조제2항 및 사립학교법 제59조제1항의 조정에 불구하고 벤처기업을 창업하거나 벤처기업의 임원으로 근무하기 위하여 휴직할 수 있다(개정 98.12.30).

다. 교육공무원등의 겸임 또는 겸직에 관한 특례(법제16조2)

교육공무원등 또는 대통령령이 정하는 정부출연연구기관(국방 분야의 연구기관을 제외한다.)의 연구원은 그 소속기관의 장의 허락을 받아 벤처기업의 대표자 또는 임·직원을 겸임 또는 겸직할 수 있다[본조 신설 98.12.30].

라. 실험실공장에 대한 특례(법 제18조의2)

다음 각 호의 1에 해당하는 자는 건축법 제14조 제1항·동법 제45조 제1항 및 대덕연구단지관리법 제6조 제항의 규정에 불구하고 그 소속기관의 장의 승인을 얻어 실험실공장을 설치할 수 있다. 실험실공장의 설치·운영 등에 관하여 기타 필요한 사항은 대통령령으로 정한다[본조신설 98.12.30].

마. 연구원의 겸임 또는 겸직이 허용되는 연구기관의 범위(시행령 제11조의 2)

법 제16조의 2 제1항에서 "대통령령이 정하는 정부출연연구기관"이라 함은 다음 각 호의 연구기관을 말한다. 정부출연연구기관등의 설립·운영 및 육성에 관한 법률에 의

〈표 8-20〉 (계속)

하여 설립된 연구기관 한국원자력연구소법에 의한 한국원자력연구소 한국원자력안전기술원법에 의한 한국원자력안전기술원 과학기술혁신을 위한 특별법에 의한 한국과학기술평가원[본조신설 99.4.30]
바. 실험실공장의 설치 등(시행령 제11조의 4)
법 제18조의 2 제1항의 규정에 의하여 실험실공장을 설치하고자 하는 자는 산업자원부령이 정하는 서류를 갖추어 그 소속기관의 장에게 승인을 신청하여야 한다. 승인을 얻은 사항을 변경하고자 할 때에는 또한 같다.

제3절 코스닥 등록과 자금 확보

1. 주식발행시장

1) 발행의 의의

(1) 의의

주식의 발행시장(Primary market)은 자금을 필요로 하는 기업, 공공단체 및 정부 등이 유가증권을 발행하여 일반투자자나 금융기관 등에 제공하고 그들로부터 필요한 자금을 조달하는 일련의 과정으로 추상적 시장이다. 예를 들면 유통시장(Secondary market)은 이미 발행되어 있는 유가증권을 투자자 상호간에 매매하는 구체적・현실적 시장을 말한다.

(2) 기 능

대규모로 자금조달이 가능하다는 특징을 갖는다. 즉, 광범위한 투자자로부터 거액의 장기자금을 일시에 조달함으로써 기업자본의 대규모화가 가능하다. 따라서 투자수단의 제공 및 자금의 공급자인 투자자에게 주식, 채권 등을 통해 다양한 투자대상을 제공하는 기능을 갖는다.

(3) 구 조

발행주체(Issuer)의 경우 민간기업은 주식(보통주, 우선주), 사채(회사채, 교환사채, 신주인수권부사채, 전환사채, 이익참가부 사채 등) 등을 발행한다. 국가·지방자치단체는 국·공채를 발행한다. 또한 금융기관은 금융채를 발행하고, 특수법인은 특수채를 발행한다.

인수자(Underwriter)의 경우 발행주체와 투자자 사이에서 증권과 자금이 적절하게 배분될 수 있도록 증권 발행에 따른 사무처리를 하고 유가증권의 인수, 매출, 자기매매 등을 수행하는 등의 여러 가지 리스크를 부담하는 기관(증권회사, 은행, 종금, 투신 등)이다.

투자자(Invester)의 경우 개인투자자는 자연인이고, 법인투자자는 금융기관, 연기금, 각종재단 등이 있다.

(4) 발행방법과 형태

먼저, 방법으로는 공모발행과 사모발행이 있는데 발행증권 수요자를 구하는 방법에 따라 구분한다. 첫째, 공모발행(Public offering)은 불특정다수인(증권거래법상 50인 이상)을 대상으로 유가증권을 모집 또는 매출하는 것으로 공모규모가 10억 원 이상인 경우 금융감독위원회에 유가증권 신고서를, 10억 원 이하인 경우에는 소액공모 공시서류를 제출하도록 증권거래법 등 관련법령에서 정하고 있다.

둘째, 사모발행(Private placement)은 발행주체가 일반인을 대상으로 하지 않고 특정한 개인이나 은행·보험사 등의 금융기관 등에 유가증권 인수하도록 하는 것으로 대부분 직접발행 형태를 취하는 발행형태로서 벤처기업을 비롯한 많은 중소기업들이 자금조달의 주요한 방법으로 행하는 형태이다.

한편 직접발행과 간접발행으로 나누는데 위험부담과 사무절차를 담당하는 방법에 따라 구분하는 방법도 있다. 즉, 직접발행은 발행주체가 스스로 발행위험을 부담하고 발행사무를 직접 행하여 유가증권을 발행하는 방법으로 주로 발행규모가 적어 소화에 무리가 없고 발행사무가 간단한 경우에 주로 이용하는 경우이다. 직접발행을 공모로 하는 경우(직접공모) 유가증권 발행공시 등에 관한 규정의 적용대상으로 유가증권 신고서를 제출해야 한다.

간접발행은 직접발행에 따른 사무처리의 번잡을 피하고 직접모집 능력의 부족과 발행위험 부담을 회피하기 위하여 발행주체가 발행기관(중개인)의 도움을 받아 유가증권을 발행하는 방법으로 이 경우 유가증권 인수업무에 관한 규정의 적용을 받게 되며 발행기관은 전문적인 지식과 조직을 갖춘 증권회사 등의 금융기관이 된다.

위탁모집이란 발행주체가 스스로 발행위험을 부담하고 발행 및 모집 사무는 전문기관인 발행중개인에 위탁하는 형태로 모집 후 소화되지 아니한 증권은 발행주체가 처리하는 것이다. 잔액인수는 유가증권 모집결과 잔량이 생기는 경우 이미 맺은 인수계약에 따라 그 잔량을 발행중개인이 인수하는 방법으로 발행중개인으로는 어느 정도의 발행위험을 부담하는 것이다. 총액인수는 주간사회사가 구성한 인수기관이 공모증권 전액을 자기의 책임과 계산하에 인수하고 이에 따른 발행위험을 모두부담(인수매출이라고도 하며 간접발행의 대부분은 총액인수방법으로 공모함)하는 것이다.

2) 주식발행

(1) 주식의 본질

주식은 자본의 구성단위로서의 의미와 주주권으로서의 의미를 갖으며 자본은 주식으로 분할(1주의 금액 100원 이상)하여야 한다. 또 발행주식 액면총액이 자본금이 되며 액면 이상 가액으로 발행한 경우 액면초과금액은 주식발행초과금으로 자본준비금으로 적립이 된다. 주식의 종류에는 이익·이자의 배당, 잔여재산 분배 등에 있어 표준이 되는 보통주, 배당과 잔여재산 분배에 있어 우선 전 지위가 인정되는 우선주가 있다.

(2) 주식발행의 유형

먼저, 기업공개유형이다. 즉, 유가증권 시장에 주식을 신규로 상장하기 위하여 모집과 매출의 방법으로 주식을 새로이 발행하거나 이미 발행된 주식을 매도하여 소주주에 의하여 폐쇄적으로 경영되던 기업의 주식을 일반대중에게 분산시키는 행위로서 이를 통하여 기업의 지분분산을 유도하고 기업경영의 투명성을 제고하면서 일반대중으로부터 기업자금조달을 용이하게 한다. 둘째, 협회등록공모이다. 비상장 법인이 주권을 협회중개시장(KOSDAQ)에 등록하기 위하여 주식을 신규로 공모하는 것이다. 벤처기업이 가장 선호하는 주식발행유형이다. 셋째, 유상증자 유형이다. 즉, 신주를 발행함으로써 자본금이 증가하는 동시에 회사재산이 실질적으로 증가하여 기업의 재무구조를 개선하고 타인자본 의존도를 줄이는 효과가 있다.

〈표 8-21〉 증권시장의 종류 및 특징

구 분	정규시장		비정규시장	
종류	증권거래소 (KSE)	협회중개시장 (KOSDAQ)	비상장·비등록주식 시장(OTC BB)	OTC(장외시장)
의의	증권거래소가 개설한 시장	증권업협회가 운영하는 시장	코스닥의 호가중개 시스템에 의해 운영되는 시장	KSE, KOSDAQ, OTC BB이외의 시장
매매 대상물	증권거래소 상장 유가증권(주식, 채권, 주가지수 선물옵션)	협회등록법인의 주식	협회지정법인의 주식	제한 없음. 주로 채권이 거래되며 미공개법인의 주식거래도 활발한 편임.
매매 방법	경쟁매매	경쟁매매	상대매매	단주의 장외거래, 상대매매
규정	상장규정 업무규정 공시규정	협회중개시장 운영규정	유가증권의 장외거래에 관한 규정, 장외주식호가중개에 관한 규칙	유가증권의 장외거래에 관한 규정
결제	증권예탁원 (T+2)	증권예탁원 (T+2)	증권예탁원(T+2)	채권(증권예탁원)

자료 : 한국증권업협회(2006), 협회중개시장소개자료 발췌.

유상증자의 종류로는 다음의 경우가 있다. 먼저, 주주배정이 있는데 일반적인 유상증자 방법으로 신주의 인수권을 기존주주에게 부여하고 배정함으로써 정관에 다른 정함이 없으면 주주는 그가 가진 주식수에 따라 비례적으로 증자에 참여하는 것이다.

둘째, 제3자 배정이 있는데 특별법, 회사의 정관, 주총 특별결의에 의하여 주주의 신주인수권을 배제하고 특정의 제3자에게 신주인수권을 부여하는 형태로 정부, 합작, 거래선 등 회사와 특별한 관계에 있는 자의 지분참여를 필요로 할 때 주로 이용된다.

셋째, 공모방식의 유상증자가 있는데, 주주우선공모, 일반공모, 직접공모방식이 있다. 주주우선공모란 상장법인이 신주를 모집하는 경우에 인수회사가 유상증자분 총액을 인수한 후 기존주주와 우리사주 조합원에게 우선청약권을 부여하여 청약을 받고 그 청약 미달분을 일반투자자를 대상으로 청약을 받는 것이다. 일반공모란 기존주주의 신주인수권을 완전히 배제하고 인수회사가 총액 인수한 후 유상증자분을 일반투자자에게 청약을 받는 방식이다. 직접공모란 인수인을 통하지 않고 발행회사가 직접 자기의 책임과 계산하에 신주를 공모하는 방식으로 그 모집가액 또는 매출가액의 적정성에 대하여 유가증권전문분석기관의 평가를 받아야 한다.

여기에서 무상증자는 이사회 또는 주주총회의 결의로 자본잉여금 전부, 이익준비금 등 법정준비금을 자본에 전입하고 증가된 자본금에 해당하는 만큼의 신주를 발행하여 구주주에게 소유주식수에 비례하여 무상으로 배정, 교부하는 방법으로 자금조달을 목적으로 하지 않고 자본구성의 시정, 사내유보의 적정화 또는 주주에 대한 자본이득의 환원을 목적으로 총자산의 변화 없이 재무제표상의 항목 변경을 통해 신주를 발행하는 것이다.

주식배당은 기업의 경영성과에 따라 발행한 이익잉여금의 자본전입을 위한 것으로 회사의 이익을 주주에게 현금으로 배당하는 대신 신주를 발행하여 배당하는 것(이익의 자본화)이다.

주식형사채 권리행사란 전환사채와 신주인수권부사채의 권리행사로 인한 주식발행이 이에 해당한다. 처음에는 사채로 발행했다가 주식으로 전환이 가능토록 권리를 주는 방법이다.

2. 유가증권발행

1)유가증권발행

(1) 유가증권발행인 등

먼저, 유가증권발행인 등록제도의 의의는 유가증권발행인 등록제도는 공모(모집 또는 매출)나 상장 등을 하고자 하는 발행인을 금융감독위원회에 등록시켜 일정한 공시의무를 부과하고 건전한 경영관리를 유도함으로써 향후 해당 기업이 공모 또는 상장을 준비하게 하고 투자자를 보호하는데 그 목적이 있다.

둘째, 등록대상(증권거래법 제3조)은 다음과 같다. 다음의 경우에 해당하는 유가증권발행인은 금융감독위원회에 등록하여야 한다. 즉, 증권거래소에 유가증권을 상장하고자 하는 법인, 비상장법인으로서 유가증권을 모집 또는 매출하고자 하는 법인, 주권상장법인과 주권비상장법인이 합병하고자 하는 경우의 그 주권비상장법인, 코스닥시장에서 당해 법인이 발행한 유가증권이 거래되도록 하고자 하는 비상장법인, 유가증권을 모집하고자 하는 설립중인 법인, 주권상장법인 또는 협회등록법인이 당해 법인의 임·직원에게 주식매수선택권(Stock Option)을 부여하고자 하는 경우이다. 위반시 제재는 다음과 같다. 즉, 상기 등록대상법인이 금융감독위원회에 등록하지 아니한 경우 2백만 원 이하의 과태료 처분(증권거래법 §213)을 받게 되고, 또한 유가증권 발행제한 또는 코스닥 등록심사시 불이익을 받을 수 있다. 등록의무 위반에 대한 과태료 부과근거는 2000년 1월에 신설되었다. 셋째, 등록절차는 다음과 같다. 유가증권발행인 등록절차는 다음 〈표 8-22〉의 유가증권등록절차와 같다. 이에 대한 자세한 사항은『전자 공시 접수수리 인터넷 홈페이지(http://filer.fss.or.kr)의 등록법인신청서 제출안내』를 참고하면 된다.

〈표 8-22〉 유가증권발행인 등록절차

(제1단계) 전자공시시스템 프로그램(제출지원프로그램) 및 전자문서서식을 Download 하여 제출인의 PC에 설치
※등록서류 양식 : 금융감독원 전자공시시스템(http://dart.fss.or.kr/)의 '자료실'의 '8 '에 등록법인관리규정(등록신청서등) 수록
(제2단계) 등록법인신청서(초안) 작성
(제3단계) 필요시 작성된 신청서(초안)를 서면으로 출력하여 금융감독원 담당자(본원 공시감독국에 업종별로 구분하여 담당)와 사전협의 등을 통해 내용을 수정·보완하여 등록법인 신청서 내용을 확정
(제4단계) 전자문서 제출인 등록신청
(제5단계) 인증서(전자서명) 신청
(제6단계) 서면 및 전자문서 제출
(제7단계) 유가증권발행인 등록통지서 수령(제출일로부터 7일 후에 서면으로 통지함)

(2) 공모의 개념

유가증권을 모집 또는 매출하고자 하는 비상장법인은 금융감독위원회에 등록하여야 한다. 모집의 경우 50명 이상을 대상으로 신규로 발행되는 유가증권의 취득의 청약을 권유하는 것이다. 다만 권유대상이 50인 미만이라도 발행 후 1년 이내에 50인 이상의 자에게 양도될 수 있는 경우로서 금융감독위원회가 정하는 전매기준에 해당되는 때에는 모집으로 간주(증권거래법 시행령 제2조의4제4항)한다. 여기에서 전매제한 규정을 둔 것은 사모를 통해 유가증권을 발행한 후 다수인에게 전매되는 경우 실질적인 공모행위가 되기 때문이다. 한편 매출의 경우 50명 이상을 대상으로 이미 발행된 유가증권의 매도의 청약을 하거나 매수의 청약을 권유하는 것이다.

청약권유대상자 50명의 산정방법은 다음과 같다. 즉, 청약권유를 받은 자와 청약권유일로부터 과거 6월 이내에 당해 유가증권과 동

일한 종류의 유가증권에 대하여 사모를 통하여 모집 또는 매출에 의하지 않고, 청약권유를 받은 자를 합산한 값이다. 청약권유를 받은 인원수에서 회사 내용을 잘 알 수 있는 자(예 : 최대주주, 임원, 기관투자자 등)를 뺀 나머지가 50인 미만으로 사모인 경우를 말한다.(증권거래법 시행령 제2조의4)

50명 산정시 유의사항으로는 모집과 매출은 분리하여 산정하여야 한다는 점이다. 실제로 청약에 참가하는 자를 기준으로 하는 것이 아니라 청약권유대상자를 기준으로 한다. 50명 미만의 소수의 청약자를 모집하는 내용의 공고를 하는 행위도 공모에 해당되어 기업을 등록하여야 한다. 단 1명의 주주를 모집하는 내용의 공고를 하는 경우에도 그 1명이 될 수 있는 잠재적 청약자는 다수이므로 공모에 해당하게 된다.

미리 50명 미만을 특정하여 이들에게만 청약 권유하는 경우에만 사모에 해당되어 금융감독위원회 등록이 면제된다. 인터넷, 신문광고 등을 통하여 청약을 권유하는 경우에는 50명 이상을 대상으로 청약권유행위를 하는 것으로 간주한다. 50명 이내라도 1년 이내에 50명 이상의 자에게 전매가능성이 있다고 금감위가 정한 다음의 경우는 모집으로 간주(유가증권발행 후 지체 없이 증권예탁원에 예탁하고 예탁일로부터 1년간 인출·매각하지 않기로 예탁계약을 체결하고 이행한 경우는 제외)한다.

주권, 신주인수권 증서란 동일한 종류의 주권 또는 신주인수권증서가 상장, 협회등록 또는 모집, 매출된 사실이 있는 경우, 주식관련 사채(전환사채, 신주인수권부사채, 교환사채)의 경우, 전환대상 주권 등이 상장, 협회등록, 모집, 매출된 사실이 있는 경우(전환사채, 신주인수권부사채로서 행사기간이 1년 이상인 경우는 제외), 사채권과 신주인수권증권이 기명식인 경우 그 권면에 1년간 양도제한 문구가 없는 경우(다만, 권면매수가 50매 미만으로 권면분할 금지특약 기재시 예외), 사채권과 신수인수권증권이 무기명식인 경우 그 권면의 매수가 50매 이상이거나 50매 미만으로 권면분할 금지문구가 없는 경우, 주식관련사채(전환사채, 신주인수권부사채, 교환사채)외의 사채의 경우, 기명식인 경우 1년 간 양도제한 문구가 없는 경우(다만, 권면매수가 50매 미만으로 권면분할 금지특약 기재시 예외), 무기명식인 경우 권면의 매수가 50매 이상이거나 50매 미만으로 권면분할 금지문구가 없는 경우이다.

(3) 유가증권신고서 제출대상

먼저, 신고서 제출대상을 보면, 공모(모집 또는 매출)의 방법에 의하고 공모금액이 10억 원 이상이라는 조건에 부합되는 경우이다. 특히, 공모금액 10억 원은 다음 2가지의 경우로 나누어 산정할 수 있다. 먼저, 당해 모집 또는 매출가액과 당해 모집 또는 매출일로부터 과거 2년간(동기간 중 신고서를 제출한 경우는 그 후의 기간) 동일종류 유가증권의 모집 또는 매출로서 신고서를 제출하지 아니한 금액을 합산한다. 다만, 공모에 해당하나 금액이 10억 원 이하여서 유가증권신고서를 제출하지 아니한 과거 2년간의 공모금액과 당해 공모금액을 합산한다. 둘째, 청약권유일로부터 과거 6개월 이내에 당해 유가증권과 동일한 종류의 유가증권에 대하여 모집 또는 매출에 의하지 않고 청약권유를 받은 자의 청약권유금액을 합산한다. 다만, 사모(청약권유대상 50명 미만)에 해당하여 유가증권신고서를 제출하지 아니한 과거 6개월간의 청약권유금액과 당해 청약권유금액을 합산한다. 특히, 공모금액 10억 원 산정시 유의사항의 경우 모집과 매출은 각각 분리하여 산정하며 모집가액 또는 매출가액은 액면가액이 아닌 발행가액 또는 매도가액을 기준으로 해야 한다는 점이다.

둘째, 유가증권신고서 제출(법시행령 제5조의 4)을 살펴보면, 신고서의 기재사항 및 첨부서류에 있어서 기존법인이 주식을 모집·매출하는 경우, 설립중인 법인이 주식을 모집·매출하는 경우, 보증

사채권 또는 보증사채권외의 사채권을 모집·매출하는 경우로 구

분 작성한다. 기재사항으로는 모집매출의 먼저, 개요(유가증권발행신고 등에 관한 규정 제9조)의 경우 요령, 자금의 사용목적, 인수인이 있는 경우 인수인의 당해 유가증권에 대한 의견, 모집·매출되는 유가증권의 상장 또는 협회등록여부, 분석기관의 평가를 받은 경우에는 평가의견, 유가증권의 분석내역을 작성한다. 둘째, 발행인에 관한 사항의 경우 회사의 현황, 주요사업의 내용, 재무사항, 감사인의 감사의견, 지배구조 및 관계회사의 등의 현황, 주식에 관한 사항, 임직원 등에 관한 사항, 이해관계자와의 거래내용, 부속명세서 등이다. 첨부서류는 정관, 당해 유가증권의 발행을 결의한 이사회 또는 주주총회의사록, 당해 유가증권의 인수계약을 체결한 경우 계약서 사본, 등록법인 예비심사결과서류 등이다.

셋째, 유가증권 신고서 수리는 다음과 같다. 즉, 유가증권 발생시장의 공시관행 선진화를 도모하기 위하여 2000년 7월 1일부터 유가증권신고서 수리절차를 현행 「심사 후 수리·통지」에서 「수리·통지후 심사」로 변경하였다. 유가증권 신고서에 형식상 불비가 없고 첨부서류의 누락 등이 없으면 접수와 동시에 수리통지하고, 이와는 별도로 허위·부실기재 또는 중요한 사항의 누락 등 기재내용에 대한 심사를 실시한다.

투자자 및 수요예측에 참여하는 기관투자자 입장에서는 신고서가 수리된 후(즉, 효력발생일 직전)에야 비로소 신고서 및 예비사업설명서 등이 공시되므로 그 내용을 검토하여 기업가치를 분석하는 등 투자판단 자료로 활용할 시간적 여유가 없고, 발행인의 입장에서는 신고서의 '수리'이전에는 일체의 투자권유행위(예비사업설명서 배포, 광고, 기업설명회, 수요예측 등)를 할 수 없으므로 시장수급상황을 파악할 수 없어 발행일정을 정하기 어려워 이를 해소하기 위함이다. 발행인·주간사회사 유의사항은 신고서 내용에 대한 검토과정에서 허위, 부실기재 또는 중요한 사항의 누락 등이 발견되는 경우 정정명령, 당해 유가증권 발행정지·금지명령 조치가 있을 수 있다는 점이다.

심사의견서(Letter of Comment) 제도 도입의 경우 유가증권신고서의 수리·통지 후 허위·부실기재 또는 누락의 경우에는 정정명령을 할 수 있으며 이때 신고서의 효력발생은 새로이 정정신고서를 제출할 때부터 기산되므로 자금조달 일정이 변경될 수 있어 발행인 입장에서 불편함이 초래, 이를 감안하여 2000년 7월부터 심사의견서 제도를 도입·시행했다. 즉 회사가 금융감독원에 제출한 신고서가 전반적으로 충실하게 작성되었으나 그 내용의 일부 보완 등이 필요한 경우, 이를 적시한 「심사의견서」를 발송하여 회사가 자발적으로 신고서의 내용을 정정할 수 있도록 기회를 부여하고 이에 따라 회사가 자발적으로 제출한 정정신고서의 내용이 투자판단에 중대한 영향을 미치는 사항이 아닌 경우에는 신고서의 효력발생일에 영향을 미치지 않도록 함으로써 회사의 자금조달 일정에 차질이 발생하지 않도록 하기 위해서이다.

넷째, 신고서의 효력발생시기는 다음과 같다. 즉, 주식의 모집 또는 매출의 경우는 15일, 다만 일반공모증자의 경우는 10일, 주주 또는 제3자에게 배정하는 방식의 증자의 경우는 7일이다. 특히, 사채의 모집 또는 매출의 경우 7일, 발행가액 및 발행이자율과 관련된 사항의 변경으로 인한 정정신고서를 제출하는 경우 정정신고서가 수리된 날로부터 3일이 경과한 날에 신고서의 효력이 발생한다. 신고서의 효력이 발생되지 아니한 유가증권의 취득 또는 매수의 청약이 있는 경우에 당해 유가증권의 발행인·매도인과 그 대리인은 그 청약의 승낙을 하지 못한다.

넷째, 청약의 권유행위는 정당한 사업설명서를 작성하여 청약취급기관, 발행인의 본지점 등에 비치하여 일반인이 공람하도록 하여야 한다(증권거래법 제12조). 신고서의 효력이 발생된 날 효력발생일, 당해 유가증권의 모집가액 또는 매출가액, 청약기간, 납입기간, 당해 유가증권 신고서의 사본 및 사업설명서의 열람장소, 청약개시일까지 당해 유가증권신고서의 기재사항 중 일부가 변경될 수 있다는 뜻으로, 정부가 유가증권신고서의 내용이 진실 또는 정확하다는 것을 인정하거나 당해 유가증권의 가치를 보증 또는 승인하는 것이 아니라는 뜻 등을 기재한 사업설명서를 금융감독위원회에 제출(법 시행령 제6조)해야 한다. 유가증권신고서 효력 발생되기 전에 예비사업설명서를 작성 매도의 청약 또는 매수의 청약을 권유하는데 사용할 수 있다. 즉, 예비사업설명서는 유가증권 신고서내용을 기재하고 다만 신고서효력이 발생하지 아니하고 있다는 뜻과 효력발생일까지 그 기재사항 중 일부가 변경될 수 있다는 뜻의 내용이 기재되도록 하면 신고서제출시 함께 제출가능(법 시행령 제7조의 2)하다. 간이사업설명서의 경우 신고서가 수리된 후 신문·방송·잡지 등을 이용한 광고, 안내문·홍보전단 또는 전자전달매체를 통하여 사업설명서에 기재하여야 할 사항 중 그 일부를 생략하거나 중요한 사항만을 발췌하여 기재 또는 표시한 문서, 전자문서 기타 이에 준하는 기재 또는 표시를 말하고 이에는 모집·매출가액, 신고서의 효력이 아직 발생되지 않았다는 표시, 기재사항의 변경이 있을 수도 있다는 뜻으로, 예비심사결과, 발행인에 관한 구체적인 내용은 예비사업설명서, 사업설명서를 참조하라는 뜻이 기재되어야 한다(신고서 제출시 함께 제출가능, 증권거래법 시행령 제7조의 3).

다섯째, 발행실적보고서 제출을 살펴보면, 유가증권 발행인은 발행실적에 관한 보고서를 금융감독위원회에 제출해야 한다. 즉, 발행인의 명칭 및 주소, 간사회사의 명칭, 청약 및 배정에 관한 사항, 공시의 이행에 관한 사항, 유가증권의 교부일, 상장일 및 증자등기일, 유상증자 전후의 주요주주의 지분변동상황, 신주인수권증서의 발행내역, 주주가 주식인수의 청약을 하지 아니한 주식의 처리내역, 조달자금의 사용내역을 기재한 보고서를 제출해야 한다.

여섯째, 유가증권신고서 관련 서식을 살펴보면, 신고서 관련서식은 유가증권발행신고 등에 관한규정 별지 제2-1호 서식(모집 설립 제외의 경우)이며, 이들 서식은 전자공시시스템(//dart.fss.or.kr)의 자료실에서 『18. 유가증권발행신고규정1(주식 등)』을 다운로드하여 전자공시시스템상의 전자문서편집기로 작성하여 이를 금융감독원 공시감독국 공시심사실의 업종별 담당자와 협의한 후 서면 또는 전자문서로 제출하여야 한다. 그러나 2001년 1월 1일 이후부터 서면제출은 제외되었다.

(4) 소액 공모시 유의사항

소액공모 절차의 경우 증권거래법은 비상장법인이 10억 원 이상을 공모(모집 · 매출)를 통하여 자금을 조달하는 경우 유가증권 신고서를 제출하도록 하였으나 최근 몇몇 비상장법인이 인터넷, 신문광고 등을 통하여 유가증권신고서 제출이 면제되는 공모금액 10억 원 미만의 소액공모를 실시한 후 발행자금을 가지고 잠적하는 등 투자자의 피해가 사회 문제화되고 있다.

이와 같은 문제점을 보완하기 위하여 증권거래법 등 관련제도를 개선하여 공모금액 10억 원 미만의 소액공모에 대해서도 투자자의 투자판단에 필요한 기업정보를 제공하도록 공시의무를 구체화하였다. 10억 원 미만의 소액 공모시 제출서류 및 시기(유가증권 발행신고 등에 관한 규정 제16조의3)의 경우는 다음과 같다. 즉, 제출서류의 내용으로는 설립 후 1차사업연도가 경과한 법인의 경우 최근 사업연도의 감사인의 감사보고서(재무제표 포함), 사업연도 경과 후 반기결산일이 경과한 법인의 경우에는 반기검토보고서(재무제표 포함)를 추가로 제출해야 한다. 최근 사업연도의 감사보고서가 없는 경우 최근월 말일의 감사보고서로 갈음 가능하다.

한편 설립 후 1차사업연도가 경과하지 아니한 법인의 경우는 최근월 말일 기준의 감사인의 감사보고서를 제출해야 한다. 제출시기로는 소액공모를 개시하는 날의 3일전까지이다. 이때 소액공모를 개시하는 날이라 함은 신문 · 잡지 또는 인터넷상에 청약을 권유하는 내용을 게재하는 날을 말한다. 다만, 당해 유가증권 매출이 장외주식(프리코스닥) 매매의 중개업무를 영위하고 있는 증권회사의 중개방법에 따르고, 소액주주[당해 법인의 발행주식총액 또는 출자총액의 100분의 1에 해당하는 금액과 3억 원 중 적은 금액 미만의 주식 또는 출자증권을 소유하는 주주(다만, 최대주주 및 그 특수관계인은 이를 소액주주로 보지 아니한다.)]가 매출하는 것으로서 발행인에 관한 사항 및 발행인의 재무상태, 영업실적에 관한 사항을 기재한 서류를 공시할 경우 소액공모시 제출서류 등에 관한 감사보고서 등에 대한 금감위 제출의무를 이행한 것으로 본다. 소액공모시 공시서류 미제출(법 제18조의 2)의 경우 과태료는 200만 원 이하의 과태료(법 제213조 제1항 제2호)를 부과해야 한다. 행정조치로는 유가증권발행제한, 임원해임권고 등(법 제20조)의 제한을 받는다.

소액공모시 청약권유문서에 기재 또는 표시하여야 할 사항의 구체적인 범위(증권거래법시행령 제9조의2 제1항 제2호)를 살펴보면 다음과 같다. 먼저, 모집 또는 매출의 개요를 보면, 모집 또는 매출의 요령, 자금의 사용목적, 인수인이 있는 경우 인수기관의 당해 유가증권에 대한 의견, 모집 또는 매출되는 유가증권의 상장 또는 협회등록여부, 기타 투자자보호를 위하여 필요한 사항 등이 필요하다. 발행인에 관한 사항으로는 회사의 개황, 사업의 내용, 재무에 관한 사항, 그리고 기타사항 등이 필요하다. 소액공모를 개시한 때 지체없이 금감위에 제출하여야 하는 서류는 청약의 권유방법, 증권거래법시행령 제9조의2 제1항 제2호의 규정에 의하여 청약권유문서에 기재 또는 표시한 사항(모집매출 요령, 자금사용목적 등, 발행인에 관한 사항) 등이다. 청약안내공고는 공모에 관련된 사실을 알리는 수준을 넘어서는 안 된다. 예를 들어 『전자상거래의 선두주자』『업계의 독보적인 위치를 차지』 등 검증되지 아니한 내용을 게재하는 경우에는 법규에 저촉될 가능성이 크다. 즉 증권거래법 제188조제4항에서 정하고 있는 허위표시에 의한 시세조종의 범주에 들어갈 수 있음을 인식하여야 한다.

소액공모 종료시 결과보고서에 다음의 사항을 기재 또는 표시하여 지체 없이 금감위에 제출하여야 하는데, 발행인의 명칭 및 주소, 간사회사가 있는 경우에는 간사회사의 명칭, 청약 및 배정에 관한 사항, 유가증권의 교부일, 상장일(상장을 전제로 공모하는 경우에 한함), 증자등기일, 유상증자 전후의 주요주주의 지분변동 상황 및 조달된 자금의 사용내역 등이다. 소액공모 관련 서식으로는 유가증권발행신고 등에 관한 규정 별지 제10호 서식(모집설립 제외의 경우), 별지 제11호 서식(모집설립의 경우) 및 별지 제12호 서식(소액공모실적보고서)이며, 이들 서식은 전자공시시스템상의 전자문서편집기로 작성하여 서면 및 전자문서로 제출하여야 한다.

(5) 유가증권신고서 제출의무가 발생하는 사례

유가증권신고서 제출의무가 발생하는 사례로 A기업의 경우 다음과 같다. 먼저 순번 ①의 경우 발행금액이 10억 원 이상이며 청약권유자수도 50명 이상이므로 유가증권 신고서를 제출하여야 한다.

둘째, 순번 ②, ③의 경우 공모에 해당되나 최근 2년간 발행금액 합계(5억 원+3억 원)가 10억 원 미만으로 유가증권신고서 제출대상 셋째, 순번 ④의 경우 과거 2년간 발행금액의 합계(5억 원+3억 원 +4억 원)가 10억 원 이상이고 공모에 해당하는 바 유가증권신고서 제출대상이다. 만일 순번 ③에 대하여 전매제한 조치가 취해졌다면 순번 ③은 사모에 해당되고 발행금액의 합계(5억 원+4억 원)가 10억 원 미만으로 유가증권신고서 제출대상이 아니다.

〈표 8-23〉 A기업의 경우

순번	일 자	발행금액	청약권유자수	비 고
①	'06. 8. 24	11억 원	134명	신고서 기제출
②	'07. 11. 3	5억 원	55명	-
③	'07. 12. 30	3억 원	10명	전매제한 미조치 (간주모집)
④	'08. 2. 19	4억 원	53명	신고서 제출대상

〈표 8-24〉 B기업의 경우

순번	일자	발행금액	청약권유자수	비 고
①	'06. 12. 9	3.5억 원	3명	
②	'08. 2. 17	30억 원	26명	
③	08. 2. 26	5억 원	41명	신고서 제출대상

두 번째 사례로 B기업의 경우는 다음과 같다.

첫째, 순번 ①의 경우 발행금액이 10억 원 미만이며 청약권유자수도 50명 미만이므로 유가증권신고서 제출대상이 아니다.

둘째, 순번 ②의 경우 발행금액이 10억 원 이상이나 청약권유자수가 50인 미만으로 공모에 해당되지 않아 유가증권신고서 제출대상이 아니다.

셋째, 순번 ③의 경우 : 개별건으로는 청약권유자수가 50인 미만이나 6개월 합산기준에 의할 경우 합계(3명+26명+41명) 70명으로 공모에 해당하고, 과거 6개월간 발행금액의 합계 또한 38.5억원(3.5억 원+30억 원+5억 원)으로 10억 원 이상이므로 유가증권신고서 제출대상이다.

세 번째 사례로 C기업의 경우는 다음과 같다.

첫째, 순번 ①의 경우 청약권유자가 50명 이상으로 공모에 해당하지만 발행금액이 10억 원 미만이므로 유가증권 신고서를 제출대상이 아니나 최근 법률의 개정에 따른 소액공모시 공시서류의 제출대상이 된다.

둘째, 순번 ②의 경우 청약권유자수가 50인 미만이나 주식을 공모한 사실이 있기 때문에 전매제한조치를 취하지 아니하여 공모로 간주되고 공모금액도 12억 원(5억 원+7억 원)이 되어 유가증권신고서 제출대상이 된다.

셋째, 순번 ③의 경우 청약권유자수가 50인 미만이나 주식을 공모한 사실이 있기 때문에 전매제한조치를 취하지 아니하여 공모로 간

〈표 8-25〉 C기업의 경우

순번	일자	발행금액	청약권유자수	비 고
①	'07.1.10	5억 원	60명	-
②	'07.2.15	7억 원	3명	전매제한 미조치 신고서 제출대상
③	'07.3.20	10억 원	5명	전매제한 미조치 신고서 제출대상

주되고 공모금액도 10억 원이므로 유가증권신고서 제출대상이 된다.

(6) 불공정거래관련

첫째, 단기매매차익을 보면, 반환주권상장법인 및 협회등록법인의 임직원, 주요주주(누구의 명의든지 자기의 계산으로 의결권이 있는 발행주식총수의 100분의 10 이상의 주식 또는 출자증권 소유한 자)는 6월 이내에 자사발행 주식을 매매하여 이익을 언은 경우에는 이를 당해 주식의 발행회사에 반환(증권거래법 제188조제2항)해야 한다.

둘째, 주식소유상황 보고를 보면, 주권상장법인 및 협회등록법인의 임원, 주요주주는 임원 또는 주요주주가 된 날부터 10일 이내에 누구의 명의로 하든지 자기의 계산으로 소유하고 있는 당해 법인의 주식소유상환을, 그 소유주식수에 변동이 있는 때에는 그 변동이 있는 날이 속하는 달의 다음달 10일까지 그 내용을 증권선물위원회와 증권거래소 또는 협회에 보고하여야 한다.

셋째, 미공개 정보 이용행위의 금지를 보면, 당해법인 및 그의 임직원 대리인, 주요주주, 당해법인과 계약을 체결하고 있는 자는 주권상장법인 및 협회등록법인의 업무 등과 관련하여 일반인에게 공개되지 않은 중요한 정보를 직무와 관련하여 알게 된 자와 이들로부터 당해 정보를 받은 자는 당해 법인이 발행한 유가증권의 매매 기타 거래와 관련하여 그 정보를 이용하거나 다른 사람으로 하여금 이를 이용하게 할 수 없다(증권거래법 제188조의 2).

넷째, 시세조종 등 불공정거래의 금지를 보면, 표시에 의한 시세조종의 경우 유가증권시장에서의 매매거래를 유인할 목적으로 그 유가증권의 시세가 자기 또는 타인의 시장조작에 의하여 변동한다는 말을 유포하거나 유가증권의 매매거래에 있어서 중대한 사실에 관하여 고의로 허위이거나 오해를 유발케 하는 표시를 하는 것(증권거래법 제105조 제2항 제2호, 제3호)을 의미한다. 위장거래에 의한 시세조종의 경우 상장유가증권(협회등록종목)의 매매거래에 관하여 그 거래가 성황을 이루고 있는 듯이 오인케 하거나 기타 타인으로 하여금 그릇된 판단을 하게 할 목적으로 유가증권의 매매거래에 있어서 그 권리의 이전을 목적으로 하지 아니하는 가장된 매매거래를 하거나 자기가 매수 또는 매도하는 시기와 같은 시기에 그와 같은 가격으로 타인이 그 유가증권의 매도 또는 매수할 것을 사전에 그 자와 통정한 후 매수 또는 매도하거나 그러한 행위의 위탁이나 수탁을 하는 것(증권거래법 제105조 제1항)을 말한다. 특히, 가장매매와 통정매매는 단순한 기록상의 매매를 만들어 내는 것이고, 가장매매나 통정매매 또는 그 위탁이나 수탁이 시세조종으로서 위법이 되기 위해서는 그것이 타인으로 하여금 유가증권의 거래가 성황을 이루고 있는 듯이 오인하게 하는 등 유가증권의 매매의 상황에 관하여 타인에게 그릇된 판단을 목적을 행하여져야 한다. 해석상 가장매매 또는 통정매매의 외형이 증명된 때에는 시세조종을 부정하는 측에서 그와 같이 목적이 없었다는 것을 입증할 필요가 있다.

현실거래에 의한 시세조종의 경우 유가증권시장(협회중개시장)에서의 유가증권의 매매거래를 유인할 목적으로 단독 또는 타인과 공모하여 유가증권의 매매거래가 성황을 이루고 있는 듯이 오인하게 하거나 그 시세를 변동시키는 매매거래 또는 그 위탁이나 수탁을 하는 것(증권거래법 제105조 제2항 제2호)을 말한다. 현실거래에 의한 시세조종이 성립하기 위해서는 유가증권시장에서의 유가증권의 매매거래를 유인할 목적으로 유가증권의 가격을 상승 또는 하락시키거나 유가증권의 매매거래가 성황을 이루고 있는 듯이 오인하게 하는 매매거래 또는 위탁이나 수탁을 하는 것이 필요하다.

불법 안정조작·시장조성의 경우 단독으로 또는 타인과 공동으로 대통령령이 정하는 바에 위반하여 유가증권의 시세를 고정시키거나 안정시킬 목적으로 유가증권시장에서의 매매거래 또는 위탁이나 수탁을 하는 것(증권거래법 제105조 제3항)을 말한다. 증권거래법은 대통령령이 정하는 일정한 제한 아래 이를 허용하고 있으며, 동법 시행령은 안정조작, 시장조성이 행하여지는 경우의 조건 등을 규정한다. 한편 안정조작의 경우 유가증권의 모집 또는 매출을 원활히 하기 위하여 가격의 하락을 방지한다는 제한된 목적으로 그 유가증권을 인수한 간사단이 유가증권을 매수하는 것을 말한다.

허위표시 등에 의한 시세조종의 경우 누구든지 유가증권의 매매 기타 거래와 관련, 중요한 사실에 관하여 고의로 허위의 표시 또는 오해를 유발하게 표시를 하는 행위는 하지 못한다. 비상장법인으로서 특히 유의해야 할 사항으로 비상장법인이 주식발행시 다음과 같은 사항을 유의해야 한다. 즉, 부당한 이득을 얻기 위하여 고의로 허위의 시세 또는 허위의 사실 기타 풍설을 유포하거나 위계를 쓰는 행위, 중요한 사항에 관하여 허위의 표시를 하거나 필요한 사실의 표시가 누락된 문서를 이용하여 타인에게 오해를 유발하게 함으로써 금전 기타 재산상의 이익을 얻고자 하는 행위를 하는 경우 위 시세조종 행위에 해당한다. 벌칙으로는 10년 이하의 징역 또는 2천만 원 이하의 벌금(부당이득이 2천만 원 이상인 경우 부당이득액의 3배를 벌금형 부과), 시세조작의 배상책임(동법 제188조의5) 부담이 있다.

2) 공시서류 제출안내

(1) 사업·반기·분기보고서 제출안내

제출대상을 보면 사업·반기·분기보고서는 동일한데, 주권상장법인 또는 협회등록법인, 주권, 무보증사채권, 전환사채권 및 신주인수권부 사채권 등 유가증권의 신고의 효력이 발생한 발행인(사업보고서 제출기간 중에 제출대상에 해당된 법인 포함), 최근 사업연도 말 현재 주주명부 및 실질주주명부상의 주주수가 500인 이상인 금융감독위원회 등록법인 등이다. 협회등록, 거래소상장 법인이 아닌 비상장법인으로서 금감위 등록법인 인 경우에는 각 사업연도 경과 후 90일 이내에 결산서류를 제출(재무제표)해야 한다. 금감위 등록법인 중 최근 사업연도 말 현재 주주명부 및 실질주주명부상의 주주수가 300인 이상인 법인은 주주 현황표를 첨부한다.

제출기한을 보면 사업보고서는 결산 후 90일 이내, 반기보고서는 반기결산 후 45일 이내, 분기보고서는 분기결산 후 45일 이내이다. 제출방법을 보면 전자문서 제출은 서면제출이 없는 전자공시 제도를 전면 실시한다. 제출 위반시 조치로는 사업보고서의 미제출(법 제186조의 2 및 186조의 3)의 경우 벌칙는 5백만 원 이하의 벌금(법 제211조), 과징금은 5억 원 이내의 과징금(법 제206조의 11 제4항 제2호)이다. 사업보고서 등의 허위기재, 중요사항의 기재누락의 경우 벌칙은 1년 이하의 징역 또는 5백만 원 이하의 벌금 (법 제210조 제6호), 과징금은 5억 원 이내의 과징금(법 제206조의 11 제4항 제2호), 행정조치는 유가증권발행제한, 임원해임권고 등(법 제186조의 5)이다.

(2) 전자공시 안내

첫째, 전자공시의 개념을 보면, 상장법인·코스닥 등록법인 등이 기업의 공시서류를 제출·공시함에 있어 인터넷을 이용하여 금융감독원 전자공시시스템을 통해 금융감독원에 직접 On-line으로 전송·제출하고 금융감독원은 공시자료를 전산매체를 통하여 증권거래소 등 관계기관에게 자동 전송함과 동시에 일반투자자에게 즉시 공시함으로써 공시의 신뢰성과 기업경영의 투명성을 제고하기 위한 종합적인 기업공시시스템이다.

둘째, 전자공시 대상을 보면, 발행공시, 유통공시, 특수공시, 지분공시, 수시공시, 외부감사관련 공시 등 상장법인, 협회등록법인, 금감위 등록법인, 외부감사 대상법인 등이 제출하는 190여종의 공시서류 일체에 대하여 현재 전자공시를 전면시행 하고 있다. 발행공시는 유가증권신고서, 사업설명서, 유가증권발행실적보고서 등이다. 유통공시는 사업·반기·분기보고서, 금감위 등록법인 결산보고 등이다. 특수공시는 자산유동화신고서, 자기주식취득신고서, 합병신고서 등이다. 지분공시는 대량보유(변동)보고서 등이다. 수시공시는 상장·협회등록법인의 주요 경영공시사항이다. 외부감사관련은 감사종료보고서, 감사보고서, 연결감사보고서 등이다.

셋째, 전자공시제도 관련 홈페이지를 보면, 전자공시제도 관련규정을 직접 찾아볼 수 있는 홈페이지는 접수수리 홈페이지(http://-filer.fss.or.kr)의 세시판-공시사항에서 할 수 있다. 그리고 배포공시 홈페이지(http://dart.fss.or.kr)의 자료실에서도 가능하며, 금융감독원 홈페이지의 금융감독법규를 참고한다.

넷째, 기업공시관련 업무분장을 살펴보면, 기업금융총괄팀에서 주관하는데 기업등록·자기주식 취득·합병·영업양수도·유통관련 공시·기업지배구조제도에 관한 사항 등을 행한다. 기업금융제도팀에서는 유가증권의 발행, 인수제도 및 유가증권 발행관련 공시제도에 관한 사항 등을 행한다. 지분업무팀에서는 공개매수신고제도 및 공개매수신고에 관한 사항을 한다. 자산유동화업무팀은 자산유동화증권의 발행 및 공시제도에 관한 사항을 한다. 공시운영팀은 전자공시업무의 개발, 운영 및 제도 개선에 관한 사항을 하고, 공시심사실은 주권상장법인 및 등록법인 등의 각종 신고서, 보고서 등에 대한 심사, 조치 및 조사의뢰, 등록대상법인의 등록 및 등록취소업무를 한다.

3. 코스닥 등록

1) 코스닥 등록의 개념

(1) 코스닥 등록

코스닥등록(협회중개시장등록)이란 증권업협회가 비상장 법인 중 일정한 요건을 구비한 회사에 대하여 주간증권사의 신청에 의하여 협회중개시장의 매매대상물로 승인하는 행위를 말한다. 등록에는 등록예비심사결과 주식분산을 전제로 적격통보 받은 기업이 모집 또는 매출을 통해 자금조달을 한 후 등록하는 형태와 이미 분산요건을 충족하는 기업이 등록 예비심사 후 공모 절차 없이 주권을 바로 등록하는 형태의 신규등록('직상장')이 있다.

(2) 협회중개시장(코스닥)

미국에는 나스닥(NASDAQ), 일본은 자스닥(JASDAQ), 영국은 AIM시장, 전유럽을 대상으로 하는 EASDAQ이 있는데 이와 유사한 것을 국내에서는 코스닥(KOSDAQ)이라고 한다. 이를 협회중개시장(KOSDAQ : Korea Securities Dealers Automated Quotation)이라 칭한다. 협회중개시장인 코스닥은 증권거래법 제172조의 2 및 제172조의 3의 규정에 의하여 증권업협회가 운영하는 제2의 증권시장이다. 한편 코스닥은 1984년 12월 중소기업들의 주식거래 활성화를 위한 시장 조직화 방안을 발표한 후 1987년 4월부터 장외시장을 개설하였다. 그 후 1996년 4월부터는 본격적으로 코스닥시장을 개설한 바 있다. 따라서 현재 증권업협회는 비상장기업 중 성장성과 기술력이 있는 기업들의 등록심사 신청을 받아 승인을 하며, 이들 기업이 발행한 주식을 일정한 거래질서하에 거래하도록 시장을 개설하여 운용하고 있다.

(3) 협회중개시장(코스닥)의 기능

증권거래소와는 별개의 독립된 경쟁시장으로서 기업규모가 작지만 성장잠재력이 높은 중소기업, 특히 벤처기업을 중심으로 등록이 활발한 편이다. 이로 인해 유망중소기업 및 벤처기업은 거액의 자금을 코스닥(협회중개시장)을 통하여 일시에 조달할 수 있게 되는 등 기업의 자금조달 창구로서 훌륭한 역할을 수행하고 있다. 그러나 짧은 시간 안에 급속한 양적 팽창이 시장 내부적으로 수급문제가 야기되고, 대외적인 시장상황의 악화로 코스닥(협회중개시장)의 기능이 다소 위축된 상황이 전개되고 있다.

2) 코스닥 등록의 효과

코스닥등록의 효과를 보면 자금조달능력의 제고, 주식(우선주) 발행한도 확대, 사채발행한도 확대, 신종사채 발행가능, 홍보 및 대외신인도 제고, 각종 세세상 혜택, 양노소득세 비과세, 배당소득세 분리과세, 협회등록 중소기업의 사업손실준비금 손금산입, 적정유보초과소득에 대한 법인세 비과세, 상속 및 증여재산 평가시 코스닥 시가인정, 증권거래세 탄력세율 적용, 스톡옵션(주식매수청구권) 행사이익 비과세, 주식배당한도 확대 등의 효과가 있다.

3) 코스닥 등록 요건

코스닥 등록요건은 벤처기업과 일반기업이 매우 차이가 크다. 이러한 사항을 설명하면 다음과 같다.

(1) 벤처기업의 혜택

정부의 벤처기업 육성차원에서 등록요건을 일반기업과는 달리 완화된 요건을 적용함으로써 벤처기업의 코스닥시장 진입이 용이하게 한다. 또한 벤처기업에 대해서 소득세 및 법인세 50% 감면 등 각종 조세지원, 금융지원상 일반기업 대출금리에 비하여 2% 정도 저리대출, 산자부·정통부 등 정부정책자금의 수혜가 용이, 교수·연구원 겸직이 가능, 미상장·미등록 벤처기업은 임직원·외부전문가·대학 또는 연구기관에 스톡옵션을 부여할 수 있는 등 각종 혜택이 주어진다. 벤처기업 코스닥등록 요건(협회중개시장운용규정)을 보면 다음과 같다. 먼저, 주식분산요건을 보면 공모분산은 발행주식 총수의 30% 이상이거나, 10% 이상으로서 등록예비심사청구일 현재 자기자본을 기준으로 다음의 요건을 충족하고 소액주주가 500인 이상(우리사주는 1인)이어야 한다. 특히, 자기자본 500~1,000억 원 법인은 100만주 이상, 자기자본 1,000~-2,500억 원 법인은 200만주 이상, 자기자본 2,500억 원 이상 법인은 500만주 이상이다. 기분산은 500인 이상의 소액주주의 소유주식수가 발행주식총수의 30% 이상 또는 10% 이상으로 위의 자기자본에 따른 분산 요건을 충족한다.

(2) 벤처기업의 코스닥시장 등록

자본금 변경의 경우 잉여금의 자본전입은 등록예비심사청구일전 1년 이내에 잉여금을 자본 전입한 경우 당해 자본전입총액이 등록예비심사 청구일로부터 2년 전의 날이 속하는 사업연도 말(이날 이후 설립된 법인의 경우에는 설립일로 함) 현재 자본금의 100% 이하이고, 자본전입후의 자본금에 대한 자기자본비율이 200% 이상이어야 한다.

〈표 8-26〉 코스닥 등록자격의 비교

구분	일반기업	벤처기업	비 고
설립후 경과연수	3년 이상	제한 없음	
납입자본금	5억 원 이상	제한 없음	
자본상태	자본잠식 없을 것	제한 없음	
경영성과	최근년도 경상이익 실현	제한 없음	
부채비율	동종업종 평균 부채비율 1.5배 미만	제한 없음	

유상증자는 등록심사청구일 전 1년 이내의 유상증자(전환사채, 신주인수권부사채와 신주인수권의 권리행사 및 합병으로 증가한 자본금을 포함하며, 모집으로 인한 자본금의 증가액은 제외) 금액과 미

행사된 전환사채, 신주인수권부사채의 권리행사로 증가될 금액의 합계액이 2년 전의 날이 속하는 사업연도 말 현재 자본금의 100% 이하이어야 한다.

감사의견은 적정 또는 한정, 명의개서대행 계약 체결, 통일규격 유가증권발행, 소송 및 부도는 소송 및 분쟁사건이 없고 부도사유가 등록예비심사 청구일로부터 6월전에 해소되어야하고, 주식의 양도제한은 정관 등에 양도 제한 없을 것, 최대주주 등의 소유주식 비율변동제한은 등록예비심사 청구일로부터 6월전의 날 현재 최대주주와 그 특수관계인의 소유주식 비율이 등록예비심사 청구일전 6월 이내에 변동이 없을 것 등의 조건이 충족되어야 한다. 즉 등록예비심사 청구일로부터 6개월 전의 날로부터 청구일까지 사이의 변동이 없어야 한다. 또한 주권액면은 100원, 200원, 500원, 1,000원, 2,500원, 5,000원으로 하여야 하고, 기타 질적 요건으로 삭용할 수 있는 점을 알아야 하고, 등록예비심사 청구서 및 첨부서류의 내용 중 허위의 기재표시가 있거나 중요한 사항이 기재 또는 표시되지 아니한 경우이어야 한다. 또 유동비율, 당좌비율, 차입금의존도 또는 금융비용부담률 등이 동업계 평균비율보다 불량한 기업으로서 차입금의 구성비율, 자금운용계획 등을 감안할 때 재무적 안정성이 현저히 낮다고 판단되는 경우와 벤처금융의 임직원이나 등록주선인의 협회등록업무관련 임직원이 등록예정법인의 주식 등에 투자한 사실이 있는 경우, 외부감사인이 작성하는 감사보고서 등 회사경영관련 주요자료가 적법하게 공시되지 않거나 적시에 공시할 수 있는 관리조직이 구비되지 않는 경우이어야 한다.

대주주와 임직원과의 거래시기나 빈도, 성격, 영업상 필요성 및 부당거래 여부 등을 고려하여 향후 주주의 이익을 해할 염려가 있는 지를 판단은 기술력, 성장성에 대한 판단, 관련법령의 위반성격, 빈도 및 회사의 영업활동에 영향을 미치는 경우, 관계회사의 부도발생 또는 부도발생 가능성으로 당해 법인의 재무상황에 중대한 위해

요인이 있는 경우, 업종의 특성 등 기타 투자자보호를 위하여 중개시장 등록시 현저하게 부적한 사유가 있는 경우 등의 사실이 있는 경우 등록심사시 반영될 수 있음을 유의하여야 한다.

4) 등록 절차

(1) 등록전 준비사항

등록전 준비사항으로는 유가증권발행인 등록, 주간사계약 체결, 정관의 정비 등이 필요하다. 즉, 수권주식수의 조정, 회사가 발행할 주식의 종류, 1주의 금액, 신주인수권의 배제 및 제약에 관한 조항, 주식매수선택권 부여한도에 관한 사항, 전환사채 및 신주인수권부사채의 발행요건에 관한 사항, 명의개서대행제도 도입에 관한 사항, 신주의 배당기산일에 관한 사항, 주주총회의 소집 공고에 관한 사항 등이다.

또한, 명의개서대행계약의 체결, 주권가쇄계약, 유가증권 코드부여, 벤처기업 기술평가 등이 필요하다.

(2) 등록절차 실무

유가증권신고서 제출 이전에 이루어져야 할 사항으로는 외부감사(협회시장규정)→기업등록(금융감독위원회)→등록요건 검토(발행사와 인수업무계약처)→주간사(등록주선인) 계약체결 및 신고(협회)→등록예비심사 청구 계획서 제출(협회, 예비심사청구예정일의 전월 1일까지 제출)→정관변경, 명의개서대리인 선입계약 체결→유가증권분석(분석보고서, 분석조서 작성)→우리사주조합 우선배정을 휘한 우리사주조합 결성(협회등록시 결성은 선택사항, 한국증권금융)→이사회결의(협회등록을 위한 공모증자사항 결의)→최대주주 소유주식 보호예수→등록예비심사청구서 제출(등록예정일전 2월)→등록심사결과 통보(예정일전 2일)→총액인수모집(매출) 계약(주식공모 및 청약, 배정에 관한 사항 약정, 수수료 결정 등)→유가증권신고서 제출(신고서효력발생 후 청약가능, 예비사업설명서 또는 간이사업설명서 함께 제출가능, 금감원)등이 이루어져야 한다.

유가증권신고서 제출 이후에는 유가증권시고서 효력발생(15일소요) → 사업설명서제출(금감위) → 수요예측공고(수요예측에 관한 신문공고, 주간사) → 수요예측실시(공모가액 및 배정준비) → 정정신고서제출(금감원) → 청약공고 → 청약(주간사 및 기타 증권사에서 청약) → 청약집계 및 배정안보고(금감원) → 배정결과의 공고 등(환불공고) → 주금납입(납입은행) → 일괄예탁통지(증권예탁원 및 명의개서대리인) → 증자등기 및 주금수령(관할등기소에 2주간 내 등기) → 주권발행 준비(주권용지 교부신청, 통일규격유가증권취급규정, 발행매수를 산정하여 주권인쇄소 및 명의개서대리인과 협의 후 발행신청, 주권인쇄등록업체) → 유가증권발행실적보고(금감원)→협회등록신청(주금납입 1주일 내) → 등록승인/통보 및 공시(발행회사 등에게 등록승인사실통보 및 코스닥시장 공시) → 주권교부(명의개서 대리인으로부터 발행사가 일괄수령 또는 개별주주가 수령) → 매매개시(등록승인일을 포함하여 3거래일 이내)의 순으로 진행되어야 한다.

【연습문제 및 과제】
1. 코스닥이 무엇인가 설명하라. 2. 나스닥과 코스닥의 특징을 비교하라. 3. 창업후 벤처기업으로 등록하는 이유는? 4. 벤처기업 등록절차에 대하여 서술하라.

참 고 문 헌

윤명길(1995), 『유통개방시대 소매유통 어떻게 할 것인가』, 동인

윤명길(1996), 『백화점유통 쉽게 알기』, 동인, 167쪽.

윤명길(1997), 『유통산업 맥잡기』, 한수협출판부, 140쪽.

윤명길 · 고창룡(2003), 『할인점 경영과 실무』, 두남, pp. 33~38

부 록

1. 가맹점계약서
2. 납품계약서
3. 노하우사용계약서
4. 영업위탁계약서
5. 점포공동경영계약서
6. 임대차계약서
7. 창업컨설팅계약서
8. 벤처기업 확인요령
9. 부 칙

1. 가맹점계약서

_____(이하 "가맹점"이라 한다)와 _____주식회사(이하 "본사"라 한다)는 다음과 같이 가맹점 계약을 체결한다.

제1조 【용어의 정의】

본 계약에서

1. "제품"이란 본사가 소비자에게 판매하도록 승인한 품목을 의미한다.

2. "상품"이란 제품 제조 및 판매에 필요한 냉동품, 냉장품, 일반원료 또는 소모품 등을 의미한다.

3. "판촉물"이란 판매촉진을 위해 필요한 포스터, 전단지, 책받침, 스티커, 고객 선물용 상품 등을 의미한다.

4. "주방기기"란 제품제조에 필요한 기기류를 의미한다.

5. "집기비품"이란 제품제조 및 점포운영에 필요한 용기 등 기타 비품을 의미한다.

제2조 【가맹점 가입】

본사는 아래 기재된 가맹점에게 "_____삼치" 및 기타 본사가 지정 또는 사용하는 등록상표 및 상호의 사용을 승인하며 가맹점은 이를 수락한다.

1) 점포명: _____삼치 _____점

2) 대표자:

3) 점포 소재지: _____시 _____구 _____동 _____번지

4) 점포 면적: _____ 평방미터

제3조 【계약기간】

1. 본 계약의 기간은 본 계약 체결일로부터 _____년 _____월

_____일까지로 한다.

2. 계약 만료 _____개월 전까지 본사 또는 가맹점의 어느 일방이 해지 신청을 하지 않는 한 계약기간은 _____년 간 연장된다.

제4조 【가맹금, 로열티 및 보증금】

1. 가맹점은 본사가 제공하는 상호, 상표 및 사업상의 노하우의 사용 대가로서 본 계약 체결시 가맹금 _____원(부가가치세 별도)을 본사에 지급한다. 가맹금은 어떠한 경우에도 반환되지 아니한다.

2. 가맹점은 월 _____원의 로열티를 매월 _____일 본사에 지급한다.

3. 가맹점은 본사로부터 구입한 상품 또는 제품의 매매대금 및 로열티 기타 본사에 대한 채무를 담보하기 위해 본 계약 체결시 금 _____원의 보증금을 본사에 예탁한다. 보증금에는 이자가 붙지 않으며, 본사는 본 계약이 해지 또는 종료된 경우에 가맹점이 본사에 지급해야 할 물품대금 및 손해배상금 등을 공제한 후 잔금을 가맹점에게 반환한다.

제5조 【영업의 승계】

계약기간 중 본사로부터 아래의 사항을 승인받는 경우에는 본 계약상의 가맹점 대표자의 명의를 변경하여 계약을 갱신하더라도 본 계약에 따른 영업을 승계한 것으로 간주한다.

1) 법인 대표자의 명의를 변경하는 경우
2) 직계 존비속에게 영업을 승계하는 경우
3) 동업자간의 대표자 명의를 변경하는 경우
4) 법인을 설립하여 그 법인의 대표자가 되는 경우
5) 법인의 대표자가 개인명의로 변경되는 경우
6) 점포를 다른 장소로 이전하여 영업을 계속하는 경우

제6조 【영업의 양도】

1. 가맹점은 본사의 사전서면 승인이 없는 한 가맹점 영업을 제3

자에게 양도하거나 대표자 명의를 변경할 수 없으며, 본 계약과 관련한 권리를 담보로 제공할 수 없다.

2. 본사의 사전승인을 받아 영업을 양도하거나 대표자를 변경한 경우에도 위 제3조의 사항에 해당되지 않는 영업 양수인 또는 대표자는 본사에 가맹금을 지급해야 한다.

3. 가맹점은 본인 또는 제3자의 명의로 동종 또는 유사한 업종의 영업을 할 수 없다.

제7조【상품 및 제품의 공급과 가격】

1. 가맹점은 ______삼치를 찾는 고객에게 통일된 맛과 표준화된 서비스를 제공하기 위해 본사가 공급 또는 지정하는 상품 및 제품만을 취급해야 하며, 본사가 허가하지 않는 타상품을 구입, 판매 또는 취급할 수 없다.

2. 본사는 가맹점의 주문에 따라 본사가 정한 배송일정계획에 따라 차량 또는 기타의 방법으로 상품 및 제품을 공급한다.

3. 본사는 다음의 경우 상품 공급의 일부 또는 전부를 중단할 수 있다.

1) 천재지변 또는 물품공급처에 긴급한 사정이 발생한 경우

2) 가맹점의 채무가 본사가 정한 채권관리 한도액을 초과한 경우

3) 가맹점이 위 1항을 위반한 경우에는 본사는 본 계약을 해지하기 전이라도 가맹점이 본 계약을 유지할 의사가 없는 것으로 판단하고 상품 및 제품의 공급을 중단할 수 있다.

4) 가맹점이 본 계약조건을 위반한 경우

4. 상품의 반품 또는 교환은 본사가 가맹점에서 동 상품의 인도시 행한 검사에 따라 하자가 있는 상품에 한하여 현장반품으로만 이루어진다.

5. 상품의 공급 가격 및 제품의 판매가격은 본사가 정한다.

6. 본사가 공급한 상품의 관리책임은 상품 인수와 동시에 가맹점에게 귀속되며, 가맹점은 식품위생법 및 관련법규에 따라 위생관리

및 인허가상의 조건을 준수하여야 한다.

7. 가맹점은 어떠한 경우에도 본사로부터 공급받은 물품을 다른 점포에 제공하거나 대여할 수 없다.

제8조【대금의 납입】

1. 가맹점은 인테리어 공사, 주방기기 및 집기비품 등을 포함한 초기시설투자비 총액의 ______%를 점포 시설공사 착수 전까지 본사 또는 본사가 지정하는 업체에게 현금으로 지급하며, 잔금은 공사감리 및 시운전 완료 후 원재료가 인도되기 전까지 본사에 납입한다.

2. 가맹점은 본사로부터 공급받은 상품 등에 대한 대금을 상품 인수 즉시 현금으로 지급하며, 상품 대금의 지급을 지체하는 경우에는 본사는 물품의 공급을 중단할 수 있다. 이 경우 물품 공급은 ______일 이상 또는 월 ______회 이상 중단되며 본사는 최고절차 없이 본계약을 해지할 수 있다.

제9조【계약의 해지】

1. 다음의 경우 본사는 본 계약을 즉시 해지할 수 있다.
가맹점이

1) 본 계약 제7조 1항 또는 제8조의 규정을 위반한 경우

2) 본사의 영업방침 또는 운영규칙을 준수하지 않거나 ______삼치의 명예를 훼손한 행위로 경고를 받고도 시정하지 않을 경우

3) 본사와 사전협의 없이 점포의 운영을 중단하거나 ______일 이상 임의로 휴점하는 경우

4) 본 계약 조건을 위반한 경우

5) 발행, 배서 또는 교부한 어음, 수표, 기타 유가증권 등이 부도처리된 경우

6) 강제집행을 당할 우려가 있거나 당한 경우

7) 제세공과금을 체납하여 압류를 당한 경우

8) 신용이 악화되어 정상적인 영업활동을 할 수 없다고 본사가 판단한 경우

2. 위 1항에 따라 본 계약이 해지되는 경우 가맹점은 계약해지일로부터 ______일 이내에 본사에 대한 채무 전액을 본사에 지급해야 하며, 채무상환이 지연되는 경우에는 변제기일의 익일부터 기산하여 완제일까지 연리 ______%의 지연손해금을 가산 지급한다.

3. 본 계약의 해지 또는 종료시 가맹점은 점포의 영업, 본사의 등록 상표 상호의 사용을 즉시 중지해야 하며 모든 시설물을 자신의 비용으로 철거해야 한다.

제10조【기기 및 판촉물】

1. 본사는 가맹점의 판매를 지원하기 위해 기기 및 시설물을 대여할 수 있으며, 가맹점은 대여 받은 기기 및 판촉물을 본사가 정하는 용도로만 사용해야 하고 매매 또는 질권설정 등의 목적으로 사용할 수 없다.

2. 가맹점은 고의 또는 과실로 본사가 제공한 기기 또는 시설물을 분실 또는 훼손하여 그 사용이 불가능해진 경우에는 본사의 최초 구입가격으로 변상한다.

3. 가맹점은 본사의 반환 요구가 있을 경우 대여 기기 또는 시설물을 즉시 본사에 반환하여야 하며 고장 또는 훼손이 있을 때는 이를 원상회복하여 반환한다.

4. 가맹점은 대여 기기 및 시설물의 관리유지에 필요한 모든 비용을 부담하며, 본사는 수리업체를 지정할 수 있다.

5. 가맹점의 사정에 의해 본사가 대여한 기기 또는 시설물에 대하여 강제집행 등의 소송사건이 유발되었거나 본사가 보존유지에 문제가 있다고 판단하는 경우에는 기기 및 시설물을 최고절차 없이 회수할 수 있다.

제11조 【비밀 준수】

1. 가맹점은 본 계약 및 점포 경영상 알게 된 본사와 관련된 비밀을 계약기간 중에는 물론이고 계약의 해지 또는 종료 후에도 제3자에게 누설하지 않아야 한다.

2. 가맹점의 가족, 종업원, 기타 관계자들 또한 비밀을 준수해야 하며, 이들이 본 조항을 위반한 경우 가맹점은 그에 따른 민형사상의 책임을 진다.

제12조 【교육】

교육훈련에 소요되는 비용은 본사가 별도로 정한다.

제13조 【점포시설】

1. 가맹점의 점포시설(인테리어 포함) 및 기기 등의 배치는 본사가 정하는 표준안에 따라 설계 시공한다.

2. 가맹점의 기기 및 비품은 본사가 정하는 규격 및 모델로 설치한다. 단, 동종의 사업자로서 기기를 보유하고 있을 때는 본사와 협의하여 그대로 사용할 수 있다.

3. 점포의 시공에 관련된 인허가에 필요한 비용은 가맹점이 부담한다.

4. 가맹점은 점포환경을 청결하게 유지하여야 하며 노후한 점포시설은 교체 또는 보수하여 사용한다.

제14조 【경영지도】

1. 본사는 가맹점에 관리사원을 파견하여 아래와 같은 내용으로 점포경영에 관한 사항을 지도할 수 있다.

1) 판촉

______삼치 제품의 소개와 개개의 제품 특성을 살리는 방법에 대한 설명 및 지도

2) 판로개척

______삼치 제품의 판매증진을 위한 활동 지도

3) 점포의 경영, 세무상담 및 기타 점포경영상 발생할 수 있는 여러 가지 문제의 분석 및 경영지도

2. 가맹점은 본사에 훈련요원의 파견을 요청할 수 있으며 본사는 파견의 필요성이 인정될 경우에는 즉시 훈련요원을 파견한다. 훈련요원을 파견하는데 따른 비용은 본사가 정하는 기준에 따라 가맹점이 부담한다.

3. 가맹점은 본사에서 파견한 관리사원 및 훈련요원의 경영지도 활동에 적극 협조한다.

4. 가맹점은 본사가 모니터 요원 또는 관리사원 등을 통해 얻은 정보 등을 토대로 한 영업, 판매방법, 컴퓨터 관리, 시설물의 개보수 등의 제반 업무에 관한 개선안에 따라야 한다.

제15조【보고】

1. 가맹점은 본사가 요구하는 사항을 본사가 정하는 기준과 기간에 맞추어 보고한다.

2. 가맹점은 본사가 파견한 관리사원 및 이에 준하는 경영지도 요원의 요구가 있을 때는 장부 등 서류 일체를 제시한다.

제16조【복장】

점포관리 요원 및 종업원은 본사가 지정하는 복장을 착용해야 한다.

제17조【광고 판촉】

1. 본사는 가맹점의 판매증진을 위하여 TV(케이블 TV 포함), 라디오, 신문, 잡지, 지역 정보지, 기타 매체에 판매촉진 광고활동을 계획 및 전개하며 그 비용의 일부 또는 전부를 가맹점에게 청구할 수 있다.

2. 본사가 가맹점의 판매증진을 위하여 판촉행사를 주관하는 비용은 본사가 정하는 기준에 따라 본사와 가맹점이 분담할 수 있다.

제18조【가맹점 운영규칙】

본사는 가맹점 운영규칙을 제정하여 가맹점에게 통보하며 가맹점

은 이를 반드시 준수한다.

제19조【분쟁】

이 계약과 관련하여 발생하는 갑과 을간의 모든 분쟁은 상호 협의하여 해결하며 협의에 의해 해결되지 않을 경우에는 대한상사중재원의 중재에 따라 해결한다.

본 계약을 증명하기 위하여 갑과 을은 계약서 2통을 작성하여 각각 서명 날인 후 각 1통씩 보관한다.

년 월 일

갑:........................시....................구..................동.............번지.............호

상 호:..

성 명:...㊞

을:........................시....................구..................동.............번지.............호

상 호:..

성 명:...㊞

2. 납품계약서

_____주식회사(이하 "갑"이라 한다)와 _____주식회사(이하 "을"이라 한다)는 아래와 같이 납품계약을 체결한다.

제1조 【제품의 표시】

품 명	SPEC	단가	수량	금액	납기

1. 납품할 제품은 다음과 같다.

2. 갑과 을은 위 1항을 기초로 하여 상호 합의를 통해 제품의 품종, 수량, 납기를 변경할 수 있다.

제2조 【원부자재】

을은 제품을 제조함에 있어서 갑의 생산지시서에 따라 제품을 제조하기 위한 원·부자재를 자체 조달하며, 갑은 라벨 및 택을 공급한다.

제3조 【견본】

을은 제품을 제조하기 전에 갑의 생산지시서에 의거하여 제조된 견본에 대해 갑의 승인을 받아야 한다.

제4조 【검사】

1. 을은 생산한 제품에 대하여 갑 또는 갑이 지정하는 자 또는 기관의 검사를 필하여야 하며 수검을 위한 제반 준비 및 편의를 제공한다.

2. 제품의 외형검사기준은 갑의 검사기준에 따른다.

제5조【불합격품의 처리】

1. 생산된 제품은 갑의 검사기준에 따라 정상출하가 가능한 A급과 정상출하는 불가능하나 불량상태가 경미한 B급, 정상출하가 불가능하며 불량상태가 심한 C급으로 분류한다.

2. 불합격품 중 B급은 갑이 선택적으로 계약단가의 (   )%로 인수할 수 있으며 갑이 인수하지 않을 경우 을은 라벨 및 택을 제거한 후 판매할 수 있다.

3. 을은 불합격품 중 C급에 대하여는 폐기 처분함을 원칙으로 하며 라벨 및 택을 제거하더라도 출고할 수 없다.

제6조【상표관리】

1. 을은 갑이 제조요청한 제품에 갑이 요구하는 상표 및 상호를 명확히 부착하여야 하며 이를 외부에 유출할 수 없다. 또한, 을은 작업 완료 후 갑의 지시에 따라 라벨 및 택 잔여분은 전부 반납하거나 갑의 입회하에 폐기한다.

2. 을은 자사 또는 타인의 상품에 갑의 상표, 상호 또는 라벨 및 이와 유사한 표지를 사용할 수 없다.

제7조【납품】

1. 제품의 납품은 갑의 검사에 합격한 수량(B급 중 갑이 인수키로 한 수량을 포함한다)에 한하여 납품된 것으로 한다.

2. 납품은 LOT별로 주문된 전량을 납품하는 것을 원칙으로 한다.

3. 제품의 납품기일은 제1조에 의거하며 을은 납품기일을 엄수하여야 한다.

4. 납품장소는 갑이 지정하는 곳으로 한다.

제8조【대금결제】

을이 제품의 납품을 하자 없이 완료한 경우 갑은 납품된 수량에 대하여 계약된 금액을 결제한다. 단, 제품의 하자로 인한 소비자의 배상요구의 우려가 있는 경우 및 을의 계약 조건 위반 등으로 갑에

게 손실이 예상될 경우

제9조 【하도급】

을은 갑의 사전 승낙이 없는 한 갑이 제조 요청한 본 계약의 제조작업을 제3자에게 하도급하거나 이와 유사한 행위를 할 수 없으며 이를 위반하는 경우에는 갑의 처리에 따른다.

제10조 【비밀유지】

을은 갑이 제조 요청한 제품의 디자인 및 노하우에 대한 비밀을 유지하여야 하며, 생산완료 후 갑이 제공한 견본 또는 패턴을 갑에게 반환한다.

제11조 【손해배상】

1. 을은 갑이 제공한 디자인과 동일하거나 유사한 제품을 판매할 목적으로 생산할 수 없다.

2. 을은 검사 불합격품, 재고제품 또는 갑의 제품과 유사한 상품을 갑의 사전 승인 없이 시중에 유출하여 판매한 경우에는 유출된 양의 정상판매가격의 ______%를 손해배상금으로 갑에게 지급하여야 하며, 미유출 잔여분은 전량 갑에게 무상 귀속하기로 한다. 단, 갑의 상표, 상호 또는 라벨, 택 및 이와 유사한 표지를 부착한 상태로 시중 유출하여 판매한 경우에는 정상판매가격의 ______%를 손해배상금으로 갑에게 지급한다.

제12조 【납품 불이행】

1. 수량

을의 납품수량이 계약수량에 미달할 경우에는 미달된 수량에 대한 납품가격의 ______%를 손해배상으로 갑에게 지급한다.

2. 납기

을이 납기를 위반하였을 경우 지연배상금으로 1일당 납품 가액의 ______%를 배상하며 ______일 이상 지연시는 ______일 단위로 위 지연배상률을 두 배로 적용한다.

제13조【담보】

1. 을은 본 계약의 이행 및 을이 생산, 공급한 제품 또는 자체의 하자로 인한 사고, 기타 예상되는 모든 손실에 대비한 담보로서 갑의 요청에 의거 근저당 또는 기타 갑이 인정하는 담보를 갑에게 제공한다.

2. 을이 본 계약의 조항을 이행하지 않거나, 제품하자로 인한 사고가 발생한 경우에는 을은 의 이익을 상실하고 갑은 최고 또는 이행을 촉구한 후 즉시 담보권을 행사할 수 있다.

제14조【유효기간】

1. 본 계약은 계약 체결일로부터 본 계약에 정한 거래의 종료일까지 유효하며 쌍방 합의에 의하여 기간을 연장할 수 있다.

2. 본 계약에 대한 양 당사자간의 손해배상의 무등이 완전히 이행되지 않을 경우 본 계약은 그 범위 내에서 유효하다.

제15조【양도】

을은 갑의 사전 승인 없이 본 계약에 의한 을의 지위를 제3자에게 양도 또는 이전할 수 없다.

제16조【분쟁의 해결】

본 계약으로 인하여 또는 본 계약과 관련하여 발생하는 모든 분쟁은 대한상사중재원의 중재에 의해 최종 해결한다.

이를 증명하기 위해 양 당사자는 계약서 2통을 작성하여 각각 서명날인 후 각 1통씩 보관하다.

년 월 일

갑:..........................시.......................구.....................동..............번지..............호

주식회사:..

대표이사:...인

을:..........................시.......................구.....................동..............번지..............호

주식회사:..

대표이사:...인

3. 노하우사용계약서

○○주식회사(이하 "갑"이라 함)와 ○○주식회사(이하 "을"이라 함)는 다음과 같이 계약을 체결한다.

제1조 【목적】

갑은 을에 대해서 갑의 발명에 관한 ○○의 제조기술(이하 「본 건 노하우」라 함)을 사용하여 ○○를 제조 및 판매하는 것을 인정한다.

제2조 【사용료】

을은 갑에 대해서 본 건 노하우의 사용료로써 매월 제품 판매고의 ○%에 해당하는 금액을 익월 ○일까지 송금하여 지불한다.

제3조 【실시보고】

을은 갑에 대해서 매월 ○일까지 전월 제품의 제조수량, 판매수량, 판매고 그밖에 갑이 지정하는 본 건 노하우의 사용 상황에 관한 사항을 문서로 보고해야 한다.

제4조 【개량발명】

갑 또는 을이 본 계약의 기간 중에 본 건 노하우 또는 제품에 대해 개량발명 또는 개량고안을 하였을 경우는 상대방에게 무상으로 사용권 및 필요한 기술자료를 공여한다.

제5조 【기술지도】

갑은 을에 대해서 본 계약 체결 후 ○일 이내에 노하우 북 기타 본 건 노하우의 실시에 필요한 기술자료를 제공함과 동시에 갑의 기술자 ○명을 ○개월간 을에게 파견하여 기술지도를 해야 한다.

제6조【양도금지】

을은 본 계약에 기초한 일체의 권리의무를 제3자에게 양도하거나 담보로 제공해서는 안 된다.

제7조【비밀유지】

을은 본 건 노하우에 관한 비밀을 제3자에게 누설해서는 안 되며 을이 이를 위반하였을 경우 갑은 통지최고를 하지 않고 곧바로 본 계약을 해제하고 손해배상을 청구할 수가 있다.

제8조【사용료의 불반환】

갑은 어떤 경우에도 이미 수령한 사용료를 반환하지 않는다.

제9조【유효기간】

본 계약의 유효기간은 본 계약 체결일로부터 ○년간으로 한다. 단, 기간만료 ○개월 전까지 갑·을 누구로부터도 어떤 신청이 없을 경우는 다시 ○년간 자동적으로 연장되며 그 후에도 동일하다.

이상 본 계약의 성립을 증명하기 위해 본서 2통을 작성하고 갑·을 기명날인 후 각각 1통씩을 보유한다.

년 월 일

갑:......................시......................구......................동............번지............호

주식회사:..

대표이사:..㊞

을:......................시......................구......................동............번지............호

주식회사:..

대표이사:..㊞

4. 영업위탁계약서

_____(이하 "갑"이라 한다)와 _____(이하 "을"이라 한다)는 다음과 같이 영업위탁계약을 체결한다.

제1조【계약의 목적】

갑은 _____시 _____구 _____동 _____번지 소재의 _____백화점 내 갑의 임대점포 _____의 영업(이하 "영업"이라 한다)을 을에게 위탁하고 을은 이를 책임진다.

제2조【명의】

을은 갑의 명의로 영업을 한다.

제3조【을의 의무】

1. 을은 영업을 함에 있어서 갑의 신용을 손상시키지 않도록 유의한다.

2. 을은 영업을 위한 취급품목, 판매가격, 그 밖의 기본적인 사항에 대해서 사전에 갑의 승인을 받는다.

3. 을은 전술한 백화점의 방침에 따라 영업을 한다.

제4조【영업설비】

갑은 영업에 필요한 기본적인 설비, 내외장, 및 간판 등을 설치한다.

제5조【비용의 부담】

을은 영업과 관련한 다음의 비용을 부담한다.

1. 영업에 필요한 집기, 비품 및 소모품

2. 점포 임대료를 제외하고 점포에 부과되는 전기, 수도, 가스, 청소, 전화 등의 요금

제6조 【광고비용】

영업을 위한 광고, 선전, 장식 및 그에 따른 비용은 필요할 때마다 갑과 을이 협의하여 결정한다.

제7조 【종업원의 사용】

1. 을은 갑의 사전승낙을 받아 영업을 위한 종업원을 채용하여 사용할 수 있다.

2. 갑은 위1항에 따라 채용된 종업원이 영업상 부적합하다고 판단될 경우에는 언제든지 을에게 해고를 권고할 수 있다.

제8조 【영업의 대행금지】

을은 갑의 사전승낙 없이 영업을 중지하거나 또는 제3자에게 대행시킬 수 없다.

제9조 【손해배상】

을 또는 을의 사용인이 영업과 관련하여 갑 또는 제3자에게 피해를 준 경우에는, 을은 그 전적인 책임을 지며 필요한 경우 자신의 부담으로 손해배상을 한다.

제10조 【위탁의 보수】

1. 을은 매일 은행업무 마감시간 전까지 영업의 매상대금을 갑이 지정하는 은행의 계좌에 입금한다.

2. 갑은 매월 ______일 위 1항의 매상대금을 집계하여 매상총액에서 제세공과금을 공제한 잔액의 ______%에 상당하는 금액을 위탁의 보수로서 을에게 지급한다.

3. 영업으로 발생되는 부가가치세는 갑이 부담한다.

제11조 【계약의 해지】

갑 또는 을은 상대방에게 ______개월 전의 통지를 함으로써 본 계약을 해 지할 수 있다.

제12조【계약기간】

1. 본 계약의 기간은 _____년 _____월 _____일부터 _____년 _____월 _____일까지로 한다.

2. 본 계약기간 만료 _____개월 전까지 갑 또는 을이 상대방에게 계약의 해지 또는 종료의사를 표시하지 않는 한 본 계약은 _____년간 자동 연장된다.

제13조【기타】

본 계약에 규정되지 않은 사항 또는 본 계약과 관련하여 발생하는 모든 분쟁은 갑과 을이 협의하여 해결한다.

이를 증명하기 위해 갑과 을은 계약서 2통을 작성하여, 각각 서명날인 후 각 1통씩을 보관한다.

년 월 일

갑:....................시....................구....................동..............번지..............호

성 명:...㊞

을:....................시....................구....................동..............번지..............호

성 명:...㊞

5. 점포공동경영계약서

_____(이하 "갑"이라 한다), _____(이하 "을"이라 한다) 및 (이하 "병"이라 한다)는 다음과 같이 점포 공동경영계약을 체결한다.

제1조【계약의 목적】

갑은 자신이 경영하고 있는 _____점포를 을과 공동 경영할 목적으로 아래 표시한 점포(이하 "점포"라 한다)를 을에게 인도하고, 을은 점포를 경영한다.

소재지	
대 지	
면 적 :	

제2조【계약기간】

1. 본 계약의 기간은 _____년 _____월 _____일부터 _____년 _____월 _____일까지로 한다.

2. 계약 종료시 갑과 을은 협의를 통하여 계약기간을 갱신할 수 있다.

제3조【명의】

점포의 대외적 경영을 위한 대표는 을로 하며 갑은 점포의 실질적 소유권을 갖는다.

제4조【이익의 배분】

갑과 을은 본 계약기간 중 점포의 영업에 따른 세후 순이익을 분기별로 _____의 비율로 배분한다.

제5조【경영의 대행 금지】

을은 갑의 승낙이 없는 한 점포의 경영을 제3자에게 대행시킬 수 없다.

제6조【관리 및 운영】

점포의 경영은 갑의 지시 감독 하에 을이 실행한다.

제7조【인사권】

을은 점포 경영을 위한 종업원의 인사권을 행사한다. 단 경리담당 책임자는 갑이 인사권을 갖는다.

제8조【계약의 해지】

본 계약은 다음의 경우 해지할 수 있다.

1. 을이 갑의 지시 감독에 따르지 않을 때
2. 갑 또는 을이 공동경영을 종료할 의사를 표시했을 때
3. 갑 또는 을이 본 계약의 조건을 위반하였을 때
4. 갑의 사전승낙 없이 제3자에게 점포의 경영을 대행시켰을 때
5. 점포를 임의로 개축 또는 개조하였을 때
6. 을의 경영능력이 부족하다고 판단됐을 때

제9조【손해배상】

경영과 관련하여 을이 갑 또는 제3자에게 피해를 준 경우에는, 을은 그 전적인 책임을 지며 필요한 경우 자신의 부담으로 손해배상을 한다.

제10조【보증인】

병은 본 계약과 관련하여 발생할 수 있는 을의 채무를 담보하기 위하여 갑이 승인하는 부동산을 담보한다.

이를 증명하기 위해 갑과 을은 계약서 3통을 작성하여, 각각 서명날인 후 각 1통씩을 보관한다.

년 월 일

갑:........................시......................구..................동............번지.............호

성 명:..㊞

을:........................시......................구..................동............번지.............호

성 명:..㊞

을:........................시......................구..................동............번지.............호

성 명:..㊞

6. 임대차계약서

임대인 _____주식회사를 "갑"으로 하고, 임차인 _____상점을 "을"로 하여 다음과 같이 임대차 계약을 체결했다.

제1조【계약의 목적】

"갑"은 그 소유의 다음 건물을 본 계약 체결일로부터 2년간, "을"에게 임대하여 사용토록 할 것을 약정하고, "을"은 이것을 임차하여 임대료를 지급할 것을 약정하였다.

《건물의 표시》

1. 소재지: : 시 구 동 번지 호
2. 구 조: : 벽돌슬라브조 2층 점포 1동
3. 면 적: : 1층 평방미터
   2층 평방미터

제2조【보증금】

"갑"은 보증금으로 일금 _____만원을 "을"로부터 수령하였다.

제3조【임대료와 지급방법】

임대료는 1개월에 _____원으로 하고 "을"은 매월 말일에 "갑"의 주소에 지참하여 지급한다. (무통장 입금도 가능하며 무통장 입금표를 영수증으로 갈음한다.)

제4조【보증금의 변제충당】

"을"이 임대료의 지급을 3회 이상 연체하였을 때는, "갑"은 보증금으로 그 변제에 충당할 수 있다.

제5조【계약의 해제】

"을"이 _____개월 이상 임대료의 지급을 연체하였을 때는 "갑"은 "을"에게 아무런 최고 없이 이 계약을 해제할 수 있다.

제6조【용도변경의 금지】

1. "을"은 이 건물을 점포(또는 _____을 제조하는 공장, _____을 판매하는 점포) 이외의 용도로 사용해서는 안 된다.

2. "을"이 위 1항의 계약에 위반하여 사용했을 때는 "갑"은 이 계약을 해제할 수 있다.

제7조【원상변형의 금지】

1. "을"은 "갑"의 승낙 없이 건물이나 부속물의 모양 변경을 할 수 없다. 다만, 전체적인 형태의 변경을 가하지 않는 통상적인 부속물의 설치나 변경은 가능한 것으로 한다. "을"이 이를 위반했을 때는 "갑"은 이 계약을 해제할 수 있다.

2. "을"은 계약종료시 건물을 원상복구한 상태로 인도하도록 한다.

이 계약의 성립을 보증하기 위해 본 계약서 2통을 작성하고, 각자 서명날인한 후 그 1통을 보관한다.

년 월 일

임대인(갑) : ....시................구...............동...........번지...........호

상 호: ....

성 명: ....㊞

임대인(을) : ....시................구...............동...........번지...........호

상 호: ....

성 명: ....㊞

7. 창업컨설팅계약서

_____(이하 "갑"이라 한다)와 _____주식회사(이하 "을"이라 한다)는 다음과 같이 창업 컨설팅 계약을 체결한다.

제1조 【용역의 내용 및 기본범위】

본 계약에 의한 용역의 내용 및 범위는 별첨 1의 [용역의 내용 및 기본 범위]에 의한다.

제2조 【용역의 성격】

이 용역 계약은 갑이 창업 준비를 함에 있어 을의 직원을 일정기간 동안 파견 받아 창업준비를 하는 형식의 성격을 갖는다.

제3조 【용역기간】

본 계약에 의한 용역기간은 _____년 _____월 _____일부터 _____년 _____월 _____일까지 _____개월로 한다.

제4조 【자료】

1. 을은 용역업무 수행 중 필요할 경우에는 언제든지 갑에게 자료 또는 설명 등을 요구할 수 있으며, 갑은 을이 요청하는 자료 등을 을의 요청일까지 을에게 제공한다.

2. 갑의 자료 제공 지연 또는 부득이한 사유로 인하여 위 제2조의 용역기간 내에 용역업무 수행이 불가능하다고 인정될 경우 을은 그 기간을 연장할 수 있으며 이 경우 을은 연장된 용역기간을 갑에게 통지한다.

제5조 【수수료】

1. 용역대행 수수료는 금 _____원(W_____)으로 하며, 갑은 본 계약 체결시 을에게 수수료를 선납한다. 단, 선납이 곤란한 경우에

는 갑은 본 계약 체결시에 수수료의 ______%를 지급하고 잔액은 본 계약 기간에 걸쳐 분할하여 월단위로 지급할 수 있다.

2. 위 1항의 용역대행 수수료는 을 및 을의 직원에 대한 용역대행 인건비의 성격을 가지며 법인등기와 관련된 비용, 사규, 서식, 장표 제정에 따른 을의 내부 용역비용을 제외한 대외 지급 실비는 갑이 부담한다.

3. 갑이 본 계약에 첨부된 별표 1의 용역의 기본 범위 외에 추가로 용역을 의뢰하는 경우 그 비용은 갑과 을이 상호협의하되 갑이 추가로 부담한다.

4. 갑이 위 2항의 대외실비지급 지연으로 인하여 용역기간이 연장되는 경우 갑은 연장되는 기간에 대한 용역 수수료를 을에게 추가로 지급한다.

제6조【세금공과, 법정 수수료 및 기타 비용】

갑은 위 제4조의 용역대행 수수료 이외의 세금공과 및 법정 수수료 등 실비 성격의 비용을 해당 절차 착수 전에 을에게 지급하며, 을은 이를 행정관청 또는 제작처 등에 지급한 후 그 영수증을 갑에게 제출한다.

제7조【보고서 교부】

을은 매 단계별로 용역수행 결과를 서면 또는 구두로 갑에게 보고하며, "창업절차대행 결과 및 창업성공전략 수립"에 대해서는 별도의 규격화된 보고서를 갑에게 제출한다.

제8조【비밀보장】

을은 갑의 승인이 없는 한 용역대행과 관련하여 취득한 갑의 비밀을 제3자에게 공개 또는 제공하지 아니한다.

제9조【계약의 해지】

1. 갑은 부득이한 사유로 본 계약을 해지하고자 할 경우에는 해지 ______일 전까지 을에게 해지의사를 서면 통보함으로써 계약을 해

지할 수 있다. 이 경우 갑은 본 계약에 따라 을에게 지급한 착수금 및 수수료의 반환을 요구할 수 없다.

2. 을은 갑의 귀책사유에 의해 용역업무의 수행이 극히 곤란하거나 불가능하여 본 계약을 해지하고자 할 경우에는 해지 ______일 전까지 갑에게 해지의사를 서면 통보함으로써 계약을 해지할 수 있다.

3. 을은 합리적인 사유로 인하여 용역업무의 수행이 극히 곤란하거나 불가능한 경우에는 갑에게 본 계약의 해지를 청구할 수 있으며, 이 경우 을은 갑으로부터 지급 받은 착수금 및 용역대행 수수료를 갑에게 반환한다.

제10조 【면책】

을은 본 계약에 의한 용역의 결과로 인하여 갑이 입은 손해에 대해 그 손해가 을의 고의에 의한 경우를 제외하고는 일체의 책임을 지지 아니한다.

제11조 【계약의 변경】

갑과 을은 서면합의에 의해 본 계약의 내용을 변경할 수 있다.

제12조 【특약사항】

본 용역의 특수성을 고려하여 갑과 을은 다음과 같은 특약조건을 정한다.

《특약조건의 표시》

제13조 【계약의 효력】

본 계약은 당사자 쌍방이 서명날인한 날로부터 효력을 발생한다.

제14조 【분쟁의 해결】

이 계약과 관련하여 발생하는 갑과 을간의 모든 분쟁은 상호 협의하여 해결하며 협의에 의해 해결되지 않을 경우에는 대한상사중재원의 중재에 따라 해결한다.

본 계약을 증명하기 위하여 갑과 을은 계약서 2통을 작성하여 각각 서명 날인 후 각 1통씩 보관한다.

년 월 일

갑:..........................시......................구...................동.............번지.............호

상 호:...

성 명:...㉿

을:..........................시......................구...................동.............번지.............호

상 호:...

성 명:...㉿

별첨 1 : 용역의 내용 및 기본 범위

1. 용역의 내용

2. 용역의 기본 범위

가. 정밀사업 적성검사 또는 사업 아이템 적성검사(무료)

나. 사업 아이템 추천(선택은 "갑"이 한다.)

다. 사업계획서 작성 지도(기본자료 제공 및 사업설명의 책임은 갑에게 있다.)

라. 사업타당성 분석(총 용역비의 5% 이내의 자료수집 및 조사용역비는 을의 부담으로 하며, 실제 시장조사 등을 함으로써 5%를 초과하여 비용이 발생하는 경우 5%를 초과하는 부분에 대해서는 갑의 부담으로 한다.)

마. 사업타당성 분석(기본 사업타당성 분석을 원칙으로 하며 기술성 분석, 소비자 조사 등 정밀 사업타당성 분석 비용은 갑이 부담한다.)

바. 사업 인허가, 회사 설립 대행 및 사업자 등록신청(관공서 등에 지급하는 세금과 공과 및 법정 수수료 등은 갑이 부담한다.)

사. 사규, 서식, 장표 제정 및 기본영업대행(서식 인쇄, 도안 등을 위한 실비는 갑이 부담한다.)

아. 창업절차 대행 결과보고 및 창업 성공전략 수립(제작 및 인쇄 비용은 을이 부담한다.)

3. 추가용역 의뢰사항

4. 용역의 담당자

중소기업청 고시 제2000 - 6호 (개정 2000. 5. 30)

8. 벤처기업 확인요령

제1조【목적】

이 요령은 벤처기업육성에 관한 특별조치법(이하 "법"이라 한다.) 제25조의 규정에 의하여 벤처기업에 대한 확인 및 절차 등에 관하여 필요한 사항을 정함을 목적으로 한다.

제2조【정의】

이 요령에서 사용되는 용어의 정의는 다음과 같다.

1. "증명기관"이라 함은 「벤처기업 범위표」에 게기된 증빙서류를 작성 및 발급하는 자를 말한다.
2. "확인기관"이라 함은 중소기업청과 지방중소기업청을 말한다.
3. "창업 중인 기업"이라 함은 기업활동을 영위하기 위하여 법인설립 또는 사업자등록을 준비 중인 자를 말한다.
4. "창업일"이라 함은 법인은 법인설립등기일, 개인은 부가가치세법 시행규칙 제3조의 규정에 의한 사업개시일을 말한다.
5. "평가기관"이라 함은 기술신용보증기금(기술평가센터)·중소기업진흥공단·한국과학기술원·한국과학기술평가원·한국벤처연구소·한국보건산업진흥원·한국산업기술평가원·한국산업디자인진흥원·한국정보통신연구진흥원·한국과학기술연구원 또는 산업기술정보원을 말한다.

제3조【벤처기업 확인신청】

1. 벤처기업임을 확인 받고자 하는 자(이하 "신청자"이라 한다)는 「벤처기업확인서발급신청서(별지 제1호 서식)」에 「벤처기업 범위표」상에 게기된 증빙서류를 첨부하여 확인기관에 신청하여야 한다. 다만, 연구개발 투자기업과 신기술 개발기업은 증명기관으로부터 확인을 받기 전에 신청한다.

2. 확인기관의 장은 신청서가 접수된 날로부터 15일 이내에 그 결과를 통보하여야 하며, 벤처기업에 해당되는 경우에는 별지 제2호서식에 의한 「벤처기업확인서(이하 "확인서"라 한다)」를 발급하여야 한다. 다만, 증명기관에 조사요청한 날부터 조사결과 회신일까지는 처리기간에 산입하지 아니한다.

3. 벤처기업 확인업무와 관련하여 다음의 사유가 발생한 때에는 그 사유가 보정된 날을 최초 접수일로 본다.

①. 증명기관의 장에게 증빙서류의 재확인을 요청하는 경우

②. 제출서류에 흠결이 있어 신청인에게 보정을 요청하는 경우

1. 법 제3조제2항의 규정에 의하여 벤처기업 대상에서 제외되는 업종은 「별표 1」와 같다.

2. 벤처기업의 범위 및 확인에 필요한 증빙서류는 다음의 표(이하 "벤치기업 범위표"라고 한다)와 같다.

제5조 【벤처기업평가기관 등】

벤처기업육성에 관한 특별조치법시행령(이하"령"이라 한다) 제2조제4항제4호에서 중소기업청장이 인정하는 기관은 다음과 같다.

1. 한국과학기술원
2. 한국과학기술평가원
3. 한국벤처연구소
4. 한국보건산업진흥원
5. 한국산업기술평가원
6. 한국산업디자인진흥원
7. 한국정보통신연구진흥원
8. 한국과학기술연구원
9. 산업기술정보원

[별지 1. 벤처기업 범위표]

대상기업	범 위	증빙서류
1. 벤처캐피탈투자기업	ㅇ 창업 후 7년 이내에 창업투자회사(조합), 한국벤처투자조합, 신기술사업금융업자(조합)로부터 투자를 받아 그 투자총액이 - 자본금의 20% 이상인 기업(신주, 무담보전환사채, 무담보신주인수권부사채 포함) - 주식(신주에 한함)에 한정되는 경우는 자본금의 10% 이상인 기업	① 벤처캐피탈협회, 신기술사업금융업자, 한국벤처투자조합 등이 증명한 서류(별지 제3호 서식) ② 법인등기부등본 ③ 대차대조표 및 손익계산서 ④ 기업의 현황 및 실태조사표(별표3호 서식)) ⑤ 투자계약서 사본
2. 연구개발투자기업	ㅇ 직전 사업연도의 총매출액대비 연구개발비가 5% 이상인 기업 - 직전 사업연도 또는 당해 사업연도 중에 창업된 기업은 벤처기업 확인을 요청한 날이 속하는 분기의 직전 2분기 이상의 매출액 또는 연구개발비를 직전 사업연도의 매출액 또는 연구개발비로 산정	① 중소기업청장이 지정한 공인회계사, 세무사, 경영지도사, 기술지도사(개업을 신고한 자에 한한다. 이하 같다)가 확인·증명한 서류 (별지 제4호 서식) ② 개인사업자는 사업자등록 증명원(신청일 기준 30일 이내의 것), 법인은 법인등기부등본 ③ 대차대조표 및 손익계산서 ④ 기업현황 및 실태조사표(별표3호 서식)

대상기업	범 위	증빙서류
3. 신기술개발기업	ㅇ 특허권·실용신안권 (등록출원중인 기술 중 심사청구 및 출원공개된 기술로서 특허청장이 인정하는 기술, 다만 실시권은 불인정)에 의해 생산된 제품의 직전사업연도 매출액이 총매출액의 50%이상이거나 수출액이 총매출액의 25%이상인 기업 - 직전 사업연도 또는 당해 사업연도 중에 창업된 기업은 벤처기업 확인을 요청한 날이 속하는 분기의 직전 2분기 이상의 매출액 또는 수출액을 직전 사업연도의 매출액 또는 수출액으로 산정	① 특허·실용신안등록원부(신청일 기준 30일 이내의 것) 또는 특허·실용신안 등록출원중인 기술 중 심사청구 및 출원공개 된 기술로서 특허청장이 인정한 서류(별지 제5호 서식) ② 변리사가 확인·증명한 서류(별지 제6호 서식)에 근거(제6조제3항에 해당될 경우에 한함)하여 중소기업청장이 지정한 공인회계사, 세무사, 경영·기술지도사가 확인·증명한 서류 (별지 제7호 서식) ※ 제2호의 ②③④서류첨부
	ㅇ 다음 각목의 1에 해당하는 신기술 사업에 의해 생산된 제품의 직전사업연도 매출액이 총매출액의 50%이상이거나 수출액이 총매출액의 25%이상인 기업 - 직전 사업연도 또는 당해 사업연도 중에 창업된 기업은 벤처기업 확인을 요청한 날이 속하는 분기의 직전 2분기 이상의 매출액 또는 수출액을 직전 사업연도의 매출액 또는 수출액으로 산정 - 신기술사업의 유효기간은 기술개발완료일 또는 인증일로부터 5년 이내의 사업에 한하여 인정. 다만, 라목 중 우수신기술이용사업은 인증일로부터 3년 이내의 사업만 인정	① 개별 신기술사업을 주관하는 중앙행정기관의 장이 증명한 서류(별지 제8호 서식) ② 변리사가 확인·증명한 서류(별지 제6호 서식)에 근거(제6조제3항에 해당될 경우에 한함)하여 중소기업청장이 지정하는 공인회계사, 세무사, 경영·기술지도사가 확인·증명한 서류(별지 제7호 서식) ※제2호의 ②③④ 서류첨부

대상기업	범 위	증빙서류
	가. 산업기반기술개발사업, 자본재시제품개발사업, 에너지기술개발사업, 대체에너지기술개발사업, 첨단기술제품개발사업, 청정생산기술개발사업, 외국인투자촉진법 제26조의 규정에 의한 조세감면대상인 고도기술사업 (산업자원부) 나. 우수신기술인증사업(NT), 기계류·부품·소재의 품질인증사업 (EM) (기술표준원) 다. 기술혁신개발사업 (중기청) 라. 전기통신기술개발사업, 정보통신기술개발사업, 우수신기술사업, 소프트웨어개발사업, 컴퓨터프로그램저작권사업 (정보통신부) 마. 국산신기술 제품개발 이용사업, 신기술이용사업(KT), 특정연구개발사업, 중점연구개발사업, 원자력연구개발사업, 기초과학연구사업 (과학기술부) 바. 영상·음반·비디오물·게임물 산업 또는 관광산업 중 창작 신기술 또는 신기법을 이용하거나 지식집약도가 높은 사업(문화관광부) (1) 영상·음반·게임물 또는 관광사업 중 벤처기업 대상이 되는 창작신기술 또는 지식집약도가 높은 사업의 범위 (가) 창업투자회사(조합), 신기술사업금융업자(조합) 또는 한국벤처투자조합으로부터 총 사업비용의 20%이상을 출자 받은 사업	

대상기업	범 위	증빙서류
	(나) 다음의 사업 중 당해사업의 매출실적 증가율이 전년대비 300% 이상인 사업 ① 컴퓨터그래픽 합성 등 디지털 기술을 이용하거나 새롭고 독창적인 지식을 이용한 영화·방송프로그램·음반·비디오 또는 게임물 제작 ② 3D기법을 이용한 애니메이션 제작(단순 하청제작은 제외) ③ 게임소프트웨어(컴퓨터프로그램보호법 제21조의 규정에 의해 등록된 것에 한함) ④ 주제공원, 국제회의 등 외국인 관광객을 유치할 목적으로 독특한 여행상품을 기획하는 사업 사. 환경기술연구개발사업(환경부) 아. 건설신기술이용사업, 건설 기술연구개발사업(건설교통부) 자. 농림수산특정연구사업 (농림부, 해양수산부)	
4. 기술평가기업	ㅇ 창업 중인 기업으로서 평가기관의 기술성 또는 사업화 능력이 우수하다고 평가된 기업	① 벤처기업 평가서 ② 평가기관에 제출한 사업계획서
	ㅇ 자체개발한 기술을 사업화하는 기업으로서 평가기관의 기술성 또는 사업화 능력이 우수하다고 평가된 기업	① 벤처기업 평가서(별지 제9호 서식) ※제2호의 ②,③,④의 서류
	ㅇ 신기술개발기업의 기준에 미달하는 기업 또는 의장권 보유기업 - 평가기관의 기술성 또는 사업화 능력이 우수하다고 평가된 기업	① 특허·실용신안·의장등록원부 (신청일 기준 30일이내의 것) 또는 심사청구 및 출원 중인 기술은 특허청장이 인정한 서류 (별지 제5호 서식) 또는 개별 사업별 주관 중앙행정기관의 장이 증명한 서류 (별지 제8호 서식) ② 벤처기업 평가서(별지 제9호 서식) ※제2호의 ②③④의 서류

제6조【증명기관 또는 평가기관의 서류발급】

1. 증명기관 또는 평가기관의 장은 신청자로 부터 「벤처기업 범위표」의 비고란에 게기된 증빙서류의 발급 또는 평가를 요청받은 때에는 사실을 확인하여 신속하게 발급하여야 한다. 이 경우 사실확인 등에 소요되는 비용은 신청자의 부담으로 한다.

2. 제1항의 규정에 의하여 평가기관이 발급한 벤처기업 평가서(별지 제9호 서식)의 유효기간은 발급일로부터 6월로 한다.

3. 증명기관은 특허·신기술제품의 매출액 산정시, 특허 또는 신기술에 대한 기술적인 판단이 필요한 경우 변리사 등 전문가의 의견(별지 제6호 서식)에 따라 매출액을 산정하도록 한다.

제7조【수출액의 증빙서류】

신기술개발기업에 적용되는 수출액을 증빙하는 서류는 다음과 같다.

1. L/C(DA, DP, TT를 포함한다)는 선적증명서 또는 세관에서 발행한 신고필증

2. 로칼L/C : 모기업의 납품사실 확인서와 로칼 L/C사본

3. 부가가치세 영세율 조기환급 신고서 및 증빙서류

4. 외국환은행에서 발행하는 수출실적 증명원

제8조【연구개발비의 기준】

1. 연구개발투자기업에 적용되는 연구개발비는 기술개발촉진법시행령 제27조의 규정에 의하여 한국산업기술진흥협회에 신고 된 기업부설연구소 (연구개발전담부서는 제외)를 통해 지출된 비용에 한하며, 그 비용의 인정범위는 「별표 2」와 같다.

2 제1항의 규정에 의한 연구개발비는 기업부설연구소의 인정일 이후에 지출된 비용에 한한다.

제9조【총매출액의 기준】

벤처기업 범위표상에 게기된 연구개발투자기업과 신기술개발기업에 적용되는 총매출액의 기준은 다음과 같다.

1. 총매출액의 산정기간이 1년인 경우는 9,600만 원 이상

2. 총매출액의 산정기간이 2분기이상 4분기 미만인 경우는 4,800 만 원 이상

제10조【확인서의 유효기간】

벤처기업 확인서의 유효기간은 발급일로부터 2년으로 한다.

제11조【확인서 재발급】

1. 확인기관의 장은 확인서를 발급받는 벤처기업인 개인사업자가 제10조의 규정에 의한 유효기간 중에 다음 각호의 사유로 확인서의 재발급을 요청하는 때에는 변경내용을 확인한 후, 확인서를 재발급 할 수 있다.

① 업체명 또는 소재지 등 기재사항의 단순변경을 요하는 경우(사업자등록증명원 첨부, 대표자 변경은 제외)

② 당해사업을 포괄양도양수하여 법인으로 전환하는 경우로서 개인사업자가 신설되는 법인의 주주 및 임원으로 참여하는 경우(법인등기부등본, 포괄 사업양도양수계약서, 주주임을 증명하는 서류 첨부)

2. 확인기관의 장은 확인서를 발급받은 벤처기업인 법인이 유효기간 중에 업체명, 대표자 또는 소재지 등의 단순변경 사유가 발생하여 재발급을 요청하는 때에는 그 변경 내용을 확인(법인등기부등본)한 후, 확인서를 재발급 할 수 있다.

3. 제1항 및 제2항의 규정에 의해 재발급하는 경우 확인서의 유효기간은 최초에 발급된 유효기간으로 한다.

제12조【창업 중인 기업에 대한 확인서 발급 등】

① 창업 중인 기업에게 확인서를 발급할 때에는 "예비벤처기업"을 명시하여야 한다. 이 경우 확인서의 유효기간은 발급일로부터 6월로 한다.

② 제1항의 규정에 의한 예비벤처기업 확인서를 발급받은 창업 중인 기업이 창업 후 재발급을 신청할 경우에는 다음 각 호의 서류

를 첨부하여야 하며, 이 경우 확인서의 유효기간은 창업일로부터 2년으로 한다.

1. 개인사업자는 사업자등록증명원, 법인은 등기부등본
2. 개시대차대조표(법인에 한함)
3. 기 발급 받은 확인서 원본
4. 기업현황 및 실태조사표

제13조【벤처기업 유효기간 만료에 따른 재발급 등】

① 벤처기업확인서 유효기간 만료에 따라 기존벤처기업이 벤처기업확인서 재발급을 신청할 경우도 제4조 각호에 의한 증빙서류를 첨부하여 신청하여야 한다.

② 전항에 의거 재발급된 벤처기업확인서의 유효기간은 발급일로부터 2년으로 한다.

제14조【사후관리 등】

1. 확인기관의 장은 신청인이 제출한 서류가 허위 또는 위조 등으로 작성되었다고 의심이 가는 경우 현장실사를 통하여 그 사실을 조사할 수 있다.

2. 확인기관의 장은 다음 각 호 1의 확인취소 사유가 발생한 때에는 기발급한 벤처기업 확인을 취소할 수 있다. 이 경우 취소사유를 명시하여 해당 벤처기업에 통보하여야 한다.

① 허위 또는 위조 등으로 확인서를 발급받은 경우

② 증명기관 또는 평가기관이 발급한 서류의 내용과 실제 운영하는 사업이 현격히 다를 경우

③ 부도, 폐업 또는 휴업 등으로 기업활동을 지속적으로 영위할 수 없다고 판단되는 경우

3. 제2항의 규정에 의하여 확인서를 취소하고자 할 경우에는 사전에 해당기업이 소명할 수 있는 기회를 주어야 한다.

제15조 【벤처기업 명단비치】

확인기관의 장은 벤처기업 명단을 비치하여 누구든지 열람이 가능하도록 필요한 조치를 취하여야 한다

9. 부 칙

제1조 【시행일】

이 요령은 고시한 날로부터 시행한다.

제2조 【경과조치】

1. 종전요령(중소기업청 고시 제1999-23호)에 의하여 벤처기업으로 확인된 것은 이 요령에 의하여 확인받은 것으로 본다.

2. 이 요령 시행일 이전에 신청된 건에 대하여는 종전 요령을 적용한다.

제3조 【벤처기업평가기관의 업무영역】

이 요령 제5조에 규정된 벤처기업평가기관별 업무영역에 대하여는 중소기업청장이 별도로 업무지침으로 정하여 시행한다. 다만 업무지침을 제정하여 시행하기 전까지는 기존평가기관에서 평가한다.

[별지 제1호 서식] (앞쪽)

<table>
<tr><td colspan="6" rowspan="2">벤처기업확인서발급신청서</td><td colspan="2">처리기간</td></tr>
<tr><td colspan="2">15일</td></tr>
<tr><td rowspan="7">신
청
인</td><td>업체명</td><td>(설립일)</td><td colspan="2">사업자등록번호</td><td colspan="3"></td></tr>
<tr><td>대표자</td><td>(한자)</td><td colspan="2">주민등록번호</td><td colspan="3"></td></tr>
<tr><td>업 종</td><td></td><td colspan="2">주생산품</td><td colspan="3"></td></tr>
<tr><td colspan="2" rowspan="2">본사□□□-□□□</td><td>전화</td><td>대지</td><td>건물</td><td colspan="2">소유구분</td></tr>
<tr><td>팩스</td><td>㎡</td><td>㎡</td><td colspan="2"></td></tr>
<tr><td colspan="2" rowspan="2">공장□□□-□□□</td><td>전화</td><td>㎡</td><td>㎡</td><td colspan="2"></td></tr>
<tr><td>팩스</td><td>㎡</td><td>㎡</td><td colspan="2"></td></tr>
</table>

<table>
<tr><td colspan="4">확인신청내용 (해당번호에 ○표)</td></tr>
<tr><td>번호</td><td colspan="2">벤처기업 요건</td><td>확인관련 서류</td></tr>
<tr><td>1</td><td colspan="2">벤처캐피탈
투자기업</td><td>① 한국벤처캐피탈협회, 한국벤처투자조합 또는 신기술사업금융회사 등이 증명한 서류
② 투자계약서 사본</td></tr>
<tr><td>2</td><td colspan="2">연구개발투자기업</td><td>① 공인회계사, 세무사, 경영·기술지도사 증명서류</td></tr>
<tr><td>3</td><td colspan="2">신기술개발기업</td><td>① 특허·실용신안 등록원부(단, 출원공개중인 기술은 특허청장이 증명한 서류) 또는 중앙행정기관장이 신기술사업임을 증명한 서류
② 공인회계사, 세무사, 경영·기술지도사 증명서류</td></tr>
<tr><td rowspan="2">4</td><td rowspan="2">기
술
평
가
기
업</td><td>창업 중인 기업 또는 자체기술개발기업</td><td>① 벤처기업 평가서 원본
② 창업 중인 기업은 사업계획서 첨부(첨부서류 중 1,2는 미첨부)</td></tr>
<tr><td>산정기준 미달 또는 의장권보유기업</td><td>① 특허(실용신안,의장)등록원부(단, 출원공개중인 기술은 특허청장이 증명서류) 또는 중앙행정기관장이 신기술사업임을 증명한 서류
② 벤처기업 평가서 원본</td></tr>
<tr><td colspan="4">벤처기업육성에 관한특별조치법 제25조의 규정에 의하여 벤처기업임을 확인하여 주시기 바랍니다.
년 월 일</td></tr>
<tr><td colspan="3">(지방)중소기업청장 귀하</td><td>신청인 (서명 또는 날인)</td></tr>
<tr><td colspan="4">※ 첨부서류
1. 확인신청내용란에 게기된 첨부서류 및 기업의 현황 및 실태조사표
2. 법인등기부등본·사업자등록증명원(30일 이내의 것), 대차대조표 및 손익계산서</td></tr>
</table>

554-08621민 210㎜×297㎜
1999.11.12 승인 신문용지 54 g/㎡

※ 이 신청서는 아래와 같이 처리됩니다. (뒷쪽)

신청인	처리기관
	창업투자회사 등

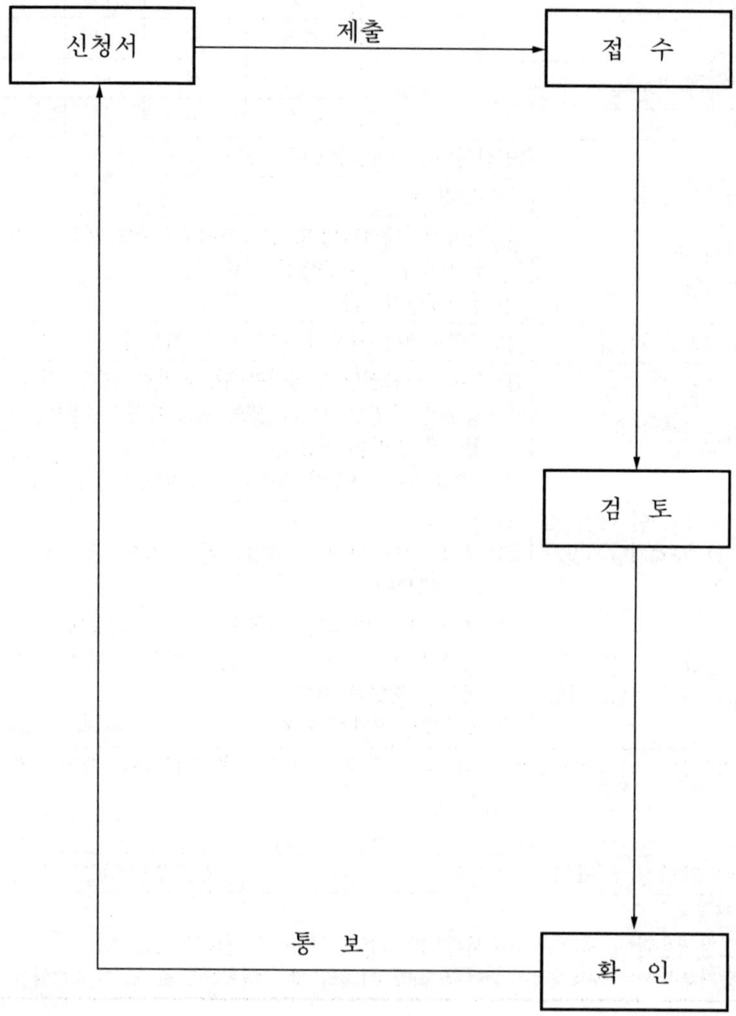

[별지 제2호 서식]

제　　호

벤 처 기 업 확 인 서

업 체 명 :
대 표 자 :
소 재 지 :
확인기준 :
유효기간 :

위 업체는 벤처기업육성에 관한 특별조치법 제 25 조의 규정에 의하여 벤처기업임을 확인합니다.

년　　월　　일

중소기업청장　　　　　인
(○○지방중소기업청장)

[별지 제3호 서식] (앞쪽)

<table>
<tr><td colspan="7">벤처기업관련증발급명서신청서</td><td>처리기간
3 일</td></tr>
<tr><td rowspan="3">신
청
인</td><td>상호명</td><td colspan="2"></td><td colspan="2">사업자등록번호</td><td colspan="2"></td></tr>
<tr><td>대표자명</td><td colspan="2"></td><td colspan="2">주민등록번호</td><td colspan="2"></td></tr>
<tr><td>주소</td><td colspan="2"></td><td colspan="2">전화번호</td><td colspan="2"></td></tr>
<tr><td colspan="8">신청내용(담당자명 : 직위 : 전화번호:)</td></tr>
<tr><td colspan="2" rowspan="2">자본금</td><td rowspan="2">투자회사명</td><td rowspan="2">투자일자</td><td colspan="3">투자내용</td><td rowspan="2">지 분 율
(투자금액/
자본금)</td></tr>
<tr><td colspan="2">투자방법</td><td>투자금액</td></tr>
<tr><td colspan="2" rowspan="4"></td><td rowspan="4"></td><td rowspan="4"></td><td colspan="2">주식(신주, 액면가기준)</td><td></td><td></td></tr>
<tr><td colspan="2">무담보전환사채</td><td></td><td></td></tr>
<tr><td colspan="2">무담보신주인수권부사채</td><td></td><td></td></tr>
<tr><td colspan="2">합 계</td><td></td><td></td></tr>
<tr><td colspan="8">벤처기업육성에 관한 특별조치법 시행령 제2조 제1항의 규정에 의한 벤처기업 투자실적임을 증명하여 주시기 바랍니다.

년 월 일

신청인 (서명 또는 날인)

(한국벤처캐피탈협회장 등) 귀하</td></tr>
<tr><td colspan="7">구비서류 : 투자계약서사본 1부, 법인등기부등본 1부
사업자등록증사본 1부,</td><td>수 수 료
없 음</td></tr>
<tr><td colspan="8">위와 같이 신청한 내용이 벤처기업육성에관한특별조치법 시행령 제2조제1항의 규정에 의한 벤처기업 투자실적임을 증명합니다.

년 월 일

(한국벤처캐피탈협회장 등) 인</td></tr>
</table>

554-08721민 210㎜×297㎜

1999.11.12 승인 신문용지 54 g/㎡

※ 이 신청서는 아래와 같이 처리됩니다. (뒷쪽)

신청인	처리기관
	특허청

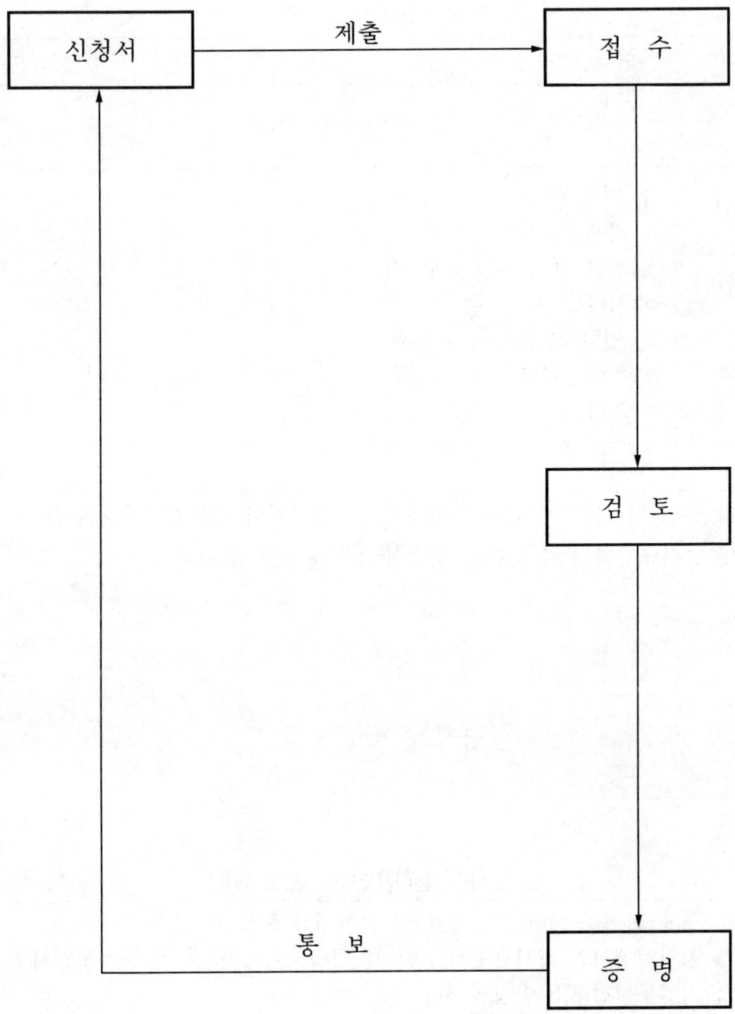

[별지 제4호 서식]

<table>
<tr><td colspan="5">매출액대비 연구개발투자비 명세서</td></tr>
<tr><td rowspan="3">신
청
인</td><td>상호명</td><td></td><td>사업자등록번호</td><td></td></tr>
<tr><td>대표자명</td><td></td><td>주민등록번호</td><td></td></tr>
<tr><td>주소</td><td></td><td>전화번호</td><td></td></tr>
<tr><td colspan="5">연구개발투자비 내역</td></tr>
<tr><td colspan="5">작성자: 주소: 전화 :</td></tr>
<tr><td colspan="2">매출액(A)</td><td>원</td><td>연구개발비(B)</td><td>원</td></tr>
<tr><td colspan="2">연구개발비
내역</td><td colspan="3">1. 기술개발비: 원
ㅇ 자체기술개발비: 원
ㅇ 위탁 및 공동기술개발비: 원
ㅇ 기타: 원
2. 인력개발비: 원
ㅇ 위탁훈련비: 원
ㅇ 기타: 원</td></tr>
<tr><td colspan="2">B / A</td><td colspan="3">%</td></tr>
<tr><td colspan="5">위의 확인사실이 허위작성임이 밝혀질 경우, 벤처기업 확인업무와 관련한 불이익 및 관련규정에 의한 처분을 감수할 것임을 약속합니다.

년 월 일

○○사무소(법인) ㊞</td></tr>
<tr><td colspan="5">첨부서류 1. 별표2의 연구개발비 산정표 및 근거서류 목록
2. 공인회계사의 감사보고서, 세무사 경영·기술지도사의 산정의견서
3. 기업부설연구소 인정서 사본</td></tr>
</table>

554-08821민 210㎜×297㎜
1999.11.12 승인 신문용지 54 g/㎡

[별지 제5호 서식] (앞쪽)

벤처기업관련증명서발급신청서				처리기간
				15 일
신청인	상호명		사업자등록번호	
	대표자명		주민등록번호	
	주 소		전화번호	

신 청 내 용

산업재산권 종류	발명의 명칭	출원번호(출원일자)	심사청구일	출원공개일

벤처기업육성에 관한 특별조치법 제2조제1항제3호제가목의 규정에 의한 특허청장이 인정하는 기술임을 증명하여 주시기 바랍니다.

년 월 일

신청인 (서명 또는 날인)

특허청장 귀하

구비서류 : 한국발명진흥회부설 특허기술정보센터 또는 산업기술정보원이 조사·발행한 해당기술에 대한 선행기술 조사자료 또는 이와 동등한 가치가 인정되는 자료 1부	수 수 료
	없 음

위와 같이 신청한 내용이 해당 기술임을 증명합니다.

년 월 일

특허청장 [인]

2815-282-01711민 210㎜×297㎜
1997.11.19 승인 신문용지 54 g/㎡

※ 이 신청서는 아래와 같이 처리됩니다. (뒷쪽)

신청인	처리기관
	중앙행정기관

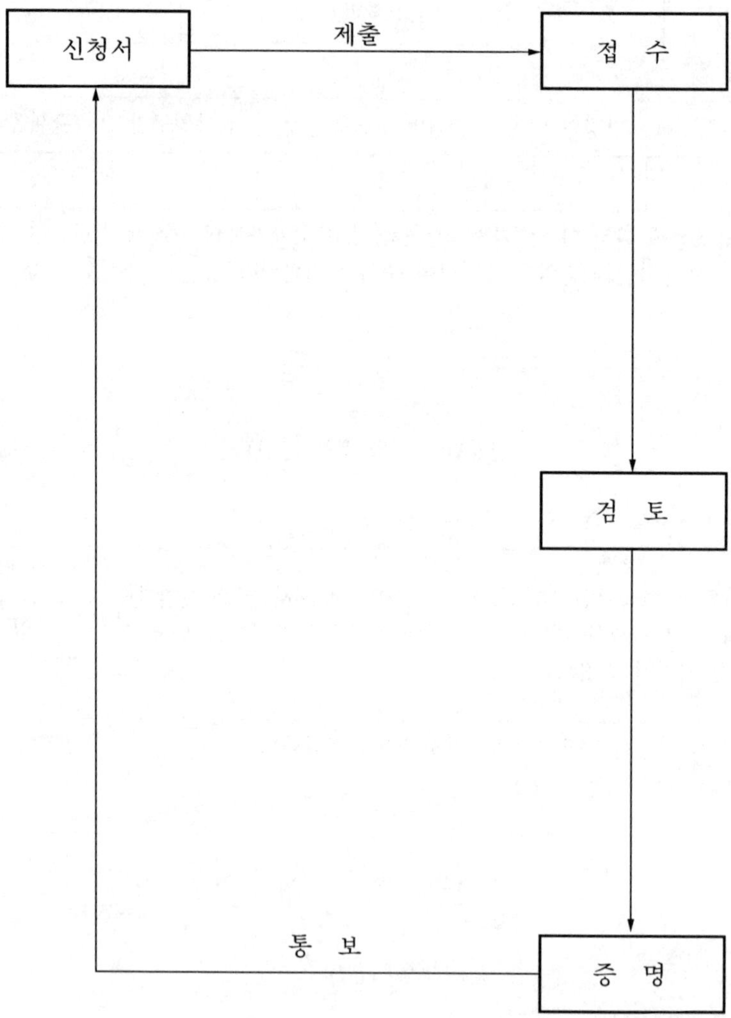

[별지 제6호 서식]

<table>
<tr><th colspan="5">신기술(특허 · 실용신안) 제품 명세서</th></tr>
<tr><td rowspan="3">신
청
인</td><td>상 호 명</td><td></td><td>사업자등록번호</td><td></td></tr>
<tr><td>대표자명</td><td></td><td>주민등록번호</td><td></td></tr>
<tr><td>주 소</td><td></td><td>전화번호</td><td></td></tr>
</table>

<table>
<tr><th colspan="4">특허 · 실용신안 권리 확인</th></tr>
<tr><td>확인자 성명</td><td></td><td>주소 및 전화</td><td></td></tr>
<tr><td>확인내역(아래)</td><td>회사입증 내용</td><td>확인 결과</td><td>비고</td></tr>
<tr><td>① 출시품과 권리의 차이</td><td></td><td></td><td></td></tr>
<tr><td>② 출시품의 권리 점유비중</td><td></td><td></td><td></td></tr>
<tr><td>③ 발명(고안)의 명칭</td><td></td><td></td><td></td></tr>
<tr><td>④ 출원인(권리자)</td><td></td><td></td><td></td></tr>
<tr><td>⑤ 출원번호 및 등록번호</td><td></td><td></td><td></td></tr>
<tr><td colspan="4">위의 확인사실이 허위임이 밝혀질 경우, 벤처기업 확인업무와 관련한 불이익 및 관련규정에 의한 처분을 감수할 것임을 약속합니다.

년 월 일

○○특허법률사무소 (인)</td></tr>
<tr><td colspan="4">첨부서류 1. 참증자료 목록
2. 변리사 감정결과의견서</td></tr>
</table>

554-08521민
1999.11.12 승인

210㎜×297㎜
신문용지 54 g/㎡

[별지 제7호 서식]

신기술 매출액(수출액) 명세서

신청인				
신청인	상호명		사업자등록번호	
	대표자명		주민등록번호	
	주소		전화번호	

매출액(수출액) 내역

작성자 성명				주소 및 전화			
매출액 구분 (단위 :백만 원)	회사 기장내용			조정(증,감) 후			인용 · 조정사유
	내수	수출	합계	내수	수출	합계	
특허 · 실용신안제품 매출액A (수출액A')							
신기술제품의 매출액B(수출액B')							
기타분 매출액							
총 매출액(C)							

A, A' /C	%
B, B' /C	%
증명한 기술명	

위의 확인사실이 허위작성임이 밝혀질 경우, 벤처기업 확인업무와 관련한 불이익 및 관련규정에 의한 처분을 감수할 것임을 약속합니다.

년 월 일

○○사무소(법인) ㊞

첨부서류 1. 근거서류 목록
2. 공인회계사 감사보고서, 세무사 경영 · 기술지도사의 산정의견서

554-08921민
1999.11.12 승인

210㎜×297㎜
신문용지 54 g/㎡

[별지 제8호 서식] (앞쪽)

<table>
<tr><td colspan="5">벤처기업관련증명서발급신청서</td><td>처리기간
7 일</td></tr>
<tr><td rowspan="3">신
청
인</td><td>상호명</td><td></td><td>사업자등록번호</td><td colspan="2"></td></tr>
<tr><td>대표자명</td><td></td><td>주민등록번호</td><td colspan="2"></td></tr>
<tr><td>주 소</td><td></td><td>전 화 번 호</td><td colspan="2"></td></tr>
<tr><td colspan="6">신 청 내 용</td></tr>
<tr><td colspan="2">사업명
(인정마크)</td><td>과제명 / 기술명
(개발규격포함)</td><td>개발주관기관
(기업,연구소 등)</td><td colspan="2">사업기간
(인정일시)</td></tr>
<tr><td colspan="2"></td><td></td><td></td><td colspan="2"></td></tr>
<tr><td colspan="6">벤처기업육성에 관한특별조치법 제2조제3호 나목 및 시행령 제2조제3항의 규정에 의한 사업임을 증명하여 주시기 바랍니다.

년 월 일

신청인 (서명 또는 날인)
(중앙행정기관장) 귀하</td></tr>
<tr><td colspan="5" rowspan="2">구비서류 : 없 음</td><td>수 수 료</td></tr>
<tr><td>없 음</td></tr>
<tr><td colspan="6">위와 같이 신청한 내용이 해당 사업임을 증명합니다.

년 월 일

(중앙행정기관장) 인</td></tr>
</table>

554-09021민 210㎜×297㎜
1999.11.12 승인 신문용지 54g/㎡

※ 이 신청서는 아래와 같이 처리됩니다. (뒷쪽)

신청인	처리기관
	중앙행정기관

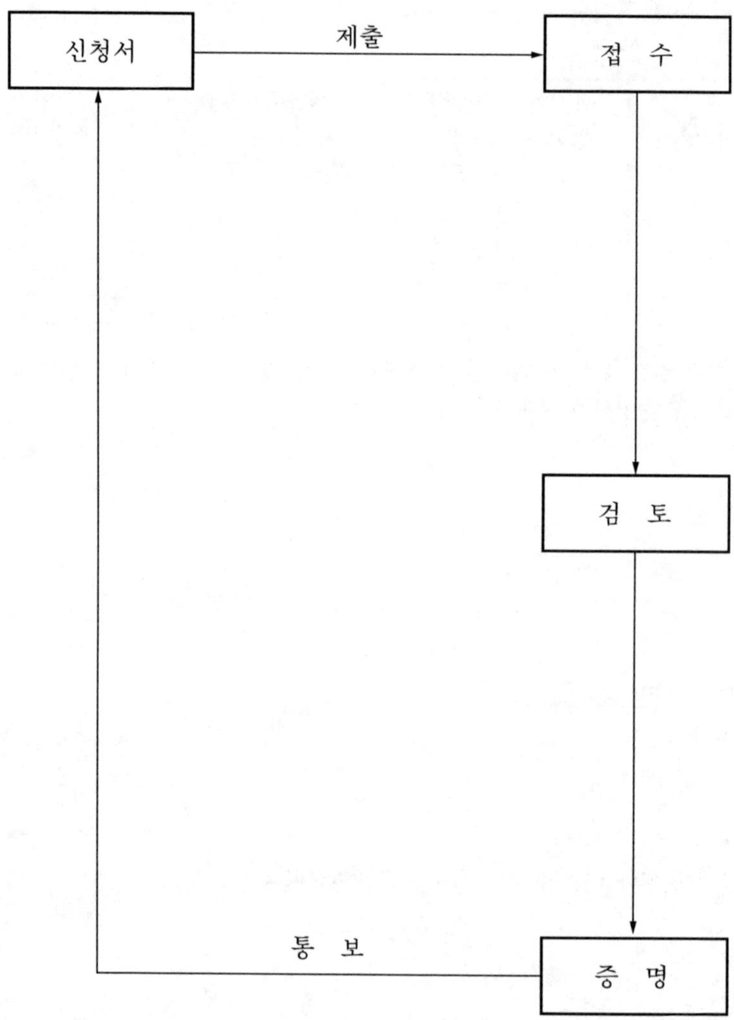

[별지 제9호 서식]

<table>
<tr><td colspan="2">벤처기업</td><td colspan="3">□ 사업성
□ 기술성 및 사업성</td><td colspan="3">평가서</td></tr>
<tr><td>업 체 명</td><td colspan="2">한글:
영문:</td><td colspan="2">대표자</td><td colspan="3">한글:
영문:</td></tr>
<tr><td>법인등록번호</td><td colspan="2"></td><td colspan="2">주민등록번호</td><td colspan="3"></td></tr>
<tr><td>사업자등록번호</td><td colspan="2"></td><td colspan="2">설 립 일</td><td colspan="3"></td></tr>
<tr><td>본 사 주 소</td><td colspan="4">[-]</td><td colspan="3">전화번호( ) -
팩스번호( ) -</td></tr>
<tr><td>공장 소재지</td><td colspan="4">[-]</td><td colspan="3">전화번호( ) -
팩스번호( ) -</td></tr>
<tr><td>사업자 형태</td><td colspan="2">자가/임대</td><td colspan="2">공장의 용도지역</td><td colspan="3"></td></tr>
<tr><td colspan="8"></td></tr>
<tr><td rowspan="2">평가 내용</td><td>사 업
구분</td><td colspan="4">기술 · 사업 명칭</td><td colspan="2">판정의견</td></tr>
<tr><td></td><td colspan="4"></td><td colspan="2"></td></tr>
<tr><td>생산품목</td><td>한글:
영문:</td><td>산업분
류코드</td><td colspan="3"></td><td>종업원수</td><td>명</td></tr>
<tr><td>직 전 년 도
자 산 총 액</td><td>백만 원</td><td>직 전 년 도
총 매 출 액</td><td colspan="5">백만 원</td></tr>
<tr><td colspan="8">벤처기업육성에 관한 특별조치법 제2조제1항 제4호의 규정에 의해 벤처기업 확인을 위한 평가를 실시한 결과 우수의견을 제출하는 바입니다.

년 월 일

평가기관 인
중 소 기 업 청 장 귀하</td></tr>
<tr><td>평 가 자</td><td colspan="7">인</td></tr>
</table>

554-09121민
1999.11.12 승인

210㎜×297㎜
신문용지 54 g/㎡, 재활용품

[별표 1] 벤처기업 대상에서 제외되는 업종

업종분류	코드번호 (세세분류)	업종
숙박 및 음식점업	55112	여관업
	55113	휴양콘도 운영업
	55119	기타관광숙박시설운영업
	55199	그외기타숙박시설운영업
	55211	한식점업
	55212	중국음식점업
	55213	일본음식점업
	55214	서양음식점업
	55215	기관구내식당업
	55219	기타일반음식점업
	55221	피자, 햄버거 및 치킨전문점
	55222	분식 및 김밥전문점
	55223	이동음식점업
	55229	그외 기타음식점업
	55231	일반유흥주점업
	55232	무도유흥주점업
	55233	간이주점업
	55241	제과점업
	55242	찻집
부동산업 및 임대업	70111	주거용건물임대업
	70112	비주거용건물임대업
	70119	기타부동산임대업
	70121	주거용건물공급업
	70122	비주거용건물공급업
	70129	기타부동산공급업
	70221	부동산중개업
오락업 및 문화업	88331	골프장운영업
	88991	무도장운영업
	88995	도박장운영업

업종분류	코드번호 (세세분류)	업종
공공, 수리 및 기타서비스업	93111	이용업
	93112	미용업
	93121	욕탕업
	93122	마사지업
	93129	기타미용관련서비스업
	93912	가정용세탁업
	93913	세탁물공급업
	93921	장례식장 및 장의업
	93922	묘지 및 화장업
	93991	예식장업
	93992	점술업
	93993	개인간병인 및 유사서비스업
	93999	그 외 기타 분류 안 된 모든 서비스업
오락업 및 문화업	88913	노래방운영업

[별표 2] 연구개발비 산정표

(단위:천 원)

비용	장부금액	조정금액	소계
1. 기술개발 가. 자체기술개발 ① 기업부설연구소에서 근무하는 직원으로서 재정경제부령이 정하는 자의 인건비 ② 기업부설연구소에서 연구용으로 사용하는 견본품·부품·원재료와 시약류구입비(시범제작에 소요되는 외주가공비를 포함한다) ③ 기업부설연구소에서 직접 사용하기 위한 연구·시험용 시설(조세특례제한법시행령 제10조제1항의 규정에 의한 시설을 말한다. 이하 같다)의 입차 또는 나복 ①에 규정된 기관의 연구·시험용시설의 이용에 필요한 비용 나. 위탁 및 공동기술개발 ① 다음의 기관에게 기술개발용역을 위탁함에 따른 비용 및 이들 기관과의 공동기술개발을 수행함에 따른 비용 ㉮ 고등교육법에 의한 대학 또는 전문대학 ㉯ 국·공립 연구기관 ㉰ 정부출연 연구기관 ㉱ 과학기술분야를 연구하는 국내외의 비영리법인(비영리법인에 부설된 연구기관을 포함한다) ㉲ 국내외 기업의 연구기관(과학기술분야를 연구하는 경우에 한한다) 또는 기업부설연구소 ㉳ 산업기술연구조합육성법에 의한 산업기술연구조합 ㉴ 산업디자인진흥법에 의한 한국산업디자인진흥원 ② 고등교육법에 의한 대학 또는 전문대학에 소속된 개인(조교수이상에 한한다)에게 기술개발용역을 위탁함에 따른 비용			

비용	장부 금액	조정 금액	소계
다. 내국인으로부터 특허권을 획득하거나 국내의 연구기관이 개발한 기술을 획득하기 위하여 지출한 금액 라. 당해기업이 그 종업원에게 직무발명보상금으로 지출한 금액 마. 기술개발촉진법시행령에 의한 기술정보비(기술자문비를 포함한다) 또는 도입기술의 소화개량비로서 재정경제부령이 정하는 것 바. 중소기업이 중소기업진흥 및 제품구매촉진에 관한 법률에 의한 기술지도 및 공업 및 에너지 기술기반 조성에 관한 법률에 의하여 설립된 생산기술연구원 및 민간생산기술연구소의 기술지도를 받고 지출한 비용 사. 고유상표(공동상표를 포함한다) 및 고유디자인의 개발을 위한 비용 아. 중소기업이 품질경영촉진법에 의한 품질보증체제인증을 획득하기 위하여 지출한 비용으로서 재정경제부령이 정하는 것 자. 중소기업(조세특례제한법 제10조제1항의 사업을 영위하는 자에 한한다. 이하 같다)에 대한 품질경영촉진법에 의한 품질보증체제인증획득지도를 위하여 지출한 비용 차. 중소기업에 대한 공업 및 상품디자인 개발지도를 위하여 지출한 비용 카. 중소기업에 대한 환경친화적산업구조로의전환촉진에관한 법률에 의한 환경경영체제인증획득지도를 위하여 지출한 비용 타. 중소기업이 환경친화적산업구조로의전환촉진에관한법률에 의한 환경경영체제인증을 획득하기 위하여 지출한 비용으로서 재정경제부령이 정하는 것 파. 정보시스템, 산업자동화 설비 및 기타자동제어장치가 1900년대와 2000년대를 구별하지 못함에 따라 발생하는 문제를 해결하기 위하여 1999년 1월 1일부터 2000년 3월31일까지 지출하는 비용으로서 재정경제부령이 정하는 것			

비용	장부 금액	조정 금액	소계
2. 인력개발 가. 위탁훈련비 ① 국내외의 전문연구기관 또는 대학에의 위탁교육훈련비(다만, 이공계에 한한다) ② 근로자고용훈련촉진법에 의한 직업훈련기관에 위탁훈련비 ③ 근로자고용훈련촉진법에 의하여 노동부장관의 승인을 얻어 위탁훈련하는 경우의 위탁훈련비 ④ 중소기업진흥 및 제품구매촉진에 관한 법률에 의한 기술연수를 받기 위하여 중소기업이 지출한 비용 ⑤ 기타 자체기술능력향상을 목적으로 한 국내외 위탁훈련비로서 재정경제부령이 정하는 것 나. 근로자고용훈련촉진법 또는 고용보험법에 의한 사내직업훈련실시 및 직업훈련관련사업실시에 소요되는 비용으로서 재정경제부령이 정하는 것 다. 국가기술자격법에 의한 국가기술자격검정응시 경비 라. 중소기업에 대한 인력개발 및 기술지도를 위하여 지출하는 비용으로서 재정경제부령이 정하는 것 마. 생산성향상을 위한 인력개발비로서 재정경제부령이 정하는 비용 바. 재정경제부령이 정하는 사내기술대학(대학원을 포함한다)의 운영에 필요한 비용으로서 재정경제부령이 정하는 것			
총계			

위의 확인사실이 허위작성임이 밝혀질 경우, 벤처기업 확인업무와 관련한 불이익 및 관련규정에 의한 처분을 감수할 것임을 약속합니다.

년 월 일

○○사무소(법인) ㊞

[별표 3] 기업의 현황 및 실태조사표

1. 일반현황			
업체명	(한글) (영문)	사업자등록번호	
설립일		납입자본금	
대표자명	(한글) (영문)	주민등록번호	
		대표자 E-mail	
주생산품	(한글) (영문)	업 종	
코스닥등록	등록(), 1년( ), 3년( ), 5년 후( ), 계획없음( ), 거래소( )		
스톡옵션 실시여부	실시하고 있음( ) 실시하지 않음( )	기업홈페이지명	
실험실창업	유( ) 무( )	겸직여부	대학교수( ) 연구원( )
대표자 출신경력	교수( ), 연구원( ), 중소기업( ) 대기업( ), 기타( )	연구개발비	%
본사 □□□-□□□	전화번호 FAX		
공장 □□□-□□□	전화번호 FAX		

2. 회사규모							
자기자본 (백만 원)	2000	2001	2002계획	자산총액 (백만 원)	2000	2001	2002계획
총매출액 (백만 원)	2000	2001	2002계획	영업이익 (백만 원)	2000	2001	2002계획
종업원수 (명)	2000	2001	2002계획	수 출 액 (천불)	2000	2001	2002계획

년 월 일

○○주식회사 대표 (서명 또는 인)

※이 자료는 인터넷을 통하여 정보제공할 내용이오니 정확히 기입하여 주시기 바랍니다.

[별표 4]

벤처기업 평가신청서

업체명	한글: 영문:	대표자	한글: 영문:
법인등록번호		주민등록번호	
사업자등록번호		설립일	

구 분	[우편번호] 소 재 지			전화번호(D.D.D)
본 사 주 소	[-]			( ) -
공장 소재지	[-]			FAX번호(D.D.D)
사업자 형태	자가/임대	공장의 용도지역		( ) -

평가신청내용	사업 구분	기술·사업 명칭	증명서류발급기관
	특허, 실용신안, 의장 □ 신기술사업 □ 창업중인 기업 □ 자체기술개발기업□		

신청생산품목	한글: 영문:	산업분류코드					종업원수	명

직전년도 자산총액	백만 원	직전년도 총매출액	백만 원

벤처기업육성에 관한 특별조치법 제2조 제1항 제4호의 규정에 의해 벤처기업 확인을 위한 평가를 신청합니다.

년 월 일

신청인 인

귀중

※ 첨부서류

1. 기술사업계획서 1부.

윤 명 길

저자 소개

현: 을지대학교 의료산업학부 보건산업유통학 교수
사단법인 한국유통과학회 회장
명지대 유통대학원 외래강사
서울시 유통분야 심의위원
성남시소비자정책심의위원회 부위원장
성남농협유통센터운영위원회 운영위원
기술가치평가사
유통지도사
유통경제전공(경제학박사/석사/학사)
전: 학술진흥재단 우수연구자선발 심의위원
우정사업본부 자재조달 심의위원
한국공항공사 점포 입찰 심사위원
한국유통물류진흥원 입찰 심사위원 외 다수
한국미래물류연구원 연구원
학교기업 퓨너럴앤닷컴 사장
삼풍백화점 기획실장
롯데대전점 등 점포개설project 다수 수행

〈최근 특강 주제 및 경력〉

- KOTRA, 능률협회, 롯데, 이마트, SK, LG, 세이백화점, 생산성본부, 담배인삼공사, 농협 외 다수
  (기 특강주제: 유통환경과 미래전략, 머천다이징전략, 인터넷마케팅, 상담(협상)기법, 업태전략, 사업계획작성법, 중국진출전략, 유통창업실무, 매장관리기법, 상권분석기법, 유통정보전략 외)
  (대학 강의과목: 경제원론, 유통경제론, 유통정책론, 유통산업론, 유통정보론, 유통창업론)
  (대학원 강의과목: 유통경제연구, 유통세미나, 졸업논문지도)

유통창업론

2007년 8월 25일 초판인쇄
2007년 8월 30일 초판발행

저 자 윤 명 길
발행인 유 성 렬
발행처 **청목출판사**
서울특별시 영등포구 신길동 233-96
전화 (02) 849-6157(代) · 2820
FAX (02) 849-0817
등록 제318-1994-000090호

파본은 바꾸어 드립니다. 값 19,000원

http : //www.chongmok.co.kr

ISBN 978-89-5565-208-6